D1717279

COLLOQUES, CONGRÈS ET CONFÉRENCES
SUR LA RENAISSANCE EUROPÉENNE
sous la direction de Claude Blum

81

Dire le vrai
dans la première modernité

Dire le vrai dans la première modernité

Langue, esthétique, doctrine

Sous la direction de Dominique de Courcelles

PARIS
CLASSIQUES GARNIER
2013

Dominique de Courcelles est directrice de recherche au Centre national de la recherche scientifique (UMR 5037 – ENS Lyon / CERPHI « Transferts culturels : humanismes, mystiques, cosmologies »). Elle est membre correspondante de l'Institut d'Estudis Catalans, de la Royale Académie des belles-lettres de Barcelone et de l'Académie hispano-américaine des sciences, des arts et des lettres du Mexique.

© 2013. Classiques Garnier, Paris.

ISBN 978-2-8124-1234-9 (livre broché)
ISBN 978-2-8124-1235-6 (livre relié)
ISSN 2107-1829

INTRODUCTION

Dire le vrai dans la première modernité.
Langue, esthétique, doctrine

Le développement de l'humanisme et la naissance de la philologie avec la redécouverte des textes majeurs de la tradition occidentale, l'invention de l'imprimerie, le choc décisif de la découverte du Nouveau Monde et les graves conflits religieux qui déchirent la chrétienté, tout cela constitue autant d'événements qui impliquent une pluralité de rationalités religieuses, philosophiques, rhétoriques, littéraires, etc. Comment dire le vrai ? Dans quelle mesure la vérité dépend-elle de l'acte de son énonciation ? Y a-t-il, à l'époque moderne, des règles institutionnelles spécifiques d'énonciation de la vérité ? D'où vient que la *doctrina* constitue alors l'horizon de tout savoir et de tout enseignement prétendant à la vérité ? C'est ce que cet ouvrage se propose d'examiner, selon trois axes de réflexion qui permettront de mieux cerner les complexes et souvent polémiques rapports entre les belles lettres, la philosophie et la théologie.

Il ne s'agit pas ici de définir formellement la « vérité », mais plutôt de s'interroger sur les différentes modalités d'énonciation du vrai à la naissance de l'époque moderne, sur une période allant essentiellement du XVe au XVIIe siècle, sous forme de la question générale suivante : comment se construit une prétention à la vérité ? Les définitions purement philosophiques de la vérité – par exemple par la formule médiévale classique d'*adaequatio rei et intellectus* – sont insuffisantes pour comprendre la multiplicité des sens dont s'invoque la vérité dans le cas des théologiens, des mystiques, des poètes, des historiens ou encore des écrivains.

LANGUE ET VÉRITÉ

Un trait caractéristique de la culture intellectuelle des XVᵉ et XVIIᵉ siècles est son multilinguisme. Entre le latin, langue des clercs, et les langues vernaculaires en pleine expansion, le gouffre reste souvent béant, sans compter les échos des langues anciennes ou refoulées qui nourrissent l'imaginaire, comme le grec ou l'hébreu. Le choix d'une langue pour « dire le vrai » renvoie donc nécessairement à un ensemble bien précis de récepteurs de la doctrine, selon que ceux-ci soient « vulgaires » ou au contraire « savants ». Au carrefour des différentes langues, une question essentielle se pose alors : la vérité est-elle la même pour tous, ou existe-t-il au contraire différents registres de vérité, en fonction des langues qui prétendent les énoncer ? Réfléchir sur les modalités d'énonciation du vrai implique de prendre en considération les langues dans lesquelles le « vrai » se dit : la vérité se dit-elle dans les langues classiques de l'autorité (hébreu, grec, latin), ou peut-elle également s'exprimer en langue vernaculaire ? Dans quelle mesure la quête philologique d'une vérité sacrée se poursuit-elle en affirmation de la vérité de soi et en lutte contre la calomnie et la fausseté ?

Fernando Domínguez Reboiras (Université de Fribourg en Brisgau) a analysé la querelle sur la vérité du texte biblique dans l'exégèse à Salamanque au XVIᵉ siècle : il a montré les efforts déployés par des théologiens catholiques tels que Fray Domingo Báñez afin de museler les prétentions de la *hebraica veritas*, appuyée sur la connaissance du texte hébraïque, développée par certains exégètes d'origine *conversa* (comme en particulier Gaspar de Grajal et Luis de León, dont les procès inquisitoriaux furent célèbres).

Marie-Dominique Couzinet (Université de Paris I-Panthéon Sorbonne) a analysé l'œuvre académique de Pierre de La Ramée (Ramus), en montrant, à partir d'une fine analyse codicologique et philologique comment ce commentateur parisien superposait sa propre vérité (sous formes de gloses, annotations marginales, etc.) à la vérité du texte canonique (généralement d'Aristote) commenté.

La contribution d'Alexandre Vanautgaerden (Musée de la Maison d'Érasme, Bruxelles) a abordé une problématique similaire à partir du cas d'Érasme, philologue et amoureux de la vérité textuelle, d'autant plus vif pourfendeur de la calomnie.

ESTHÉTIQUE, LA BELLE ÉNONCIATION DU VRAI

Dire le vrai fait très tôt l'objet d'un art de l'énonciation qui ne ressortit pas seulement à la philosophie ni à la doctrine ni à telle langue du savoir. C'est ainsi que la beauté de l'énonciation en langue vulgaire à la fin du Moyen Âge et dans la première modernité devient pour ceux qui ne sont ni philosophes ni théologiens une modalité majeure de l'énonciation du vrai, une réalité nécessaire. Le contenu, l'objet même, est représenté par le beau, et le véritable contenu du beau n'est autre que le vrai. Si la belle énonciation, qui est le propre des « belles lettres », fraie la voie vers le vrai, un nécessaire entrelacement s'effectue entre, d'une part, les textes qui ont pour finalité première d'exposer la vérité, qu'ils soient textes de doctrine ou de philosophie, et, d'autre part, les textes littéraires qui, en langues vulgaires, peuvent être écrits par des auteurs qui ne sont détenteurs ni de savoir ni de pouvoir.

Proche du merveilleux, la parole des poètes a été au centre de plusieurs réflexions : c'est le cas de la contribution d'Emmanuel Babey (Université de Neuchâtel), analysant la place accordée à la poésie et aux poètes dans le commentaire à la *Sagesse* du dominicain anglais Robert Holkot (v. 1290-1349) : il y a montré qu'au Moyen Âge tardif, si la poésie est traditionnellement rangée sous l'éthique, c'est qu'elle dit vrai sur les actions humaines et qu'elle peut aussi à l'occasion montrer et manifester les vérités de foi.

C'est aussi le cas de celle de Marc Deramaix (Université de Rouen-Institut Universitaire de France) au sujet de « la poétique des mystères » dans le vaste poème *De partu Virginis* du Napolitain Jacopo Sannazaro (1457-1530). C'est ainsi que les auteurs de la Renaissance ont souvent été forcés à « choisir » ou bien à « faire des compromis » entre différents registres de vérité.

La présentation de la vérité aristotélicienne sous une nouvelle forme a fait l'objet de la contribution de Rosanna Gorris (Université de Vérone) qui a proposé une interprétation des somptueuses gravures allégoriques qui illustrent le commentaire à l'*Éthique* d'Aristote contenu dans la *Civitas Veri sive Morum* de Bartolomeo del Bene (1609).

L'ÉCRITURE DE L'HISTOIRE : ENTRE ESTHÉTIQUE ET DOCTRINE

Si la beauté de l'énonciation est une réalité nécessaire à la constitution de la vérité à travers l'écriture de l'histoire, il y a aussi un horizon du savoir historique qui détermine cette prétention à la vérité historiographique. Cet horizon est celui de l'autorité politique et idéologique des princes et de leurs gouvernements et des règles d'énonciation de l'histoire des États. Telle est la question abordée par Santiago López-Ríos et Cristina Moya Garcia (Universidad Complutense de Madrid) à partir de leur lecture de la *Cronica abreviada de España* (1482) de Diego de Valera (1412-1488), en montrant comment la narration de faits « merveilleux » (races humaines monstrueuses, animaux fantastiques, etc.) s'accompagne toujours d'un désir de les faire paraître vraisemblables par le biais de la référence à l'autorité – pour démontrer la cohérence de la tradition – ou en y ajoutant sa propre expérience – le témoignage devient ainsi gage de la vérité.

Dans la Nouvelle Espagne du XVIᵉ siècle, l'élégant *Tratado del descubrimiento de las Indias y de la conquista* de Juan Suárez de Peralta, analysé par Enrique González González, oscille entre la simplicité du témoignage et la juxtaposition ambiguë des différents registres pour dire le « vrai » d'une époque troublée, marquant que la vérité personnelle d'un auteur, qui est aussi un acteur ou un proche des acteurs de l'histoire, n'a rien à voir et peut même s'opposer à la vérité présentée par ce même auteur en tant qu'écrivain et rapporteur de l'histoire politique et sociale, quitte à les faire parfois coïncider.

DOCTRINE

Jusqu'à la fin du XVIIIᵉ siècle, la *doctrina* constitue l'horizon de tout savoir prétendant à la vérité, auquel elle impose la contrainte d'une formulation définitive, concise et systématique qu'on retrouve dans tous les grands manuels de scolastique philosophique, théologique, juridique et médicale issus des Universités. En même temps, la « saine et vraie doctrine » est un bien dans lequel on se reconnaît, qu'on défend et pour lequel on peut risquer sa vie, y compris quand on n'est pas soi-même savant : l'attachement à la doctrine, à l'époque des conflits religieux, est quelque chose qui ne se trouve pas que dans l'univers bien réglé des controverses théologiques. Il s'agira de croiser ces deux aspects, en envisageant simultanément le *souci de faire doctrine* dans les textes normatifs de l'âge classique et le *devenir de la doctrine* dans les textes et les comportements non doctrinaux, c'est-à-dire en reconstituant une forme de fait social et intellectuel total, typique de la première modernité, où se rejoignent plusieurs histoires, celle de l'Église et des institutions d'enseignement, celle des règles d'énonciation de la vérité, celle enfin des formes de l'adhésion religieuse et de l'identité confessionnelle.

Merveilleuses sont les histoires narrées par les mystiques espagnols, dont Dominique de Courcelles (Centre National de la Recherche Scientifique-CERPHI) a montré à quel point elles peuvent avoir un statut de contre-vérité à l'égard de la vérité de la doctrine théologique officielle.

Emmanuelle Bermès (Bibliothèque nationale de France) a souligné la place de la doctrine dans l'élaboration des images et le culte des images en France et en Espagne au XVIIe siècle.

La présence du thème de la *doctrina* dans les premières histoires de la philosophie produites en milieu protestant aux XVIIe et XVIIIe siècles a fait l'objet de la contribution d'Ulrich Johannes Schneider (Herzog-August-Bibliothek Wolfenbüttel & Universität Leipzig).

Philippe BÜTTGEN et
Dominique de COURCELLES

L'ouvrage qui voit aujourd'hui le jour est le fruit d'un travail collectif de plusieurs années, initié à Madrid avec Philippe Büttgen (Centre National de la Recherche Scientifique) dans le cadre de l'École des Hautes Études Hispaniques-Casa de Velázquez en 2006, poursuivi à l'École Nationale des Chartes de Paris avec Jean-Pierre Bat, qui était alors élève de l'École, puis à l'École Normale Supérieure de Lyon.

Ce travail n'aurait pu trouver son aboutissement sans l'aide d'Antony McKenna, professeur à l'Université de Saint-Étienne, et de Pierre-François Moreau, professeur à l'ENS de Lyon. Vicent Martinez, professeur à l'Université d'Alicante et directeur d'IVITRA, lui a également apporté son concours. Qu'ils soient tous ici très sincèrement remerciés.

Dominique de COURCELLES
Centre national de la recherche scientifique
Collège international de philosophie
Membre de l'École des hautes études hispaniques – Casa de Velázquez (1983-1986)

PREMIÈRE PARTIE

LANGUE ET VÉRITÉ

«… ET COMME ILS NE CONNAISSENT PAS L'ÉCRITURE, ILS PENSENT QUE TOUT EST HÉRÉSIE »

Controverses autour de l'*Hebraica veritas*[1]

La phrase qui introduit cette étude a été écrite par Martín Martínez de Cantalapiedra, professeur d'hébreu à l'Université de Salamanque, alors qu'il se trouvait dans la prison du Tribunal de l'Inquisition de Valladolid, et elle renvoie à tous ceux – le plus souvent des religieux du couvent dominicain de San-Esteban – qui l'ont accusé d'hérésie. Cette affirmation, si elle est vraie, disqualifie un groupe de personnes dont la tâche principale était de connaître et d'interpréter la sainte Écriture. Martínez n'hésite pas à taxer d'ignorants dans le domaine de l'exégèse biblique des maîtres en théologie, parmi lesquels les célèbres Fr. Domingo Báñez et Fr. Bartolomé de Medina, couramment considérés comme les représentants d'un prétendu âge d'or de la théologie en Espagne. Avant d'évoquer la personnalité de Martinez, ses idées sur la fonction d'une version hébraïque originale de la Bible dans la théologie chrétienne et la réaction de son entourage, nous nous attacherons à définir brièvement la *hebraica veritas*, en relation avec la théologie espagnole du XVIᵉ siècle.

Saint Jérôme a été le premier à utiliser le concept *hebraica veritas* dans son *Epistola ad Pammachium* (nᵒ 57 de son épistolaire, écrite l'année 395/96)[2] afin d'indiquer la véritable signification du texte hébreu dans quelques citations de l'Ancien Testament que l'on pouvait trouver dans

---

1   Traduction de Débora Aracil Alcocer, revue par Dominique de Courcelles.

2   Voir saint Jérôme, *De optimo genere interpretandi*, p. 6 et 84. Le titre, *De la meilleur façon de traduire*, peut indiquer qu'il s'agit d'un traité sur la traduction (c'est ainsi qu'il figure parmi les textes fondamentaux sur la théorie de la traduction), mais c'est, avant tout, un bref écrit occasionnel dans lequel Jérôme se défend contre les reproches qu'on lui avait faits pour la traduction d'une lettre d'Épiphane de Salamine. Le titre est une claire allusion à l'ouvrage de Cicéron, *De optimo genere oratorum*, dans lequel cet auteur développe une idée de la traduction qui est celle de Jérôme.

le Nouveau Testament ou dans la traduction grecque des Septante qui, même si elle n'est pas fausse, n'est pas tout à fait littérale.

Tandis que saint Augustin et toute la tradition donnent la préférence au texte grec en le considérant comme inspiré, saint Jérôme défend la leçon originelle hébraïque sans rejeter pour autant les autres leçons traditionnelles qui, bien qu'elles divergent dans la lettre, ont le même sens[1] Au cours des siècles suivants, la *veritas hebraica* en est venue à signifier simplement le sens littéral du texte original hébreu par rapport aux traductions grecques, latines et autres.

Au xvie siècle, le concept d'*hebraica veritas* devient une agressive recommandation de l'humanisme qui exige le retour aux sources (*ad fontes !*). La *veritas hebraica* constitue alors pour l'humanisme et pour les Réformateurs la référence ultime de tous les textes vétéro-testamentaires. Elle joue un rôle décisif dans les controverses entre dogmatique et exégèse, entre la théologie spéculative traditionnelle, qui se satisfait avec un texte officiel, et ce que l'on peut dénommer la « théologie positive », qui réclame l'étude philologique des textes dans leur langue originelle comme base et fondement de leur lecture et de leur interprétation théologique.

Au Concile de Trente, la traduction latine dénommée *Vulgata* est confirmée comme étant l'« authentique » reproduction de l'original hébreu et c'est ce qui va permettre à de nombreux théologiens catholiques de se libérer de l'étude des langues originelles de la Bible, ce que n'a jamais prétendu recommander le Concile de Trente. La question de l'importance et de la qualification théologiques des évidentes divergences entre la lecture officielle et la lecture exégétique du texte en langue hébraïque, telle qu'elle peut être faite par des exégètes hébraïsants qui ne sont pas toujours ennemis de l'Église romaine, est cependant loin d'être résolue, car il n'est pas question de remettre en cause l'existence d'une *Vulgata* unique. La nécessité d'un principe extratextuel, englobant

---

1   La position de Jérôme est complexe et parfois ambiguë. Cette ambiguïté est compréhensible
     en raison du dilemme auquel le conduit sa propre compétence linguistique-exégétique
     personnelle face à l'autorité ecclésiale, presque prophétique, de laquelle la traduction
     alexandrine des Septante (LXX) avait tiré profit et qu'il ne voulait ni ne pouvait affaiblir.
     En tout cas, son intention n'est pas d'abolir l'ancienne traduction, mais d'offrir ce que
     contient la « vérité hébraïque ». En fait l'Église, au cours des siècles postérieurs, sans
     renier la Septante, a reconnu la *Vulgata*, la traduction par Jérôme de l'original hébraïque
     en tant que texte officiel. Voir Veltri, 1986.

et régulateur, non seulement a divisé et divise encore les différentes confessions chrétiennes, mais il a suscité de très durs et constants conflits au sein de l'Église catholique.

Nous montrerons d'abord brièvement comment la question de l'*hebraica veritas* résume le problème crucial de la compréhension de la révélation divine, telle qu'elle est déterminée par le rôle de la *philologia sacra* (l'analyse philologique du texte révélé par Dieu) dans une religion (la chrétienne) qui, depuis ses origines, ne lit pas ses textes sacrés dans la langue originale, mais dans une version traduite. Ensuite nous montrerons comment les instructions d'enseignement pendant le XVIe siècle espagnol ne sont pas restées en marge de cette dispute. La théologie catholique post-tridentine qui a dominé les universités espagnoles pendant plus de quatre siècles a refusé les études bibliques en tant que partie intégrante du cursus théologique[1]. Nous donnerons des exemples de ce processus de rejet à travers quelques personnages significatifs. Le Dominicain Domingo Báñez l'a théoriquement fondé en réagissant à partir de postulats de la théologie spéculative thomiste à une tendance humaniste généralisée en Europe et, plus particulièrement en Espagne, avec d'illustres représentants comme Antonio Nebrija, Fray Luís de León et Martín Martínez de Cantalapiedra, déjà cité, professeur d'hébreu à l'Université de Salamanque.

PHÉNOMÉNOLOGIE RELIGIEUSE SOUS-JACENTE À LA QUESTION DE L'*HEBRAICA VERITAS*

Les trois « religions du livre », comme Mahomet a dénommé le judaïsme, le christianisme et l'islam, ont en commun l'inouïe prétention de son origine. La foi de ces trois religions se fonde en effet sur la révélation divine, comme le fait où elles trouvent leur source : Dieu se communique à l'homme. Dans la conscience religieuse de millions de croyants, Dieu a parlé *in illo tempore*, une fois pour toutes, pour des raisons et selon des procédures différentes. Le résultat, ce sont les textes sacrés gardés très attentivement par la communauté

---

1   À propos de la philologie biblique dans le XVIe siècle espagnol voir Domínguez, 1998, et la bibliographie indiquée.

des croyants. L'assurance de posséder « la vérité » (au singulier) se fonde non seulement sur « les vérités » contenues dans le texte, mais, surtout sur l'autorité de celui qui parle. Dieu a donné sa parole (il a dit « la vérité ») et on y croit parce qu'il l'a dit (*fides qua creditur*, disent les scolastiques) ; dans ce qu'il a rapporté « divinement » et qui a été consigné par écrit, on peut lire « les vérités » de cette foi (*fides quae creditur*). Les conséquences pratiques de la foi, le comportement consécutif à ces dogmes ou vérités, découlent de la seule et « vraie » loi (*lex vera*). La grandeur de ces religions, qui est aussi la cause de leur énorme pouvoir de conviction, consiste précisément en cette première et originelle croyance : Dieu, et non pas l'homme, est la source de toute vérité. La vérité est un cadeau de Dieu, elle ne saurait être une conquête intellectuelle de l'homme. « Dire le vrai », c'est reproduire ce qui a été dit, parler en consonance avec le contenu de la révélation divine, qui est l'unique critère assuré de vérité.

Pour l'observateur laïc des questions religieuses, le point faible de cette assurée possession de la vérité n'est pas lié au fait de la révélation, mais à l'assurance absolue de posséder le texte originel révélé. Quels critères peut-on alléguer pour supposer que le texte qu'on lit aujourd'hui reproduit exactement les paroles divines ? Selon cette conviction, la critique textuelle peut s'avérer être aussi bien un avocat fiable qu'un dur et inexorable juge. Parce que la certitude de foi n'exige pas de preuves, elle peut s'avérer extrêmement dangereuse. Nous savons par expérience que la conscience d'une lointaine origine divine peut se solidifier dans un corps étranger et, littéralement, inhumain ; la révélation tend alors à apparaître comme un bloc de pierre tombé du ciel sur le toit de l'humanité. Le croyant doit l'accepter tel qu'il est, parce que c'est ainsi que Dieu l'aurait dit. Le « vrai » devient une immuable écriture fixée pour toujours, sans considération des intérêts ni des besoins circonstanciels et concrets de l'homme, immunisée aux surprises de l'histoire. La révélation divine, qu'elle soit Bible ou Coran, grâce à ses fidèles gardiens, devient un *depositum fidei* (telle est sa définition dans la terminologie scolastique). L'originelle manifestation divine devient un bassin d'eau stagnant qui se transmet, intact, de génération en génération. Ce qu'on appelle fondamentalisme ou positivisme religieux en est la conséquence inévitable, c'est-à-dire que les vérités du livre sacré se convertissent en dogmes, deviennent douées d'une immutabilité littérale absolue et éternelle, bien que leur langage, leurs symboles et leurs concepts soient inscrits dans le temps et dans l'espace où ils ont été formulés.

Remettre en question toute tentation de fixisme a toujours été le travail des consciences religieuses douées de raison et aptes à l'interprétation intelligente des textes. La fonction fondamentale de la théologie consiste en effet à interpréter l'étrangeté des textes et leurs contradictions en apprenant à traduire en langage actuel les concepts, les mythes et les symboles du langage dans leur poétique, sublime et profonde dimension religieuse. Clairement établir la relation entre la(les) vérité(s) révélée(s) et son (leur) énonciation dans des circonstances variables de temps et d'espace, c'est bien ce qui est au principe de tout discours religieux « raisonnable » et c'est sans doute là l'origine de toutes les grandeurs et de toutes les misères des religions dans l'histoire de la pensée. Ce travail « théologique » a toujours été subtil et complexe, car non seulement il touche au plus profond de la foi mais également il affecte l'autorité des tenants de l'orthodoxie religieuse. Est-ce que la religion perdrait de son caractère divin et sacré, si son langage était reconnu comme soumis aux variations du temps et de l'espace ? La lecture du texte sacré, accomplie individuellement ou collectivement dans une circonstance concrète, accueille de façon inévitable la réalité d'un texte qui a été écrit selon les modes limités d'une subjectivité, d'une société, d'un temps et d'une culture déterminés. Chaque livre, chaque phrase sont historiquement datés. « Dire (religieusement) le vrai » exige d'adapter la parole inviolable de Dieu, fixée *in illo tempore* dans un livre, aux raisonnables et variables lois du langage. La religion, que ses plus ardents fondamentalistes le veuillent ou non, est inévitablement exposée à tous les risques de l'interprétation et à l'heureuse « convivance » avec la philologie.

Ce simple postulat de la « raison religieuse » n'est pas propre à notre âge herméneutique et n'est pas non plus le fruit de la raison des Lumières. Il est présent dans toute l'histoire des religions et surtout dans l'histoire des religions dites « du livre », parce qu'elles ont des corpus de textes canoniques. Du point de vue de la phénoménologie de la religion, il est très significatif que les trois religions nées dans le Proche Orient aient choisi l'écriture comme élément fondamental de leur origine, comme moyen de communication trans-générationnel de la révélation divine. Le fait de conserver la vérité dans un livre implique, comme le remarquait bien Platon, la multiplicité des lectures et possibles interprétations inhérentes à toute manifestation écrite[1]. Il est donc naturel que, confrontées à cette difficulté, les religions aient produit des experts qualifiés et compétents en la juste et exacte interprétation de leurs textes. Cette dimension « grammaticale » du fait religieux juif, chrétien et musulman, est ce que l'on dénomme à juste titre *philologia sacra*.

L'utilisation de principes philologiques pour la compréhension du texte sacré n'est ni dans son origine ni dans son développement spécifiquement chrétienne. La fonction de la *philologia sacra*, au sein des trois religions, a connu des constantes communes, mais aussi des différences significatives. Nous ne pouvons pas ici expliquer en détail la différente fonction de la philologie dans chacune des trois religions[2]. Il nous faut seulement signaler que l'islam a été et est encore la religion qui a développé le travail philologique de son texte sacré jusqu'en des détails inimaginables pour les deux autres religions du livre. L'orthodoxie musulmane admet que la révélation divine en langue arabe existe de toute éternité, ce qui signifie que le Coran n'est pas une création temporelle ni le fruit d'un acte déterminé d'inspiration littéraire. Dans l'islam, le Prophète a une fonction secondaire et c'est la parole communiquée par Dieu qui est le centre et la raison d'être de toutes choses et de toute la vie du croyant. On peut parler d'une adoration illimitée du Coran et de toutes ses lettres ; le livre en soi est l'unique manifestation divine et il est ainsi comparable à la figure de Jésus de Nazareth dans le christianisme[3]. En outre, le Coran est, matériellement, la première manifestation écrite de la langue arabe, avant l'existence de n'importe quelle normalisation grammaticale. La fixation du texte actuel a été effectuée au Xe siècle, soit quatre siècles après ses premières mises en écriture, ce qui explique

---

1   « C'est que l'écriture, Phèdre, a, tout comme la peinture, un grave inconvénient. Les œuvres picturales paraissent comme vivantes ; mais, si tu les interroges, elles gardent un vénérable silence. Il en est de même des discours écrits. Tu croirais, certes, qu'ils parlent comme des personnes sensées ; mais, si tu veux leur demander de t'expliquer ce qu'ils disent, ils te répondent toujours la même chose. Une fois écrit, tout discours roule de tous côtés ; il tombe aussi bien chez ceux qui le comprennent que chez ceux pour lesquels il est sans intérêt ; il ne sait point à qui il faut parler, ni avec qui il est bon de se taire. S'il se voit méprisé ou injustement injurié, il a toujours besoin du secours de son père, car il n'est pas par lui-même capable de se défendre ni de se secourir. » Platon, *Phèdre*, 275 d-e.

2   À propos de cette thématique, ici brièvement ébauchée, voir Domínguez, 2000.

3   *Cf.* Pareja, 1951, p. 374-391, et Arnaldez, 1956.

qu'il existe une lecture orthodoxe sunnite et une lecture orthodoxe chiite qui présentent des différences considérables. La grammatique arabe s'est élaborée parallèlement à l'interprétation du Coran. Le Coran, dans sa première écriture, sans les fixations grammaticales postérieures, serait illisible ou permettrait plusieurs interprétations souvent contradictoires. La différence la plus significative avec la révélation chrétienne est que le Coran est la parole de Dieu en langue arabe. Dans la religion musulmane, même si on n'interdit pas le déplacement du texte dans une autre langue, une traduction du Coran n'est plus le Coran, mais seulement une traduction du Coran.

Dans le judaïsme, nous constatons une similitude dans le traitement du texte sacré. Dans la tradition hébraïque, la lecture et l'interprétation de la Torah en hébreu ont toujours été le fondement et le point de départ de la science rabbinique. Cependant, il est notoire que le contact avec l'islam a motivé un significatif essor de la science grammaticale hébraïque et c'est précisément à Cordoue que s'est développée une science philologique qui a déterminé décisivement la compréhension postérieure de la Torah[1].

La relation entre le contenu de la parole de Dieu, c'est-à-dire la vérité religieuse unique, et sa manifestation écrite, dans le judaïsme et l'islam, est claire et nette : il s'agit d'une parole et d'une écriture dans une seule langue considérée comme la langue dans laquelle Dieu a parlé et comme l'écriture dont il a fixé jusqu'au moindre signe. Dans le Coran et la Torah les langues arabe et hébraïque se manifestent dans une diffusion harmonique. L'étude de cette langue et de cette écriture est un métier divin, et ceux qui exercent ce métier divin sont les seuls véritables et autorisés interprètes du message divin.

Dans le christianisme, la relation entre la parole de Dieu et son écriture est beaucoup plus complexe. Le message fondamental concernant la parole de Dieu est son extra-textualité, c'est-à-dire le dépassement du livre à travers l'« incarnation » de sa parole. Le christianisme confesse que la parole divine, « le Verbe de Dieu s'est fait chair, et il a habité parmi nous » (Jn 1,14), en la personne de Jésus de Nazareth. Ce Verbe n'est pas seulement vérité, mais « vérité et vie » (Jn 14,6). La parole de Dieu est vivante, ce n'est pas seulement une parole écrite, accessible

---

1 *Cf.* del Valle Rodríguez, 1981, et, spécialement, Lévinas, 1977.

ou compréhensible philologiquement, mais une communication personnelle. Donc il n'est pas étonnant que la formation définitive d'un canon d'écritures sacrées ait eu dans le christianisme une longue histoire accompagnée de la difficile acceptation de la Torah hébraïque. Dans la chrétienté, la parole de Dieu écrite en hébreu est dénommé « Ancien Testament » et a été traduite en grec. Son nouveau canon, dénommé « Nouveau Testament », bien qu'il ait été rédigé en partie en araméen, est également fixé en grec. Très tôt, en raison de l'ample diffusion du christianisme dans l'empire romain latin, la traduction des textes sacrés dans la langue de l'empire est apparue nécessaire. Pendant quinze siècles dans l'ensemble de la chrétienté occidentale et plus de vingt dans la confession catholique, on a communiqué la parole de Dieu en latin, une langue sacrée liturgique que le peuple ne parlait ni ne comprenait. A partir du XVIᵉ siècle, les églises de la Réforme ont commencé à traduire la Bible chrétienne dans toutes les langues vernaculaires, cependant que l'Église catholique empêchait ses fidèles d'avoir un accès direct au message divin. Mais toutes ces traductions ont été faites, sans qu'on puisse les comparer avec celles de l'islam qui juge toute traduction comme « trahison » immanente de la parole divine transcendante et en tant que telle insuffisante.

Dans le christianisme, le processus de réception des écrits sacrés admet la traduction comme partie constitutive de ce processus. Pendant que, dans le judaïsme et dans l'islam, « dire le vrai » est compris « à la lettre » par la répétition dans la liturgie des paroles mêmes avec lesquelles Dieu a révélé sa vérité à l'humanité, le christianisme traduit d'emblée ces paroles dans une autre langue, donnant ainsi plus d'importance au signifié qu'à la reproduction orale. Ce processus chrétien de traduction et interprétation a été accompagné de controverses décisives qui ont contribué à la configuration de la religion chrétienne dans son ensemble. Ses différentes phases sont liées à des personnalités importantes : Origène, l'école néoplatonicienne d'Alexandrie, saint Augustin, saint Jérôme, Cassiodore, Luther, Calvin, etc.

Il est clair que lire la révélation divine à travers des traductions a d'énormes conséquences pour la compréhension du message révélé. On peut d'abord supposer que le christianisme apporte plus d'attention au contenu de la vérité révélée qu'à la forme dans laquelle cette vérité a été révélée. Le christianisme tend à formuler les vérités en propositions ou dogmes, c'est-à-dire qu'il s'agit de « dire le vrai » avec des mots et des concepts différents de la parole originelle, bien qu'ils aient leur fondement dans cette parole. Dans les deux autres religions du livre, il est clair que Dieu est l'auteur même du livre et que le scribe n'est que son instrument. Théologiquement parlant, le christianisme voit la Bible comme un *locus theologicus*, c'est-à-dire un lieu où se trouvent les principes de l'argumentation théologique, les vérités fondamentales de la foi. Dans le judaïsme et dans l'islam, l'inspiration divine de chaque signe du texte sacré est un dogme indiscutable et fondamental, que la théologie chrétienne a d'ailleurs également accepté jusqu'à l'apparition de la moderne critique historique. Dieu aurait ainsi dicté à l'écrivain chacun des mots qui apparaissent dans la Bible, et cet écrivain ne serait qu'un scribe écrivant sous la dictée. Le Psaume 44, 1 : « Ma langue est la plume d'un habile écrivain » (« *Verba mea calamus scribae velociter scribentis* » dans la traduction de la Vulgate) et d'autres citations des prophètes (par exemple Jérémie 36, 17-18) ont été utiles pour prouver l'inspiration divine mot à mot.

Admettre que toutes les paroles de la Bible sont d'origine divine signifie, en bonne logique, que seule la version originelle aurait garantie de vérité et que toutes les traductions devraient être soumises à un examen critique par rapport à l'original. Le théologien chrétien qui, pour des raisons d'argumentation théologique, admet l'inspiration mot à mot, se trouve confronté au problème suivant : comment considérer et justifier un texte traduit qui ne peut pas avoir la même force de vérité que celui composé des mots mêmes de Dieu ? Par conséquent, en ce qui concerne l'Ancien Testament, toutes les traductions ne pourraient dire la véritable parole de Dieu, que si elles coïncidaient effectivement avec la « vérité » du texte hébraïque. Tout théologien, avant d'utiliser un texte biblique comme base irréfutable de ses affirmations dogmatiques, devrait s'assurer du contenu exact du texte, ce qui implique que tout théologien devrait être un bon philologue ou se soumettre à l'évaluation et au jugement d'un bon grammairien connaisseur des langues originelles, les seules qui puissent être considérées comme inspirées. Devant ce dilemme, il y eut tout au long de l'histoire des façons différentes, plus ou moins subtiles, de se dérober. En effet, le théologien ne pouvait pas accepter que sa science sacrée fût dans la dépendance de la science philologique qu'il considérait comme inférieure à la sienne. Le conflit entre la théologie et la philologie a été constant entre les érudits. Au XVIᵉ siècle, il a donné lieu à une très longue série d'épisodes. Dans les exemples que nous allons examiner, on voit bien comment cette controverse a pu être comprise par beaucoup de ses acteurs comme la défense du fait religieux authentiquement chrétien, « vieux-chrétien », d'une part contre l'obsédant danger que représentaient non seulement les juifs mais aussi les juifs convertis et, d'autre part, contre la nouvelle idéologie de la réforme humaniste et protestante, dans le contexte particulier de l'histoire culturelle et spirituelle de l'époque.

LA SOLUTION DE BÁÑEZ AU PROBLÈME DE LA RELATION ENTRE LA LANGUE ORIGINALE ET SES TRADUCTIONS

Fray Domingo Báñez (1528-1604)[1], personnage clé dans l'histoire de la théologie espagnole, originaire de Medina del Campo, signait ses livres en se donnant le qualificatif de *Mondragonensis*, la terre de son père, afin d'attester de sa noble origine basque (*cantabrica gens*). Il a cherché à expliquer avec des arguments à la fois historiques et théologiques l'indépendance totale du théologien par rapport à l'*hebraica veritas*, qui deviendrait ensuite la règle à suivre par la théologie catholique[2].

Une possible façon d'affirmer cette indépendance du théologien par rapport au texte originel consiste à admettre l'existence d'une inspiration ou assistance divine dans les traductions qui sont acceptées par la communauté chrétienne tout au long de l'histoire, en plus du fait avéré que ces traductions, grâce à l'assistance promise par Dieu à son Église, ont un degré de certitude et de vérité qui rendent superflu tout recours à l'original. Ainsi l'histoire des traductions – ou l'histoire de la Vulgate – serait l'histoire de l'assistance continue de l'Esprit à l'Église, permettant l'adaptation de son héritage aux surprises de l'histoire profane

---

1   Faute d'une monographie à propos de ce théologien, voir ce qu'en signale Domínguez, 1993.

2   Ce sujet à été traité deux fois par le théologien dominicain : dans ses *Scholastica Commentaria in Primam Partem Angelici Doctoris D. Thomae* qui, depuis 1584, a eu sept éditions (nouvelle édition : Urbano, 1934) et dans un *Reportatum* sur la *Prima Pars* exposé dans l'année académique 1595/96 et édité par Martínez Fernández, 1973, p. 299-373.

des hommes. Cette argumentation, apparemment pieuse et non critique, a perduré dans la précoce modernité européenne[1]. Mais cette solution n'est pas celle que propose le Dominicain.

Báñez, après avoir défendu l'inspiration mot à mot ou verbale de l'Écriture et après avoir dressé une histoire détaillée du texte biblique dans sa version originelle et ses traductions, parvient à une première conclusion : il est évident que les textes hébraïques et grecs de la Bible ne sont pas les originaux, mais des copies élaborées avec plus ou moins d'application au cours des siècles postérieurs. Mais, alors, quel sens cela a-t-il d'admettre la dictée divine du texte sacré, si on ne possède pas les manuscrits originaux et si personne ne peut assurer l'existence de copies authentiques du premier original de chacun des livres qui composent la Bible ? On pourrait dire la même chose des différentes traductions en grec et en latin. Ces versions du texte ne sont pas infaillibles, car ni les copistes ni les traducteurs n'ont réalisé leur travail avec l'assistance de Dieu, comme le démontrent leurs innombrables divergences textuelles. Même si on accepte que l'Église déclare légitime une version concrète, personne ne peut assurer que cette copie qu'elle détient soit une copie dépourvue d'erreurs. Le Concile de Trente, qui a déclaré la version *Vulgata* latine comme authentique, n'a pas indiqué dans quel exemplaire se trouverait la version *Vulgata* originelle de saint Jérôme.

Báñez remarque à juste titre que la finalité de la décision du Concile n'a pas été de résoudre le problème textuel mais de donner au théologien l'assurance que le texte latin utilisé pas l'Église ne contient pas d'erreurs en matières fondamentales de la foi chrétienne. Faisant preuve d'une grande intelligence critique, il en arrive à reconnaître que la situation au sujet de l'autorité des traductions de la Bible n'est ni meilleure ni pire après le Concile qu'avant. Il pense même que la situation a plutôt empiré, car il y a beaucoup de personnes qui croient à l'obligation de corriger le texte de la *Vulgata* en des passages qu'ils considèrent falsifiés par l'inexactitude des copistes.

Báñez considère que le Concile de Trente aurait du non seulement déclarer la *Vulgata* comme authentique mais aussi déterminer quelle est l'édition *vulgata* authentique. La déclaration du Concile a laissé incertains les théologiens, dans la mesure où ils ne disposent pas d'un texte

---

1 Voir Domínguez, 1998, p. 651-672.

latin qui empêcherait toute discussion textuelle et donnerait comme sûre et véritable une seule interprétation. Le Dominicain rêve d'une édition de la *Biblia Vulgata Sixto-Clementina*, qui, des années plus tard, sera en effet élaborée par une commission nommée par le pape et qui mettra à la disposition des théologiens une source validée par décret pontifical. Le rêve de Báñez d'un texte harmonisé et définitif, unique et sûr, qui permettrait d'en finir avec toutes les incertitudes textuelles et avec toutes les spéculations philologiques, est, comme on le verra, ce que rejettent précisément comme impossible les défendeurs de la *veritas hebraica*, Grajal, Martínez de Cantalapiedra et Fray Luis de León.

C'est selon le *modus scholasticus* que Báñez expose magistralement ce problème. La prémisse de son argumentation va de soi : étant donné que l'on ne possède pas et qu'il est impossible de reconstituer les textes sacrés des origines, on doit supposer que la Providence divine n'a pas considéré nécessaire de les conserver. Si cela avait été nécessaire, Dieu aurait pris soin de leur conservation. Il faut humblement accepter de ne pas posséder l'Évangile de saint Jean mais une copie de cet Evangile. Le fait de ne pas posséder ces textes sous leur forme originelle constitue la preuve providentielle que cette possession ne présenterait aucun avantage pour l'interprétation et la conservation des vérités révélées.

Báñez soutient cette affirmation catégorique en reprenant le classique argument de saint Augustin, selon lequel la légitimité du texte sacré n'est pas fondée sur la matérialité de son contenu mais sur l'autorité de l'Église qui a déclaré et défini le canon des écrits[1]. Ainsi est-il affirmé que seules l'autorité et l'attestation de l'Église garantissent la vérité des écrits. L'existence d'originaux ne réduirait pas le nombre des variantes. C'est le théologien qui possède l'assurance du vrai sens d'un texte, en suivant le sentiment commun des Pères et les enseignements de l'Église romaine. La conclusion du subtil théologien Báñez est claire : il suffit à l'Église de posséder quelques *exemplaria authentica* pour pouvoir assurer qu'elle détient une Écriture sacrée, de même qu'on peut dire qu'on possède les textes des auteurs de l'Antiquité classique sans pour autant en posséder les originaux.

---

1   « *Ego vero evangelio non crederem, nisi me catholicae Ecclesiae conmoveret auctoritas* », *Augustini Contra epistulam quam vocant fundamenti* 5, 6, p. 197.

La conséquence théologique de cette affirmation est évidente. La sainte Écriture est *praecipue* dans le cœur de l'Église (*in corde Ecclesiae*) et *secundarie* dans les livres et dans les éditions. Ce qui signifie, en citant saint Jérôme, qu'on ne trouve pas la vérité dans les paroles de la sainte Écriture mais dans son sens interne ; la vérité n'est pas dans son écorce mais dans son centre. Pour le théologien Báñez, la plupart des questions qui naissent des différences entre originaux, traductions ou éditions, évoquent l'écorce de l'Écriture (*cortex litterae*). Dans le petit nombre de questions qui ont trait au sens et à la moelle de l'Écriture, le seul critère de vérité est l'opinion de l'Église et sa tradition, et non la sagesse toute humaine d'un grammairien. Si un grammairien arrivait à démontrer l'incompatibilité d'un texte originel en hébreu avec le texte de la *Vulgata*, ce ne serait jamais la vérité de l'Écriture qui serait en cause, mais seulement son écorce. Dans ce cas, le sens véritable serait celui du *textus latinus receptus* et non celui du *textus hebraicus receptus*, ce qui revient à dénier à ce dernier l'appellation d'« originel ». Ainsi ce que la critique historique moderne pourrait qualifier d'« originel » n'a pas nécessairement la valeur d'« authentique ». C'est l'Église qui accorde la valeur d'authenticité et non un grammairien quelconque. Pour Báñez, l'Église est infaillible, lorsqu'elle détermine les vérités contenues dans la révélation divine. Dans toutes les controverses relatives à la foi et à la praxis de l'Église, le philologue ne fournit jamais le critère décisif de vérité, mais c'est l'Église. Cette affirmation de l'autorité de l'Église entraîne le rejet absolu de toute tentative personnelle de corriger la *Vulgata*, apparemment ce qui inquiétait le plus Báñez. Báñez n'ose pas qualifier la démarche de correction de la Vulgate d'hérésie, mais il la qualifie d'audace, proche de l'hérésie.

Néanmoins, il serait exagéré de voir dans les réflexions de Báñez un inconditionnel argument scolastique en faveur de la Vulgate. Comme Ulrich Horst[1] l'a déjà constaté, il y a chez le Dominicain une réflexion subtile qui peut avoir son origine dans les arguments des hébraïsants de Salamanque qui taxaient d'ignorants et de paresseux ceux qui ne voulaient pas apprendre les langues. Báñez affirme d'ailleurs, bien qu'on puisse en douter, qu'il a étudié l'hébreu pendant huit années, afin que les *rabbinorum sectatores* ne lui reprochent pas sa paresse ou son ignorance.

---

1   Horst, 1983, p. 183s.

Il existe quelques publications de quelques biblistes de son propre ordre dominicain, comme Sixte de Sienne, Paiva de Andrade et d'autres, qui ont pu l'amener, sinon à changer, du moins à nuancer ses positions. Ce basque « vieux chrétien » a pu en déduire que la grossière accusation de la corruption du texte hébraïque par les juifs n'a aucun fondement critique et c'est ainsi qu'il affirme, de façon surprenante, avoir pleine confiance en la véracité de la tradition rabbinique hébraïque. Ce qui ne signifie pas, évidemment, qu'il accepte le rôle correcteur de la *veritas hebraica*.

L'UNIVERSITÉ D'ALCALÁ DE HENARES, FRANCISCO DE CISNEROS ET ANTONIO DE NEBRIJA : LATINA ET *HEBRAICA VERITAS*

Fray Domingo Báñez, en affirmant l'infaillibilité de la tradition de l'Eglise, va à l'encontre des savants travaux de Lorenzo Valla, suivi par les humanistes puis par les réformés. La lecture directe (et non pas à travers des florilèges et collections de sentences) des Pères de l'Église a fait apparaître en effet une nouvelle conception du travail théologique, selon laquelle l'Écriture, qui est fondamentalement le Verbe divin, éternel et immuable, doit être lue et interprétée sans être soumise aux lois de l'idéologie. Or, la théologie scolastique, postérieure, a vu dans l'Écriture un réservoir de vérités où les textes n'étaient que *dicta probantia*, c'est-à-dire destinés à prouver des contenus théologiques antérieurement formulés. La « nouvelle théologie », fondée sur la patristique, veut présenter la Bible dans son ensemble, en tant que vraie dans toutes ses parties et instance ultime de toute la connaissance humaine. Toute forme de savoir qui aspire à être la vérité, y compris la philosophie, doit reconnaître sa fin ultime et son instance décisive dans la révélation divine. Aucun vrai philosophe ne peut être en contradiction avec la vraie parole de Dieu. Pour les humanistes philologues, c'est le Christ, en tant que Verbe et parole incarnée, Sagesse de Dieu, qui est le plus grand philosophe, la vérité suprême. La *lectio divina* exige toute la connaissance humaine pour sa compréhension totale et, dans le même temps, elle concentre et explique toute la connaissance que l'homme peut arriver à obtenir.

Au début du XVIe siècle, cette nouvelle science théologique, fondée sur la philologie et l'exégèse, trouve en Espagne l'appui du cardinal Cisneros, conseiller des Rois Catholiques, cardinal archevêque de Tolède et grand inquisiteur de Castille. Cisneros fonde l'Université d'Alcalá de Henares dans le but de donner une nouvelle orientation aux études théologiques[1]. Face aux juristes et théologiens scolastiques de Salamanque, l'archevêque de Tolède favorise une théologie fondée sur l'étude philologique de la Bible. Dans toute l'Europe apparaissent alors des institutions d'enseignement des langues bibliques. Ainsi Francisco de Vergara, professeur de grec et éminent partisan de l'humanisme d'Érasme, évoque en ces termes l'Université d'Alcalá :

> … la célèbre école que vous avez dédiée il n' y a pas longtemps à saint Jérôme, dans laquelle on cultive les trois langues consacrées par Notre Seigneur et maître Jésus-Christ avec son sang sacré quand il était crucifié sur la croix. Ici, les jeunes amis des langues sous la protection du symbole du Nom sacré, avec de la persévérance et sous le signe de la croix salvatrice, luttent pour restaurer le texte original de l'Écriture et le protéger contre ceux qui ignorent les langues et contre ceux qui le dénaturent. En suivant ainsi l'exemple de Jérôme, ils font l'effort d'étudier de façon intime et profonde les livres de l'Écriture avec l'aide des trois langues[2].

L'Université d'Alcalá n'a pas cessé de contribuer au développement des études de philologie biblique qui, à l'initiative de Cisneros, ont commencé avec la réalisation de la *Biblia Polyglotta Complutensis*[3].

---

1   Au sujet des objectifs de l'Université Complutense voir Bataillon, 1966, p. 10ss. et 343s. ; D. de Caylus, 1908 ; Martínez Albiach, 1975, et Sáenz-Badillos, 1991, p. 22ss.

2   Vergara, 1537, préface.

3   Les louanges adressées par Hernando Alonso de Herrera à l'action de Cisneros autour des études bibliques sont très intéressantes : « …*otro mayor cuydado reyna en vuestro coraçon del libro celestial. que ya comunmente suelen llamar Biblia porque es el totum continens de los altos secretos de Dios por su merced ha tenido por bien de nos revelar. El amor de la sancta theologia os posee del todo, y el zelo de la casa de Dios os carcome. Como la Yglesia cathólica en los tiempos passados estuviesse divisa por diversas traslaciones del Testamento Nuevo y Viejo… como con vandos, unos aprovavan uno, otros otro… y ovo otros que queriendo complir con todos, usavan de Biblias seys y aun siete vezes dobladas.- Vos, ingeniosíssimo Señor, movido por el spiritu de Dios, dexando los arroyos de las opiniones, os fuiste como sant Jerónymo a la fuente de la verdad, cosa por muchos deseada, que algunos grandes varones han prometido y pocos la han attentado, y aun essos en balde. o por ser la obra muy difícil, o por las grandes expensas que requiere, vuestra Señoría, sin prometerlo, lo puso por obra, y en tres principales lenguas, latina, griega, y hebrea, que en el título de la santa cruz fueron autorizadas, posistes el sacro canon de la ley divinal, do paresce clara semejança de la sancta Trinidad y unidad… Donde nos con religiosa reverencia nos humillamos a*

Parallèlement aux savantes études philologiques, la revendication de l'accès direct de tous aux livres sacrés se fait jour, cependant que les instances ecclésiastiques et les théologiens traditionnels redoutent les dangers d'une lecture qui échapperait à leur contrôle. C'est en 1492, au moment de l'expulsion des Juifs et de l'achèvement de la Reconquête, que les Rois Catholiques ont freiné définitivement une longue tradition de traductions de l'hébreu en interdisant sous peine de très graves sanctions de traduire l'Écriture en langue vulgaire ou d'en conserver des traductions déjà existantes[1]. La raison qu'ils alléguaient, bien significative, était, selon Alonso de Castro : « Pour qu'il n'y ait pas de possibilités d'erreurs ». Car les instances ecclésiastiques espagnoles sont alors convaincues que, si le peuple ignorant lit la Bible sans guide, il ne peut que mal la comprendre. Selon la théologie officielle, les hérésies naissent de cette mauvaise intelligence de la Bible et c'est ainsi que la Bible en langue vulgaire est qualifiée d'« ivraie » et de « pernicieuse nourriture spirituelle ».

En écho à cette peur, l'Inquisition se lance à l'attaque systématique de tous les efforts philologiques et exégétiques qui ne seraient pas accomplis sous le contrôle d'une institution ecclésiastique. En 1554 est publiée une longue liste de Bibles interdites, non seulement celles qui consistent en des traductions en langue vulgaire mais également celles qui, traduites des textes originaux en latin, osent corriger la *Vulgata*. Bien que la censure ne condamne pas en soi la critique textuelle ni les nouvelles traductions faites à partir du grec et de l'hébreu, il y a là une claire démonstration de la mentalité intransigeante et négative à l'égard des études bibliques[2]. L'index de 1559, qui sera un complément de la liste antérieure, interdit expressément toute « Bible dans notre vulgaire, ou en autre langue quelconque traduite complètement, ou en

---

tal lectura que paresce ymagen debuxada de Dios poderoso, que en ella se enseña, y benignamente se cree que ésta será la postrera mano que se puede dar a esta obra en todo y por todo perfecta, por ser hecha a semejanza de Dios. ¡O dichosos los siglos presentes y venideros que de oy más beverán aguas puras y bivas de sancta theología en sus primeros manantiales! ¡O tres y aun quatro veces bienaventurado tan esclarescido primado de las Españas, a quien Dios dio tanta gracia que tres lenguas nobles, en que está puesto el tesoro de los divinales sacramentos, las juntássedes en uno! », Alonso de Herrera, 2004, p. 165-167.

1   Villanueva, 1791, p. 14ss.
2   Voir Telleche, 1962 ; Bujanda, 1984, p. 148-162, 276-302, 619-624, et Domínguez, 1998, p. 253.

partie, que ce soit de l'Hébraïque, Chaldaïque, Grec ou Latin[1] ». Cette censure injustifiée, totale et absolue, a été un succès de l'Inquisition et a contribué à détourner la hiérarchie ecclésiastique espagnole de la *philologia sacra*. Malgré la magnifique réalisation de la Bible polyglotte d'Alcalá, véritable monument philologique, l'Inquisition et le pouvoir de la théologie scolastique ont détourné l'Espagne, pendant plusieurs siècles, des études de la philologie biblique qui prenaient alors leur essor en Europe. C'est ainsi qu'en Espagne, jusqu'à la moitié du XXe siècle, on n'a publié aucune traduction espagnole de la Bible à partir des langues originelles.

Les intimidations de l'Inquisition ont commencé très tôt. L'inquisiteur Diego de Deza ose saisir les écrits personnels du célèbre grammairien Antonio de Nebrija (1442-1522), afin de lui faire peur en lui donnant à comprendre qu'en raison du fait qu'il est laïc, il n'a pas le droit d'écrire sur l'Écriture[2]. Bien que cette menace n'ait pas réussi à mettre un terme aux travaux de Nebrija, elle n'en a pas moins eu un effet destructeur, car elle a marqué la réduction de l'activité intellectuelle dans le domaine de la philologie biblique. Même si l'action réformatrice de Cisneros a permis une décennie d'ouverture, le XVIe siècle espagnol n'a jamais eu la liberté suffisante pour l'étude philologique des textes sacrés.

Le dévouement du grammairien Nebrija à la philologie biblique n'était pas alors une occupation innocente mais quelque chose de très risqué, qui pouvait avoir pour lui de très graves conséquences. Dans son *Apologia*, « précoce et très important document de la philologie biblique européenne » (C. Gilly)[3], Nebrija ose affirmer avec passion que personne n'a le droit de l'empêcher, alors qu'il n'est pas théologien mais laïc (« *homini ad sacras litteras non initiato* »), d'exercer sa fonction de philologue dans le domaine des lettres sacrées, un domaine réservé

---

1   *Cathalogus librorum, qui prohibentur mandato illustrissimi et reverendissimi* D. D. Ferdinandi de Valdes, Valladolid, Sebastián Martínez, 1559, p. 37. (Bujanda, 1984, p. 667).

2   Voir Bataillon, 1966, p. 32s. Lui-même nous raconte de cette manière : « J'ai écrit deux commentaires à l'Écriture. Le premier me l'a enlevé l'Évêque de Palencia qui après est devenu Archevêque de Séville (je parle de Diego Deza, dominicain), quand il était l'inquisiteur de l'hérésie en Espagne. Comme il n'avait pas l'autorité de faire cela, il lui a fallu un mandat royal : on prétendait surtout enlever à l'auteur le goût d'écrire à propos de ces sujets… ». Prologue à la *Tertia quinquagena*, *Cf.* Nebrija, 1535.

3   *Apologia earum rerum quae illi obiiciuntur*, (sans lieu ni date, mais) Logroño, Brocar 1507. Réimpression en Nebrija, 1535. Il existe une nouvelle et excellente transcription complète par Gilly, 1998, p. 316-332, qui inclut aussi le prologue à la deuxième édition.

aux théologiens (« *nam et laicis de fide disputare nominatim interdictum est* »)[1]. Curieusement, Nebrija signale qu'il veut seulement discuter de l'orthographe, c'est-à-dire de la manière correcte d'écrire les noms propres, des accents ou de certains sens obscurs et rares, et que, pour cette raison, il ne comprend pas en quoi cette discussion peut représenter la profanation d'un territoire sacré. Il souligne avec une feinte modestie qu'il ne prétend pas assumer le rôle de théologien ou d'exégète, mais seulement approcher le texte comme grammairien. Puis ce ton humble disparaît et il en vient à énumérer tout ce qu'un *grammaticus* peut dire dans le domaine des lettres sacrées qui, bien que sacrées, sont des lettres et, par conséquent, ressortissent à l'activité philologique. Même si, traditionnellement, les théologiens ont admis des sens qui dépassent la littéralité (« *alios sensus partim mysticos partim morale* »), Nebrija leur explique qu'ils sont tenus de revoir, avec l'aide du grammairien, si la lettre permet véritablement ces interprétations extra-littérales. Nebrija n'hésite pas à affirmer sans hésitation que, parmi les théologiens de son temps, il règne une ignorance absolue de la science biblique :

> Vous ne pleurez pas ni ne gémissez ni ne déplorez le malheur de ce temps où nous sommes arrivés : que, pour tout ce qu'on a dans la Sainte Écriture, on s'y dirige comme dans une grotte obscure : sans lumière, étroite, et où tout est environné de ténèbres[2].

La cause évidente de cette ignorance réside dans l'absence d'intérêt pour le grec et l'hébreu, « ces deux lumières éteintes de la religion ». À son avis, l'histoire du texte oblige à accepter la fonction régulatrice de la vérité hébraïque :

> La religion chrétienne est essentiellement contenue dans ces trois langues qui ont été consacrées sur l'écriteau de la croix, c'est-à-dire du triomphe de notre Sauveur, et que l'Église romaine utilise de façon mêlée. De sorte que cet écriteau, en commençant par la langue hébraïque dans laquelle a été annoncé en premier notre salut, puis en continuant par la grecque dans laquelle se rassemble la sagesse humaine, enfin en finissant par la latine qui a obtenu la

---

1   *Apologia*, p. 325.
2   *Epistola del maestro de Lebrixa al Cardenal quando se avisó que en la interpretación de las dicciones de la Biblia no mandase seguir al Remigio sin que primero viessen su obra*, ed. Gilly, 1998, p. 308-315, pour la citation voir p. 312.

domination du monde entier, témoigne qu'il en est avec ces langues comme des degrés d'une échelle[1].

Si Antonio de Nebrija considère que l'hébreu est utile et indispensable pour l'étude de la Bible, curieusement, il n'a pas été lui-même un hébraïsant. Ainsi, en 1511, il déclare « qu'il n'a pas de grande compétence dans les langues Hébraïque, Chaldéenne et Arabe[2] » Sáenz-Badillos a montré que Nebrija n'est jamais parvenu à avoir une connaissance approfondie de la langue hébraïque ni de la tradition philologique des juifs hispaniques. Cependant il est évident que la curiosité insatiable de Nebrija l'a convaincu très tôt de la nécessité d'une certaine familiarité avec cette langue[3] pour mieux comprendre le texte latin de l'Ancien et du Nouveau Testament, pour savoir prononcer et écrire correctement les nombreux noms d'origine hébraïque qui y sont contenus. Nebrija ne saurait donc être comparé à des savants philologues comme Alonso de Zamora ou Johannes Reuchlin, hébraïsants ; ses sources intellectuelles se situent dans la tradition gréco-latine de Saint-Jérôme, Eusèbe et Martianus Capella. L'objectif de son travail consiste essentiellement à bien définir pour les hommes de son époque, médiocres connaisseurs de l'antiquité gréco-latine, tout ce qui est difficilement identifiable dans l'Écriture, qu'il s'agisse d'animaux, de plantes, d'objets divers, de coutumes, de récits ou de lieux. En ayant recours aux auteurs antiques, il présente « un curieux mélange d'exactitudes et d'erreurs, qui, en tout cas, mérite notre respect[4] ». Son évidente méconnaissance de l'hébreu l'amène à proposer des solutions qui laissent perplexe le lecteur averti, puisqu'elles n'ont pas de fondement scientifique. Son désir de se rapprocher de la langue originelle et de lutter pour le retour aux sources dans les études bibliques demeure l'aspect positif de ses efforts, même si les moyens qu'il utilise ne sont pas forcément les plus appropriés.

Avec Lorenzo Valla, Nebrija soutient que l'Écriture n'est pas dispensée des règles grammaticales, dans la ligne de quelques affirmations de

---

1   Nebrija, 1987, chap. 1.
2   Beltrán de Heredia, 1941, p. 51. Voir Nebrija, *De litteris hebraicis*, fº. A ii : « ...*qui vix umbram quandam huius linguam attigimus* ».
3   Sáenz-Badillos, 1994, p. 112. De cet auteur voir aussi le chap. 1 de sa longue et documentée étude, *id.*, 1991.
4   Sáenz-Badillos, 1994, p. 117.

saint Augustin[1]. Il considère que la traduction latine de l'Écriture doit être étudiée par les grammairiens et que commenter la Bible en étant dépourvu de connaissances philologiques est un travail inutile et indigne d'un théologien honnête. Comme il l'assure dans l'*Apología*, la colère de ceux qui s'opposent à son travail le stimule et ne le dissuade nullement de le poursuivre. Pour Nebrija la grammaire est au service des sciences, mais, dans le domaine des lettres, c'est elle qui a la suprématie.

Le travail du philologue latiniste – sa propre tâche dans l'entreprise de la Bible Complutense – consiste à rétablir le texte latin dans sa forme primitive. La « vraie leçon » n'a pas à coïncider, selon Nebrija, avec la lecture originelle de saint Jérôme ; la référence pour un bon texte latin n'est pas la primitive *Vulgata* mais l'originelle version hébraïque. Dans l'*Apologia* Nebrija écrit que

> ... jusqu'à maintenant on a travaillé, et on continuera ainsi, en comparant les codices les plus récents avec les manuscrits latins les plus anciens dans lesquels on trouve plus facilement ce que Jérôme a laissé écrit, pourvu qu'il soit d'accord, ou au moins pas en désaccord, avec la lecture des codices hébreux et grecs[2].

Dans sa fameuse lettre à Cisneros, Nebrija explique comment il comprend le travail que le Cardinal lui a confié de réviser la traduction latine de la Bible. Il conçoit ce travail comme une confrontation « avec l'Hébraïque, le Chaldéen et le Grec ». Il ne prétend pas arriver à reproduire le texte latin de Saint Jérôme, mais seulement à corriger saint Jérôme, en suivant l'*hebraica veritas*. Son objectif consiste en ce que la *Vulgata* puisse reproduire exactement le texte originel de la Bible, là où la traduction de saint Jérôme ne donnerait pas fidèlement le sens du texte hébreu[3]. Pourtant, Cisneros ordonne très clairement à tous ses collaborateurs de s'en tenir en toute fidélité aux codices latins et spécialement aux plus anciens, afin d'obtenir ainsi le texte de saint Jérôme sans se demander s'il reproduit ou non l'original hébreu. Curieusement, la position de Cisneros est, d'un point de vue critique, plus moderne

---

1   *Apologia*, éd. Gilly, 1998, p. 324.
2   *Apologia*, p. 329.
3   Dans son *Apologia* Nebrija répète comme un refrain la nécessité de revenir au texte en hébreu : « ...*certitudinem petamus ex veritate fontis hebraici...regrediamur ad hebraicam veritatem ...veterum librorum fides ex habraeis voluminibus examinanda est...* », p. 317-320.

et cohérente. Leurs opinions étaient donc opposées et le vieux Nebrija n'a pas lâché prise :

> *Io tenia deliberado de no entender más en la emendación de la Biblia que Vuestra Señoría Reverendíssima quería imprimir : en la qual me mandava a my y a los otros hebreos i griegos que entendiésemos io el latín y los otros cada uno en su lengua. I preguntome Vuestra Señoría que por qué no quería entender en ello : io le respondí que porque quando vine de Salamanca : io dexé allí publicado que venía a Alcalá para entender en la emendación del latín que está comunmente corrompido en todas las biblias latinas coteiándolo con el hebraico chaldaico i griego, i que agora si alguna cosa falta en ello se hallase que todos cargarían a my la culpa y dirían que aquella ignorancia era mía. pues que dava tan mala cuenta del cargo que me era mandado. Entonce Vuestra Señoría me dixo que hiziese aquello mesmo que a los otros avía mandado que no se hiziese mudança alguna de lo que comúnmente se halla en los libros antiguos, mas que si sobre ello a my otra cosa paresciese que devía escrivir algo para fundamento i prueva de mi intención*[1].

Antonio de Nebrija est donc resté sur ses positions et il s'est peu à peu complètement désintéressé du travail d'édition du texte latin que Cisneros a confié à d'autres collaborateurs. En tout cas le texte latin de la Polyglotte n'a pas été publié sous la supervision de Nebrija et Cisneros a ainsi renoncé à celui qui en était le meilleur expert.

FRAY LUIS DE LEÓN : LE DILEMME DE LA TRADUCTION OU L'IMPOSSIBILITÉ DE REPRODUIRE LA BEAUTÉ DE LA « LANGUE SAINTE »

La dispute sur la *veritas hebraica* a trouvé son moment le plus délicat et décisif à l'occasion des procès faits aux hébraïsants de Salamanque : Gaspar de Grajal, Martín Martínez de Cantalapiedra et Fray Luis de León. Une question académique a été portée devant l'Inquisition par les Dominicains de San-Esteban de Salamanque et, parmi eux, Fray Domingo Báñez. Ces procédures constituent une source inépuisable pour comprendre la polémique sur la *hebraica veritas* dans cette circonstance historique.

---

1   Gilly, 1998, p. 308 (consulter aussi la reproduction photographique p. 337).

Comme on le sait bien, Fray Luis avait rédigé un commentaire en castillan au *Cantique des Cantiques* qui n'était pas destiné à la publication mais seulement à un usage privé de sa cousine Isabel de Osorio, religieuse à Salamanque[1]. Parmi tous les problèmes que cette traduction et ce commentaire ont suscités, il y a cette idée centrale du poète de Salamanque consistant à vouloir montrer comment Dieu s'est communiqué et comment ce qu'il a dit s'est conservé dans la sainte Écriture avec toutes les limites de la parole humaine. En effet Fray Luis voit dans le langage biblique, dans les mots écrits en hébreu, un mode de s'incarner, un autre aspect de l'incarnation du Verbe de Dieu qui s'est fait homme (parole humaine). Dès le prologue il annonce une conception du langage biblique comme humanisation (incarnation) de la parole divine, quand il dit : « C'est une chose merveilleuse que ce souci dont témoigne l'Esprit saint de se conformer à notre style, en prenant notre langage et en imitant en lui-même toute la variété de notre intelligence et de nos conditions » (p. 70). L'intention de Fray Luis, son programme critique littéraire, consiste à reproduire les paroles et images choisies par Dieu en garantissant le sens exact de chaque mot et figure. Ceci requiert naturellement un rigoureux examen et une rigoureuse compréhension du message originel hébraïque.

Selon Luis de León, les *Cantiques de Salomon* (comme il les dénomme presque toujours) offrent le plus beau et profond, bien que mystérieux, langage divin devenu langage humain. Dieu, en utilisant le langage poétique, présente des idées sublimes qui sont cachées dans le texte et qu'un interprète avisé, expert dans la langue dans laquelle elles sont écrites, peut dévoiler. Ces idées sont des vérités plus profondes que toutes celles que nous a léguées la philosophie grecque. Cette idée était bien enracinée dans la tradition médiévale qui a fait du *Cantique des Cantiques* l'autorité biblique par excellence pour définir l'expérience mystique, c'est-à-dire une réflexion profonde sur la foi en marge des rigides concepts philosophiques et scientifiques. Le *Cantique des Cantiques*, qui est le modèle suprême de toute poésie amoureuse par son expression en mots humains de l'amour de Dieu, comporte d'immenses difficultés d'interprétation, « car aucune autre écriture n'exprime la passion de l'amour avec plus de force et de sens que celle-ci » (p. 72).

---

1   *Exposé du Cantique des cantiques*, à Léon, 1957, I, p. 70-210. Voir Reinhardt, 1994.

L'exégèse du texte a pour Luis de León deux obstacles, l'un simplement philologique et l'autre fondamentalement théologique. Le premier, c'est la « passion d'amour » qui est si forte que « la langue n'arrive pas au cœur », c'est-à-dire que l'excès de sentiment ne peut pas trouver des mots bien ordonnés et, par conséquent, « les raisons en sont coupées et décousues ». Ici est formulé ce « dire l'indicible », qui est un lieu commun dans toute la tradition mystagogique. La poésie et la mystique essaient de dire l'indicible en utilisant des termes généraux pour exprimer une expérience particulière. La communication d'une expérience religieuse personnelle est, plus que toute expression poétique, un balbutiement qu'on doit intégrer, en plus de l'expérience personnelle et intransmissible, la vitale présence de la réalité divine qui est, par définition, infinie et incompréhensible. Si l'on passe sous silence la belle explication de ce processus comme « rhétorique des amoureux » que le « froid et tiède » lecteur ne peut pas comprendre, il y a une deuxième difficulté qui empêche de comprendre le poème, qui est la qualité de la langue originale dans laquelle il est écrit. Et c'est ici que Fray Luis introduit un panégyrique de la langue hébraïque : L'hébreu, dit-il, est « une langue de peu de mots et de raisons brèves, mais remplies des significations les plus diverses » (p. 73). Ce qui ressemble à des comparaisons « nouvelles, étranges et dépourvues de finesse » sont pour l'expert en langue hébraïque « tout le bien parler et tout le raffinement des relations entre les personnes de ce temps » (p. 74). Fray Luis conclut son prologue en justifiant son choix de traduire en espagnol l'original hébreu par un mot à mot suivi de l'explication des passages les plus obscurs avec le but primordial de refléter dans la langue de la traduction l'« émotion » de l'original hébraïque. Fray Luis, comme tous ses contemporains, considérait l'hébreu comme la langue en laquelle Dieu avait parlé, avec laquelle il avait dialogué avec Adam et Ève et avec laquelle Adam avait nommé toutes les choses. Mais Fray Luis affirme, en plus, que la langue castillane n'a rien à envier au latin et au grec, car elle est comme le véhicule sublime de l'expression littéraire hébraïque, à tel point qu'il ose comparer le castillan à la langue originelle de la Bible en assurant que la langue qu'il parle peut reproduire la diction hébraïque d'une façon plus parfaite que les autres langues.

Quand Fray Luis discute la signification des mots hébreux, il ne le fait pas comme un exercice de pédanterie ou par curiosité philologique, mais parce que ces mots sont ceux que Dieu a choisis pour se communiquer à l'homme. Par conséquent, il revient au destinataire de ces mots de faire tout son possible pour établir leur exacte signification. Étudier les mots et les phrases en hébreu suppose de contempler les vérités dites par Dieu de la façon la plus pure et profonde possible, sans aucune comparaison avec l'analyse de ce même message traduit dans une autre langue. Il en est ainsi, non seulement par raison philologique mais par une autre profondément théologique qui concerne l'histoire du salut. L'hébreu est la seule langue qui a été parlée avant le péché et il est ainsi le seul chaînon avec un monde primitif, en état de pureté originelle ; toutes les autres langues sont nées après le péché et y sont « empêtrées ».

Bien que Fray Luis évite de discuter la relation entre la *veritas hebraica* et les Bibles latine et grecque, sujet brûlant dans l'Université de Salamanque, ce thème aurait provoqué son emprisonnement. Sans qu'il l'ait voulu, la traduction et le commentaire destinés à sa cousine Isabel ont été reproduits plus ou moins clandestinement, et l'Inquisition en a fait le motif de son accusation d'hérésie[1]. Durant son procès, dans les déclarations des témoins, ressort le scandale d'une traduction en langue vernaculaire d'un poème traitant à la lettre d'amours profanes. Fray Luis explique que, dans le *Cantique des Cantiques*, « par des paroles caractéristiques de l'amour charnel et par les comparaisons qu'il emploie, (l'Esprit saint) signifie les amours divines » et que, pour cette raison, il est nécessaire « de dire et déclarer tout ce que signifie charnellement ces paroles, afin de donner à comprendre à quoi il convient de les appliquer spirituellement ». Et en évoquant l'un de ses pusillanimes ennemis, Fray Luis n'hésite pas à lui faire remarquer son ignorance que

> *...el oyr besos y abraços, y pechos y ojos claros y otras palabras destas de que está lleno el texto y la glossa de aquel libro, [al testigo] le escandalizo los sentidos ; y lo que no echaba ver cuando lo leya en latin, sy alguna vez lo leyo, le hirio el oydo por oyllo en romançe... aquel librillo [su comentario] tiene harto más espiritu que sentido este testigo, del cual yo no se que me entienda, si no es juzgar que nunca entendio ni leyo los Cantares de Salomon en latin, pues tanto le offenden en romançe[2].*

---

1   Dans la phrase du procureur de l'Inquisition : « *...y profanando los dichos Cantares [de Salomón] los traduxo en lengua bulgar y estan y audan en poder de muchas personas de quien el los dio y de otras, en la dicha lengua de romançe* ». Luis de León, Procès, X, p. 208.

2   *ibid.*, p. 363s.

Non seulement le fait pour Luis de León d'avoir écrit en castillan lui a été reproché, mais également son ami dominicain, Fray Bartolomé de Medina, l'accuse de « ne pas donner autorité » à la *Vulgata* dans son commentaire. Fray Luis répond, avec raison, que dans ce livre,

> ...*no faze memoria de la vulgata para comparalla con nadie, antes la sigue y declara, salvo que en uno o dos lugares, a lo que se acuerda, adonde la palabra hebrea es de muchos sentidos, dize la diferençia de sentidos que ay alli y lo que movió a Sant Hieronimo a seguir el uno dellos y como también los otros hazen buena sentençia y razon*[1].

En prison Fray Luis a fait une précise défense d'un passage où ses ennemis ont voulu lire un mépris de la *Vulgata*. Il s'agit de l'explication du premier verset du quatrième chapitre. Après avoir traduit « tes yeux sont des yeux de colombe, entre tes cheveux », Fray Luis signale que saint Jérôme n'a pas bien compris l'hébreu, puisque là où il a traduit en espagnol « *cabellos* (cheveux) », la *Vulgata* donne : « *absque eo quod intrinsecum latet* » (ce que Fray Luis traduit : « *demás de lo que está encubierto* » – le reste de ce qui est couvert). Et après, au risque de scandaliser ses collègues ignorants, il commente :

> Saint Jérôme, je ne sais pas avec quel but, pense que ça c'est la beauté cachée... en quoi non seulement il s'écarte du sens commun des plus savants dans cette langue mais également, d'une certaine manière, il se contredit lui-même, car dans le 47e chapitre d'Isaïe, où il y a le même mot, il le comprend comme maladresse et laideur, et il le traduit ainsi[2].

Plus tard, Fray Luis a envoyé à l'inquisiteur une longue défense de ce passage, pleine d'énergie et d'une logique incontestable[3]. Comme Thompson l'a déjà signalé, il est délicieux observer comment il met ses accusateurs dans une situation embarrassante, puisque pour sauver la *Vulgata* ils devraient défendre une interprétation qu'on pourrait

---

1   *ibid.*, p. 289s.
2   León, 1957, I, 125.
3   Ce précieux document, daté du 18 décembre 1573, n'est pas conservé dans les actes de la procédure (BN Madrid, mss. 12747 y 12749) et il n'a pas été transcrit, par conséquent, dans les éditions du même. L'original autographe n'est pas parvenu jusqu'à nous, mais on en conserve une copie du XVIIe siècle dans la BN Madrid, ms. 18575/35. Le document qui manque appartient sans doute au procès en raison de la date de sa composition. On sait aussi que Fray Luis avait promis de présenter un écrit de défense (consulter León, Procédure, X, p. 365 « *yo lo tratare y mostrare todo en particular cuando tratare de la defensa deste libro* »). Transcrit, 1957, I, p. 211-212, et plus correctement en *id.* 1991, p. 238-244.

qualifier de pornographique et que la version originelle n'exigeait pas[1].
Son argumentation commence en se rapportant au sujet d'une manière
assez ironique :

> *Esto dixe alli [dans le commentaire cité], y no quise descubrir mas la llaga porque
> no era para aquel lugar, ni para la persona a quien se escrivio aquel libro ; y lo que
> calle alli, dire aqui, adonde hablo con los hombres buenos y doctos.*

Ensuite, il dit qu'il ne voulait pas attaquer le texte de la *Vulgata*
mais seulement corriger un détail sans importance. Ce qu'il comprend
par « cheveux » sont les franges sur le front de l'aimée entre lesquels on
voit ses yeux de colombe. Saint Jérôme a compris ces franges comme
les parties « obscènes » de la femme, ce qu'il a traduit par son euphé-
misme, « pour ce qui est caché ». Fray Luis se demande : Comment un
tel signifié pourrait-il apparaitre dans une œuvre dictée par Dieu pour
le salut de l'âme ? Et même si saint Jérôme l'a trouvé obscène dans le
texte originel, pourquoi n'a-t-il pas traduit ce que Dieu a dit en hébreu ?
Si la femme, dont le vagin est ici la référence, est la figure de l'Église,
quelle est la signification spirituelle du terme ? Et pourquoi ce terme
n'apparait-il pas quand le poète biblique décrit le ventre et les cuisses
de l'épouse, le lieu le plus proche, au lieu des yeux, qui, comme on le
sait bien, se trouvent plus haut ? Tel mot serait hors de propos dans une
chanson d'amour et aucun poète hébreu ni grec n'a fait une mention
si explicite de ces parties ; même Ovide s'est servi d'une paraphrase.
En résumé, conclut Fray Luis, même si le mot hébreu a la signification
que saint Jérôme lui a attribuée, si on corrige la *Vulgata* dans un détail
si petit, on obtient une traduction en rapport plus logique avec le texte
et, bien sûr, plus belle.

Cette minutieuse défense de sa traduction fait comprendre l'attitude
du théologien et poète de Salamanque par rapport au texte originel en
hébreu. Dieu se communique à l'être humain dans un langage concret
et l'étude de ce langage est fondamentale pour la compréhension de ce
message. Cette étude doit comprendre autant la structure grammaticale
comme les figures rhétoriques qui le composent. La théologie doit partir de
la lettre du texte. Les formes grammaticales et rhétoriques de l'expression
peuvent faciliter l'ascension vers la vérité divine, vérité qui est descendue

---

1   Thompson, 1995, p. 44.

en nous par la Bible sous la forme de mots humains, témoignage certain de ce que le Verbe de Dieu est incarné inséparablement dans son unité trinitaire. Cette défense des connaissances grammaticales n'exclut pas que Fray Luis, dans cette activité, se considère un théologien :

> ...*para el entero entendimiento de la Escrittura es menester sabello todo, y principalmente tres cosas, la theulugia escolastica, lo que escribieron los sanctos [Padres], las lenguas griega y hebrea; y que aunque a my me faltaba mucho de todo esto... yo lo escogiera para my para el effecto sobredicho; y que los que se contentaban con menos eran hombres de mejor contento que yo. Y jamas tratte ny en publico ny en secreto del abismo de saber que Dios encerro en los libros de la Sancta Escrittura, que no dixese que pedia en el que trattaba de entendella que supiese todas las ciencias... Pero veanse mis leturas y... juzguen los hombres dottos y desapasionados si los declaro como gramatico o como teologo. El libro de los Cantares declare, y profese al principio del, que declaraba sola la corteza de la letra y el sonido della, porque sin entender primero aquella corteza, no se attina bien en el sentido que allí pretende el Espiritu Santo*[1].

Fray Luis de León, comme Fray Domingo Báñez, a traité de ce sujet avec rigueur et méthodologie scolastique dans son traitée *De fide*[2]. Là il discute la question de l'inspiration biblique de façon bien différente de celle du Dominicain. Fray Luis avait l'habitude du débat, car, à Salamanque, il s'affrontait sans cesse à des oppositions extrêmes et inqualifiables comme celle de Francisco de Arboleda, qui n'a pas hésité à formuler la théorie suivante avec l'approbation des inquisiteurs qui démontrent ainsi leur ignorance extrême des questions théologiques :

> *La Vulgata es texto sagrado toda ella... y todas sus partes y particulas por minimas que sean, y cuanto a todo ello ser autentica y contener verdad infalible e inviolable... entiende haberlo declarado ansi el sancto concilio por aquella palabra ,autentica'. y... si alguna vez se hallare el texto griego o hebreo estar de otra manera que en la edicion Vulgata... sera o por estar los dichos textos griego o hebreo corrutos o falsados, o por descuido de impresores, o por malicia de los mismos judíos... y ansi no se ha de usar el texto griego o hebreo, sino como de un comento para entender la Vulgata*[3].

---

1 Luis de León, Procès, X, p. 361s. « Il est très évident, dans la *Platica* prononcée dans l'Université générale de Théologie pour la leçon du concours à la chaire d'Écriture du 28 novembre 1579, que Fray Luis a considéré comme indispensable l'étude philologique pour son travail académique en tant que théologien ». Cette *Platica* a été découverte dans les archives de Lisbonne ; il y fait une belle et chaleureuse défense de ses intérêts intellectuels, voir León, 2001, p. 148ss.
2 León, 1891, p. 223-323.
3 León, Procès, X, p. 40.

Une telle sortie peut expliquer le développement thématique de la question dans le traité *De fide* de Fray Luis, où avant de parler de la *Vulgata*, il tient à rappeler des évidences qui ne sont pas évidentes dans le contexte si ignorant de Salamanque. Dans la *quaestio IV*, par exemple, il défend la pureté des codices hébraïques qui, comme nous l'avons vu plus haut, a été aussi finalement reconnue par Fray Domingo Báñez[1]. Fray Luis y explique brièvement et avec une grande précision l'histoire du texte. L'Ancien Testament, rappelle-t-il, a été écrit en langue hébraïque, la première de toutes les langues. Après la chute de Jérusalem (586 av. JC.), quand les codices en ont été détruits, Ezra, qui avait mémorisé leur contenu, l'a écrit à nouveau, et peu après il a été traduit en Araméen (ou Chaldéen, comme on disait alors), version qu'on connaît actuellement sous le nom de « Targum ». Après sont venues de nombreuses traductions grecques et l'*Hexapla* d'Origène, une précieuse version polyglotte du IIIe siècle. Avant que saint Jérôme ne réalise une traduction latine de l'original hébreu, il existait une traduction latine de la version grecque courante (*Septuaginta*) appelée *Vetus Latina*, qui avait différentes versions, dont l'autorité était incertaine et qui s'est mélangée avec la traduction de saint Jérôme en donnant comme résultat la *Vulgata*, c'est-à-dire la Bible officielle de l'Église latine. Saint Jérôme s'est servi de l'expression « vérité hébraïque » pour signaler que, sous sa traduction latine, se trouvait un original qu'on devait bien étudier avant d'en réaliser la traduction. Cependant beaucoup d'érudits chrétiens ont pensé que le texte hébraïque était trop corrompu pour être considéré comme la norme de la traduction. En outre, ils ont été nombreux à affirmer que les juifs eux-mêmes avaient délibérément altéré le texte en modifiant les textes que les chrétiens utilisaient comme témoignage du messianisme de Jésus de Nazareth. Pour cette raison, nous dit Fray Luis, quelques théologiens comme Cano ont donné la préférence à la traduction grecque des Septante.

Dans ces réflexions il pointe avec beaucoup de finesse un problème extra-académique, plus préoccupant que toutes les questions philologiques, autour de la « vérité hébraïque ». Pour les juristes de l'Inquisition et dans le contexte anti-judaïque qui règne alors en Espagne, la « vérité

---

1   « *Utrum isti codices, quos nunc habemus, contineant hanc sanctam Scripturam puram et sinceram, ut scripta sunt ab ipsis auctoribus sacrae Scripturae* », León, 1891, p. 259.

hébraïque » se transforme en une « vérité judaïque » qu'on doit dépasser pour la même raison que la synagogue a été dépassée par l'Église. Accorder une valeur prioritaire à l'original hébreu et prétendre corriger le texte de la *Vulgata* à partir de celui-ci a signifié pour beaucoup déclarer le judaïsme supérieur au christianisme ou, au moins, admettre que la philologie biblique hébraïque devait être prise en compte par les spécialistes du texte biblique. Un curieux extrême et original représentant de cet « anti-judaïsme biblique » a été l'un des témoins à charge de Fray Luis dans son procès, l'helléniste de Salamanque León de Castro[1]. Dans son traité *De fide*, Fray Luis en exposant l'histoire du texte souligne l'évidence de la *veritas hebraica* comme norme ultime et il certifie que les juifs ont apporté un soin extrême à la préservation parfaite des textes sacrés. Les différences ne sont pas le fruit d'altérations malveillantes, elles s'expliquent par les problèmes inhérents à la propre langue hébraïque. Fray Luis disqualifie la traduction grecque des Septante et met en question la véracité de la légende relative au miraculeux travail de soixante-douze traducteurs qui, enfermés dans des cellules séparées, ont produit un texte identique. Pour Fray Luis la Septante non seulement contient des ajouts, des omissions, des contradictions et des faussetés, mais également elle omet quatre importants textes messianiques. En aucune façon, elle n'a été écrite par inspiration prophétique car, s'il en avait été ainsi, la *Vulgata* n'aurait pas été traduite de l'hébreu[2]. Pour cette raison, le fait que la *Vulgata* soit une traduction de l'hébreu et se différencie de la Septante renforce et n'affaiblit pas la valeur de la traduction latine officielle.

Les digressions du poète et théologien sur la *Vulgata*, qui ont aussi été l'objet de débat durant le procès, commencent autour de l'autorité et auctorialité de saint Jérôme, en affirmant qu'on ne peut pas attribuer toute la *Vulgata* à saint Jérôme et qu'il y a donc lieu de rejeter son

---

1   León de Castro (1510-1585) refuse totalement et absolument la « vérité hébraïque » en affirmant qu'avec l'arrivée du Christ la fonction historique du peuple élu s'achevait. Avec l'assistance de l'Esprit saint la *veritas hebraica* a été remplacée par la *veritas graeca* dans la miraculeuse traduction des Soixante-douze interprètes. La fin de la synagogue marque la fin de la *veritas hebraica* et de la culture hébraïque qui est remplacée par la culture grecque acceptée par le christianisme. Voir Domínguez, 1998, p. 634-672.

2   « *In editione septuaginta, comparata ad hebraicam veritatem, multa desunt, multa sunt addita, et multa contrario modo sunt posita, et multa obscurissima et perperam versa sunt* », León, 1891, p. 280.

inspiration prophétique. Par rapport à la décision du Concile de Trente, Luis de León explique sans ambages que « la difficulté réside dans la signification du mot 'authentique'[1] ». Finalement, après avoir discuté toutes les options, Fray Luis défend une position éclectique et favorable aux théologiens : la *Vulgata* exprime suffisamment tout ce qui concerne la foi et la morale, et, malgré les obscurités et les erreurs de traduction, elle offre absolument la signification portée par l'Esprit saint et elle est donc préférable aux autres versions latines. Les différences des versions grecque et hébreu ne sauraient être utilisées contre elle. Le théologien peut travailler avec cette version sans aucun peur de se tromper, ce qui ne signifie pas pour autant que la *Vulgata* n'ait pas d'erreurs de traduction. Une infaillibilité totale est inadmissible. Pour Fray Luis, une correction des originaux à partir de la *Vulgata*, comme certains ont cherché à l'imposer, serait une absurdité.

Il est curieux d'observer que, des années après son procès, Fray Luis de León, alors professeur de Bible à l'Université, fut invité à participer à la révision officielle de la *Vulgata*, révision qui avait été proposée par le Concile de Trente, qui fut commencée sous le Pape Sixte V et achevée en 1592 sous le Pape Clément VIII et qui porte le nom, en conséquence, d'*Editio vulgata sixto-clementina*. Fray Luis refuse de participer en des termes très clairs, ce qu'il écrit ainsi au Dr. Bartolomé Valverde, membre de la commission :

> En ce qui concerne la correction de la *Vulgata*, ou sa restitution, j'ai toujours pensé comme le docteur [Arias] Montano : que le travail réalisé à ce sujet est perdu, et même nuisible[2].

Son opinion est qu'il existe des centaines de passages où l'on ne pourra jamais savoir ce que saint Jérôme a écrit. À la fin de sa lettre à Valverde, il donne un ultime et impressionnant commentaire à l'encontre de ceux qui l'ont emprisonné et il conclut par une louange de la *veritas hebraica* :

> ...*esta diligencia a lo sostancial no añade nada, y podría ser ocasión de mucho daño ; porque ay mui muchos que quieren que la Vulgata, ansi como agora se lee, sea venida del cielo ; los cuales, viendo que sale de Roma con titulo y autoridad de su santidad, y de que es la Vulgata pura y incorrupta, dicen que cada palabra latina de ella la*

---

1   « *Sed difficultas est in significatione vocis authentica illius* [du concile] *conclusionis* », *ibid.*, p. 295.
2   León, 2001, p. 269.

inspiro el Espíritu Santo ; y sera posible, y sera ansi, que en muchas de ellas los seis de la junta erraran como hombres y será ocassión de nuevos pleitos y escandalos. A mi mal juicio, lo que más convendria en esto de la Vulgata es que declarasse su santidad la aprobación de ella, que el concilio hizo ; que fue, en realidad de verdad, certificarnos que en las cosas de importancia estaba fiel y que no contenía cossa que dañase a la fe ni a las costumbres ; y, en lo demás, dejar la puerta a la industria y diligencia.

buenas modestas letras de los fieles ; que pensar que con la Vulgata, ni con otras cien translaciones se hiciesen, aunque más sean al pie de la letra, se pondra la fuerza que el hebreo tiene en muchos lugares, ni se sacará a luz la preñez de sentidos que en ellos hay, es grande engaño, como lo saven los que tienen alguna noticia de aquella lengua y los que han leydo en ella los Libros Sagrados[1].

MARTÍN MARTÍNEZ DE CANTALAPIEDRA : « L'HEBRAYCO »

Martín Martínez de Cantalapiedra (1518-1579) est sans doute le personnage le plus intéressant et le plus controversé du XVIᵉ siècle espagnol pour tout ce qui concerne la *veritas hebraica* dans les études théologiques en général et dans l'herméneutique biblique en particulier[2]. Son curriculum universitaire est surprenant, car il a obtenu ses grades académiques en théologie après plusieurs années d'enseignement de la grammaire hébraïque. En 1542, alors qu'il est seulement âgé de 24 ans, l'Université de Salamanque lui confie la chaire d'hébreu dont la régence a été un problème constant pour l'Université, car plus d'une fois elle a été vacante non seulement faute de personnes qualifiés pour l'occuper, mais surtout en raison de sa misérable dotation économique. Le conseil de l'Université qui voulait une solution rapide lui accorde la chaire sans aucune opposition. Quelques années après, en 1548, ce jeune professeur publie à Paris une grammaire hébraïque[3] qu'il dédie à son Université. Dans le prologue il déclare que grâce à cette grammaire brève et simple il prétend corriger les défauts des grammaires en vogue qui, selon Martínez, sont peu pédagogiques parce que, au mépris de

---

1   *ibid.*, p. 270s.
2   Ses propres adversaires l'ont qualifié d'« homme de doctrine solide et massive en Écriture », Martínez de Cantalapiedra, 1946, p. 347. À propos de ce savant dont on a oublié qu'il était théologien, voir Domínguez, 2004.
3   Martínez, 1548.

toute clarté, elles abondent en règles inutiles et d'application douteuse. La sienne contient en quelques pages tout ce qui est utile et strictement nécessaire pour l'apprentissage scolaire de la langue biblique. Avec la deuxième édition de cette grammaire, imprimée à Salamanque, il publie une grammaire d'araméen avec une dédicace au recteur de l'Université, Don Juan de Bracamonte[1]. Martínez y donne de précieuses informations au sujet de sa « Cathedra Bibliorum in tribus linguis » qui existait dans cette Université par décret du Concile de Vienne (1311) mais qui était restée vacante pendant plus de deux-cent ans, faute d'expert pour l'occuper (*proprio lectore destituta*). Avec un enthousiasme et une joie non contenue, Martínez raconte comment il a réussi à transformer un poste de lecteur d'hébreu dans la Faculté des Arts en une chaire de Bible hébraïque dans la Faculté de Théologie qui n'avait jamais inclus l'étude philologique de la Bible dans son offre d'enseignement. En ressuscitant cette « chaire de trois langues », grâce à la personnelle et décidée intervention du recteur Bracamonte, Martínez a réussi à élever l'étude de l'hébreu à un rang cathédratique et à donner une nouvelle orientation à la théologie. Il n'est donc pas étonnant que, sur la page de couverture de son œuvre maîtresse[2], il laisse clairement comprendre qu'il est « maître en Théologie et, par décret de l'Université, après plus de trois-cents ans, le premier professeur ordinaire d'exégèse des livres sacrés ». Même si l'on peut s'étonner d'une affirmation aussi péremptoire, il est indiscutable que Martínez est le premier professeur d'exégèse biblique à Salamanque.

Il existait dans cette Faculté, depuis longtemps, une chaire de Bible mais, jusqu'en 1560, année où Gaspar de Grajal occupe cette chaire, on y enseignait la théologie scolastique à partir des textes bibliques et le texte de la Bible n'était qu'un prétexte pour les spéculations scolastiques[3]. Nebrija avait déjà ridiculisé cas théologiens ignorants des langues bibliques[4]. Martínez, et ensuite Grajal, ont été les premiers à

---

1   Martínez, 1570. Bien qu'on ne partage pas l'avis de Menéndez Pelayo, 1953, p. 157, qui va jusqu'à affirmer que Martínez était « l'auteur de la meilleure grammaire hébraïque et de la meilleure grammaire chaldéenne de ce moment historique », il est clair que c'est là un des faibles apports espagnols à l'histoire de cette discipline au XVIᵉ siècle.

2   Martínez, 1565. Dans la première audience (17-4-1572) il dépose qu'il est « professeur d'université de la chaire de trois langues, hébraïque, chaldéenne et arabe », Martínez de Cantalapiedra, 1946, p. 120.

3   Voir Domínguez, 1998, p. 395-398.

4   Voir Beltrán de Heredia, 1941.

enseigner la philologie biblique à Salamanque, selon l'acception que ce terme a acquise dans la modernité, c'est-à-dire, l'explication cursive de la lettre du texte biblique. Martínez et Grajal en étaient très fiers[1] et ils concevaient leur fonction comme interprètes de la lettre, à partir de laquelle les scolastiques pourraient se livrer à leurs spéculations.

Martínez donnait sa leçon de deux heures à quatre heures de l'après-midi.[2] Pendant la première heure, il lisait en hébreu. Il s'agissait de lectures continues du texte biblique avec traduction et commentaire littéral des livres de l'Ancien Testament spécialement des Prophètes, Psaumes et livres poétiques. Pendant la deuxième heure il enseignait, dans la première demi-heure, des thèmes de grammaire hébraïque et, dans la deuxième demi-heure, alternativement une année l'araméen et l'autre année l'arabe. Les deux chaires – celle de la Bible (Grajal) et celle de la Bible hébraïque (Martínez) – s'enrichissaient mutuellement, à tel point que le plus jeune des deux, le maître Grajal assistait aux cours de Martínez. À la chaire de Grajal, intitulée de Bible latine, assistaient plus de trois-cents auditeurs, car c'était l'une des chaires majeures et elle était obligatoire pour le cursus universitaire. En revanche, Martínez avait un groupe d'auditeurs réduit et choisi. A ses cours d'hébreu assistaient une dizaine d'étudiants et à ceux d'arabe « *abrá a las más vezes nuebe oyentes* ». À leur propos, il dit :

> *...son gente provecta que pretenden saber de mi las autoridades mas excellentes y firmes que hacen a cada proposito, como son los teatinos [los jesuitas] que pretenden ir a Alemania y a Roma a disputar con los judíos y herejes*[2].

En effet, des jésuites célèbres tels que Gregorio de Valencia et Francisco Suárez ont été ses élèves[3].

On peut dire que la décennie 1560-1570 a été une époque dorée pour l'étude de la Bible à Salamanque. Les deux chaires s'appelaient « chaires de positive » pour les différencier des autres chaires de théologie spéculative, qu'on appelait « chaire de scolastique ». Quelques Dominicains

---

1   Grajal pensait : « *Nunca en Salamanca se supo scriptura como agora, donde abia tantos que la leyan, y tenian todas las partes que para ella se requerían, las quales tantas nunca hubo en la universidad* », et un auditeur pouvait dire : « *...después que auia uenido esta manera de estudiar Scriptura y leerla... se sabia y estudiaba mas Scriptura que antes* », cité à Domínguez, 1998, p. 397
2   Martínez de Cantalapiedra, p. 203.
3   *Cf. ibid.*, p. 23, 29 et 304s. Voir Cereceda, 1948.

voyaient cette manière de faire de la théologie comme un cheval de Troie dans le sanctuaire de la théologie. Les dangers qu'ils prétendaient voir dans ce type d'enseignement a été la cause fondamentale des procès qui ont été faits aux hébraïsants de Salamanque. Tout au long de ces procès, les accusés ont eu comme préoccupation principale de démontrer aux inquisiteurs que la question que ces derniers prétendaient traiter comme relevant de l'orthodoxie catholique n'était qu'une question méthodologique touchant les structures d'enseignement de l'Université et qu'il ne s'agissait pas de foi, comme le pensaient les collègues qui avaient porté plainte contre eux. Ainsi Martinez répète à plusieurs reprises que « son activité relève de la science » (p. 229) et que, si l'on n'en tient pas compte, on ne peut pas comprendre ni discuter ce qu'il fait dans sa chaire. Il constate que « *sienpre los scotistas dissienten de thomistas y no les llevan a la audientia* » (p. 216).

Ni Grajal ni Martínez ne rejettent la théologie scholastique, ils nient seulement le caractère exclusif qu'elle s'arroge. Les deux façons de faire de la théologie, la positive et la scolastique, loin de s'exclure mutuellement, se complètent. Martínez voudrait instaurer une nouvelle manière d'étudier l'Écriture sainte et il doit faire face à une longue tradition dépourvue de l'étude du texte dans sa langue originelle. Bien qu'il puisse compter avec le soutien du conseil et de la majorité des étudiants, il se trouve vivement critiqué par les frères dominicains de San-Esteban de Salamanque. Contre eux et contre tous ceux qui refusent la philologie biblique Martínez n'a pas la langue dans sa poche :

> *lo que me oponen es más por malicia y por querer escandalizarse de mis palabras, que no por aver yo querido dar causa de ello… y también porque creen que la Biblia en hebrayco es peor que el Alcoran de Mahoma. A procurado esto el demonio por ministerio de estos, para si podia poner alguna piedra en el edificio de la Iglesia, no la pusiesse, sino que abscondiesse mi talento*[1].

Avec un humour et un esprit dont manquaient le plus souvent les autres accusés Martínez répète devant les inquisiteurs ses arguments que, selon lui, toute personne dépourvue de préjugés et doué d'un jugement sain, devrait admettre. Le maître Martínez sait parfaitement quel est son métier, celui que ses adversaires ne veulent pas accepter : « *Instituyeron los pontífices passados la cathedra de lenguas para que se supiessen*

---

1   Martínez de Cantalapiedra, 1946, p. 200.

los originales » (p. 210) et « *si supiessen que todos los catholicos que tractan los originales exponen assí, no tenían de que murmurar, sino que es como dicen : un asno entre muchas monas, cóçanle todas* » (p. 213). Il ne « fait que ce qu'on lui ordonne » et « ce que ma chaire exige » (p. 265) :

> *Dicen que en mi cathedra no traygo allegorías, dicen la verdad, porque no ay para que, y si fuera necesario la universidad uviera proveydo en ello ; y estos legisladores pudieron callar porque saben que mi cathedra es de tres lenguas, y comunmente se lee en ella en una hora los prophetas, uno en hebreo y otro en chaldeo : paresceme que tratar el sentido literal, y la cognición y la propiedad de ambas lengua, que ay bien que entender... y en el hebreo... otro no lo puede ser en España, y por mucho que ladren contra mi estos gocques, vincit veritas, y assí los summos pontifices hicieron dos cathedras de Biblia, una para letra, otra para espíritu.* (p. 234s.).

Si ses ennemis comprenaient cette réalité simple, « ils ne pourraient pas lui reprocher une faute ». Le problème est que les scolastiques pensent que toute la vérité divine est dans leurs cartables et non dans l'Écriture sainte (p. 120) et ils ne comprennent pas la nécessité d'étudier le texte biblique. Les « simples scolastiques qui n'ont jamais lu des pages des Pères » (p. 69) critiquent Martínez, parce qu'il ne cite pas les auteurs scolastiques (« *doctores disputativos* ») :

> *...exponiendo yo el hebreo, tengome que aprovechar de aquellos authores aprovados que tractan de mi instituto, y si los otros sunt vasa honoris, no por eso desprecia la Iglesia los vasos de afrenta, sino de unos y otros consta la hermosura de la Iglesia... tengo necesidad quien syllaba por syllaba me guie, sy la Vulgata no se dexa, si no por huir calumnias, y tanbién porque de la Vulgata ay otras liçiones y muchos interpretes. Del hebreo no ay mas de mi cathedra y pocos expositores* (p. 257).

Mais en réalité ses collègues s'opposent à cette nouvelle manière de faire de la théologie parce qu'ils craignent de perdre le contrôle de la Faculté, étant donné que, puisqu'ils ignorent les connaissances sur lesquelles se fonde l'activité académique de Martínez, ils ne peuvent ni le juger ni discuter avec lui. Les Dominicains de Salamanque n'acceptent que le langage et la rigide structure logique de la théologie scolastique traditionnelle. Martínez ne se lasse pas de répéter qu'il ne rejette pas ni ne méprise la scolastique, bien au contraire. Celui qui soutient, comme il l'a toujours fait, que tous les arts et les sciences sont nécessaires pour comprendre l'Écriture sainte, on ne peut pas croire qu'il méprise

…lo escolastico… en lo qual se graduo y gasto muchos años, y gasta cada dia para cosas que se le ofreze, y no para el estudio cotidiano, porque no es de tanta rrecreazion como la Sagrada Escriptura, de la qual dize San Geronimo que si por cosa a el hombre de desear bibir es por leerla y loarla; y de loar el escolastico, da por testigo a todos los que le oyen, que les dize sienpre que no dejen de oyrlo muy bien, mas que den el diezmo del tienpo a la Sagrada Escriptura. (p. 195).

Simplement, il explique qu'il n'a pas compétence en théologie scolastique et que c'est l'hébreu qui est «comme son métier» (p. 395),
ce qui n'est pas acceptable pour ceux qui identifient la théologie et la
scolastique et ne conçoivent pas une pluralité de méthodes ou de voies.
«*Cosas buenas ay en lo scholastico, pero yo más me huelgo con los sanctos : no
uoy a ello, si no por necesidad*» (p. 267). Avec cette phrase Martínez redit
qu'il ne rejette pas la scolastique ; ce qu'il refuse, c'est la volonté de la
scolastique d'être le porte-parole exclusif de la théologie chrétienne.

Pour Martínez, la cause du procès qui lui est intenté, c'est que le scolastique ne veuille pas reconnaître son ignorance en philologie biblique :
«*tanto se escandalizan estos pusillos… y como ven que en Scriptura y sanctos
tengo algún nombre, procuran quitármelo, no por estudiar más, sino por occuparse
en decir mal de quien estudia tanto como ellos passean*» (p. 228s.). Martínez
est convaincu qu'il surpasse ses adversaires[1] qui ne comprennent pas ses
arguments. Les taxer, comme il le fait à plusieurs reprises, d'«idiots»,
«naïfs» et «débiles» et même «fous» (p. 123, 185, 263, 393…), est
pleinement justifié, si on lit les procès-verbaux de la procédure. En effet,
ils accusent Martínez de ne pas savoir la théologie et d'avoir une volonté
excessive de nouveautés. Devant l'accusation d'ignorance en théologie,
il leur renvoie la balle et se moque de ceux qui croient être savants «*y
nunca vieron libro de molde*» (p. 195) : «*Me huelgo más en la Biblia, pues yo
no pleyteo con ellos, porque no la uen, ni libro de molde; si yo escogiese mal, mi
culpa será*» (p. 220). Par rapport à Bartolomé de Medina il dit :

*Los sanctos [padres] son mas cuerdos quel que no se meten en lo que no an estudiado.
Porque no para todo es necesario peritia de lenguas, sino para locutiones y vocablos, y
tractando de vocablos o acertaron o no, y así manda san Agustin… que el diligente
theologo que caresciese del hebraico, que aquellas cosas que topase que tocan a ello, las
tenga aparejadas para preguntarlas algun honbre docto, quando hallare…)Entiendes
esto, idiota ? Creo que no, porque este argumento no está en tu cartapacio* (p. 225s.).

---

1   «*…en Sagrada Escriptura no saben ellos tanto, como los que an ocupado toda la bida en ello*»,
     ibid. p. 185.

Dans ces phrases de Martínez, on perçoit bien les difficultés rencontrées par « un homme avec beaucoup de *scientia* et *experientia* » (p. 361), qui est pris dans les structures scolastiques de Salamanque. Martínez ne voit aucune contradiction entre les deux façons de faire de la théologie :

> ... *apareja el camino para entender los sanctos, porque el dize la letra, la qual ellos dexaron por ser humilde, respecto del Espiritu Santo que ellos trataron, y ansy no ay contradiccion sino concordia entre unos y otros, porque los sanctos pusieron la perfection, y Batablo y otros el fundamento para edificarla* (p. 178s.).

Le fait d'enseigner l'hébreu de la Bible apparaît à plusieurs personnes de Salamanque comme une façon de judaïser[1]. Martínez se défend constamment contre ces gens qui n'arrivent pas à intérioriser la simple réalité de deux versions différentes du texte révélé, une en latin et une autre en hébreu (« *como ay Biblia latina en la Iglesia, también la ay hebrea* » *ibid.*, p. 200). L'une des principales accusations formulées par le procureur de l'Inquisition contre Martínez est qu'il préfère « Vatable et ses juifs à la traduction de la *Vulgata* et à l'enseignement des saints », ce à quoi Martínez répond que saint Jérôme a du supporter « cette même calomnie » et qu'il a déclaré « *non est meae voluntatis, sed gravissimae necessitatis* » (p. 256). Si Dieu a donné plusieurs versions du texte, c'est à lui qu'il faut demander pourquoi. Martínez reprend sévèrement ceux qui croient être théologiens et pensent qu'on peut faire abstraction de la Bible hébraïque : « Ceux-ci pensent comme les manichéens, que le mauvais dieu est l'auteur du Vieux Testament » (p. 226). Il ne cache pas sa colère et il dit aux inquisiteurs qu'« il mérite d'être châtié celui qui réprimande le [texte] hébreu » (p. 256) et qui considère que la version latine est la source unique de la vérité. Martínez se moque « avec beaucoup de liberté et peu de révérence » (p. 363) des théologiens ignorants qui pensent que n'est pas « Écriture sainte l'hébraïque », qui ne lisent pas la Bible dans ses langues originales et qui accusent d'hérésie ceux qui les étudient. Il répète cette phrase qui figure en titre de notre étude : « ... et comme ils ne connaissent pas l'Écriture, ils pensent que tout est hérésie » (p. 151).

---

1   Ainsi l'a exprimé un examinateur de Martínez qui voyait en lui : « *una behementissima sospecha de ser muy aficionado al ebraismo, y errores, y opiniones malas de rrabinos judaizantes...y un gran deseo de mudança y nobedad en el testo de la Sagrada Escritura* » (p. 376).

Martínez lutte contre une opinion qu'il considère inacceptable et que partagent la plupart des théologiens de Salamanque selon laquelle, après la promulgation du décret tridentin, il n'était plus nécessaire de consulter les textes en langues originelles. Sur la *Vulgata*, il dit clairement :

> *Véanse los errores de los impresores, si offenden a alguno o no, y estas varias lectiones cada día las traen las Biblias añadidas de hombres doctos, porque el concilio no dio una cierta Biblia, sino aquellos da por aprovada que se hablare estar verdadera, o por originales o por lection de sanctos* (p. 198).

Un autre point de discorde entre Martínez et ses adversaires concerne son avis sur la tradition patristique. Les scolastiques sont convaincus que leur science s'inscrit parfaitement dans la ligne des Pères de l'Église. Pendant le Moyen Âge les auteurs scolastiques ont compilé les écrits patristiques et les ont classés par thèmes, ils ont élaboré leurs propres systèmes selon les thèses des Pères et ils croient que leur science théologique résume parfaitement le contenu de l'Écriture et la tradition chrétienne. Néanmoins, Martínez ne lit pas les Pères à travers des collections de sentences, mais, en tant que bibliophile passionné (*rara avis* dans les atmosphères intellectuelles de Salamanque), il achète et lit toutes les nouvelles éditions parues en grande quantité au XVIᵉ siècle. Il répète que cette connaissance acquise par la lecture constante des éditions modernes n'est pas motivée par le seul désir de nouveautés, mais qu'elle a pour finalité de découvrir la vérité connaître la vérité dans les œuvres originales des Pères de l'Église. Martínez ne recherche que « la vérité, serait-elle dite par le diable » (p. 218) et que « n'importe quelle vérité qu'on dise est de l'Esprit saint » (p. 178). Cette obsession pour vérifier les sources et ne pas donner un crédit aveugle aux autorités est une conviction profonde de l'hébraïsant de Salamanque. C'est à juste titre qu'il affirme qu'il a lu plus que ses adversaires et qu'il connait en profondeur les textes[1], et c'est pour cela qu'il peut affirmer que beaucoup de choses que les scholastiques affirment avoir été dites par les Pères n'ont pas été dites ou n'ont pas été formulées comme le prétendent les scolastiques (p. 176). Il est clair que Martínez n'accepte pas la conception

---

1   « ...*ninguno ay que aya trabajado más en ellos en estos Reynos+ ; *no se ha visto hombre en España, ni diez, que tantos sanctos aleguen...* » ; « ...*y el que más los lee y honrra en España es este confesante, y que s ouiera leydo menos tuviera éste más salud y hazienda de la que tiene* », *ibid.*, p. 176-178.

des scolastiques qui voient dans saint Thomas le résumé et le sommet de toute la patristique : « Ils citent toujours saint Thomas, car ils ne connaissent pas d'autre nom » (p. 266).

De l'avis de ses ennemis tout ce que dit Martínez est « nouveautés ». Consulter les originaux et citer les auteurs anciens, si, pour les scolastiques, c'est une façon nouvelle de faire de la théologie et par conséquent inadmissible, en revanche pour Martínez, c'est retourner aux sources primitives de l'Église :

> *Dicen que ay mucho affecto a cosa nueva y poco a la antigüedad de la religion y fe nuestra. En lo que escriuo que esta impreso y por imprimir, bien se vee que no ay en España mas antiquario que yo, pues no tiene Dios sancto que aya escripto en griego ni en latin que no le cite, y tenga visto cien ueces, como es publico en el Reyno, en Indias e Italia. En lo de la Biblia que leo, bien se sabe que es lo mas antiguo que ay y en ella que siguo authores christianos, y de mucha erudicion y sanctidad* (p. 210). « *Aunque nihil sub sole novum, si uno no sabe cierto autor, bien se puede decir que es nuevo… Es niñeria esto* » (p. 261)

Pour finir on peut signaler que l'aspect le plus intéressant de la pensée de Martínez est que la vérité, conformément à la signification ancienne du grec ἀλήθεια, est une « découverte » de ce qui se cache dans le texte, et la fonction de « dire le vrai » est celle de communiquer l'authenticité de ce qui est exprimé dans le message divin originel. La raison de toute exégèse consiste à découvrir ce qui est voilé à l'intérieur de ce qui est révélé. Et la découverte n'est pas seulement le fait de découvrir mais la réflexion sur ce qu'on a découvert de nouveau dans l'ancienne Révélation.

Au cours de son procès, il fait une sage observation sur l'histoire de la théologie et sur la pluralité d'opinions à l'intérieur de la théologie :

> *En todas las sciencias uuo juuentud a uejez (y aun en la fe uuo heruor y tibieça), y asi en tiempo de Demosthenes forescieron todos los 15 oradores. En tiempo de Platon, los philosofos : en tiempo de Tulio, los oradores romanos, y en tiempo de Virgilio los poetas, y assi los sanctos que expusieron la scriptura forescieron desde los apostoles hasta Gregorio, doctor de la Iglesia, y despues, como entraron los godos, destruyeron el imperio romano y el latin, y assi los que siguieron no fueron tan excelentes como los passados. Esto a fin que sepan los estudiantes eligir, porque claro está, que serán mejores Hieronimo, Chrysostomo, Augustin, Basilio que no Rabano, Anselmo, Remigio, Aymo*[1].

---

1   *ibid.*, p. 223 ; *Cf.* p. 266.

Sans ajouter plus de textes qui pourraient fatiguer le lecteur, et comme résumé de l'impressionnant traité qu'il a écrit et qui est tombé dans l'oubli[1], Martínez, en accord avec les postulats de la modernité, croit que Dieu n'a pas tout dit pour toujours. Il nous reste encore beaucoup à savoir, dire, écrire et faire. Lire l'écriture dans sa langue originale signifie découvrir sa richesse de sens. Chaque jour la connaissance sur la vérité se perfectionne. Cet optimisme concernant le futur de la science contredit catégoriquement l'opinion de ceux qui veulent voir les docteurs du passé comme les vrais savants auxquels on doit toujours retourner sans rien inventer ni penser de nouveau. La science biblique que Martínez propose suppose un continu développement et une gaie et constante recherche. La vie humaine est une constante tension vers la vérité, la beauté et le bien. S'il n'en est pas ainsi, le travail n'a aucun sens. La science exige de l'homme activité et diligence, dynamisme, attention et prudence. L'homme ne peut combler le vide de son ignorance première que grâce à l'effort, le travail et l'exercice. La « maîtrise dans le dire et dans l'agir », comme dirait Gracián[2], n'est pas un don gratuit mais le fruit du travail. La connaissance et le savoir s'acquièrent par l'effort. C'est pour cela que Martínez conseille l'étude de toutes les sciences pour mieux connaître la vérité de l'Écriture. Dans les sciences et dans la lecture des savants anciens l'homme trouve les fondements des vérités et les informations qui lui serviront à comprendre le message divin. La science de l'Écriture n'est pas une répétition de formules élaborées pour toujours à partir d'elle-même, mais elle est fondamentalement une science qui est reliée à la réalité et qui doit être considérée comme le résultat d'un long effort. La première recherche de la vérité s'effectue à partir des sciences humaines. Elles sont la source de la vérité.

Il y a beaucoup de choses dans la Bible qui restent inintelligibles, car tout y apparaît désordonné et chiffré. Mais ce qui pourrait paraître caractéristique de la Bible est en fait, selon l'avis de Martínez, le destin de toute science, puisque non seulement la parole de Dieu mais également beaucoup de choses dans la nature du monde demeurent cachées à l'homme. La science biblique comme la science humaine ont pour fonction de déchiffrer et connaître ce qui est caché. Ce travail pour obtenir la vérité est, dans toutes les branches du savoir, lent et difficile,

1 Martínez de Cantalapiedra, 1565.
2 La « maîtrise du dire et de l'agir » est le titre du chap. II d'*El Discreto*.

parce que la clarté, la précision et l'exactitude sont des qualités qui requièrent un processus complexe et un important niveau de réflexion personnel. C'est lent parce que seulement le temps éclaire et met au point la vérité. Martínez pourrait faire sien l'inégalable aphorisme de Gracián : « Toutes les vérités plus elles sont anciennes, plus elles sont belles, car le temps qui abîme tout rend la vérité plus belle[1] ». Martínez se présente ainsi comme un théologien profond qui convenablement se méfie de la raison en considérant comme utopique l'appréhension rationnelle de tout l'univers et encore plus l'explication totale, exhaustive et complète du message divin. Ce message ouvre à chaque époque de nouvelles perspectives que l'homme peine à imaginer. Toute vérité, y compris la vérité divine, est toujours nouvelle et singulière, bien qu'elle soit toujours la partie d'un tout. L'aspect le plus important dans l'attitude scientifique de Martínez, par opposition à la scolastique, est d'avoir compris comment pour lui, et disons pour n'importe quel humaniste, le retour aux sources n'est pas une limitation à l'horizon de la vérité mais une ouverture de possibilités pour la compréhension de la vérité :

> ... *y assi digo que como el tiempo describe las verdades que estaban antes ocultas, los artículos de la fe crescen cada día, quanto a la explicación* (p. 197). (...) *muchas vezes las palabras de Dios pueden admitir dos y tres y quatro sentidos, y esto dice sanct Augustín que fue para que la Sagrada Escriptura fuesse abundante, y para que ayudándonos el Espíritu Sancto se expusiese de muchas maneras, trabajando el hombre en ello, y pidiendo ayuda a Dios... y asy dize Sanct Augustín que es muy útil tener multitud de translaciones para entender el verdadero sentido ; y entendiendo esto el Rey nuestro Señor ha hecho imprimir la Biblia en tres lenguas con otras tantas translaciones latinas, con consejo del Papa, entendiendo haze gran servicio a Dios y a la Iglesia.* (p. 179).

Martínez recommande l'étude et la lecture des Pères de l'Église pour acquérir plus de savoir mais, pour lui, il s'agit surtout du moyen le plus adapté et immédiat de communication des vérités contenues dans la Bible. L'exégète est le créateur de nouvelles façons de parler et d'exprimer les éternelles vieilles vérités. La multiplicité des traductions de la vérité hébraïque ouvre de nouvelles possibilités d'exprimer la même vérité avec de nouveaux concepts. Le discours abstrait, démonstratif et rationnel de la scolastique est un des nombreux modes de communication du

---

1   *El Criticón*, Parte III, Crisis IV.

message divin. L'étude inlassable de la Bible est le moyen le plus direct et délectable d'engendrer et transmettre la vérité révélée.

Martínez devra se défendre d'avoir expliqué des choses nouvelles. Sa moderne argumentation se fonde sur la conviction que la connaissance n'est possible que si l'esprit n'est pas aiguillonné par la curiosité. Mais la curiosité n'existerait pas si l'homme était incapable de s'émerveiller de quelque chose, et cette admiration n'est pas possible sans la nouveauté. Mais ce que ses adversaires théologiens ont appelé nouveauté n'est pas ce qu'il en comprend. « Il n'y a pas en Espagne plus antiquaire que moi » (p. 210). Sa curiosité l'a amené à découvrir les vieilles affirmations des Pères et tout ce qui depuis les temps les plus anciens est contenu dans la version originelle hébraïque de la révélation divine pour l'exposer et le montrer à nouveau.

Fernando Domínguez REBOIRAS
Université de Fribourg-en-Brisgau

BIBLIOGRAPHIE

ALONZO DE HERRERA, Hernando, *La disputa contra Aristóteles y sus seguidores*, M. Isabel Lafuente Guantes y M. Asunción Sánchez Manzano *eds.*, León 2004.

ARNALDEZ, Roger, *Grammaire et théologie chez Ibn Hazm de Cordoue*, París, Vrin, 1956.

AUGUSTINI, *Sancti Aureli, Contra epistulam quam vocant fundamenti, Corpus scriptorum ecclesiasticorum latinorum*, vol. 25, ed. Josephus Zycha, Prag-Wien-Leipzig 1891, p. 191-248.

BÁÑEZ, Domingo, *Scholastica Commentaria in Primam Partem Angelici Doctoris D. Thomae usque ad sexagesimam quartam quaestionem*, ed. L. Urbano, Valencia-Madrid 1934.

BATAILLON, *Marcel, Erasmo y España. Estudios sobre la historia espiritual del siglo XVI*, México-Buenos Aires, FCE, 1966.

BELTRAN DE HEREDIA, Vicente, « Nebrija y los teólogos de San Esteban de principios del siglo XVI », *La Ciencia Tomista*, 61, 1941, p. 37-65.

BUJANDA, Jesús Martínez de (ed.), *Index de l'Inquisition espagnole 1551, 1554, 1559* Sherbrooke, Ed. Univ. de Sherbrooke, 1984.

CARRANZA, Bartolomé de, *Comentarios sobre el Catechismo Cristiano*, 2 vols., ed. José Ignacio Tellechea Idígoras, Madrid, B.A.C., 1972.

CERECEDA, Feliciano, « Un profesor desconocido de Suárez : el biblista Martín Martínez de Cantalapiedra », *Estudios Eclesiásticos*, 22, 1948, p. 439-447

CASTRO, Alfonso de, *Adversus omnes haereses libri XIIII*, Paris 1541.

CAYLUS, D. de, « Ximénes createur du mouvement théologique espagnol », *Études Franciscaines* 19, 1908, p. 440-459 et 640-650.

DOMINGUEZ REBOIRAS, Fernando, « Art. Bánez, Domingo », dans *Lexikon für Theologie und Kirche*, vol. I, Freiburg, Herder, 1993, col. 1384-1386.

GRAJAL, Gaspar de (1530-1575). *Frühneuzeitliche Bibelwissenschaft in Streit mit Universität und Inquisition*, Münster, Aschendorff, 1998.

GRAJAL, Gaspar de, « Die *philologia sacra* im spanischen Mittelalter », dans *Explicatio mundi. Aspekte theologischer Hermeneutik*, ed. Haral Schwaetzer Regensburg, Röderer, 2000, p. 35-64.

GRAJAL, Gaspar de, « Martín Martínez de Cantalapiedra (1518-1579) », dans *Katholische Theologen der Reformationszeit*, vol. 6, Heribert Smolinsky y Peter Walter *eds.*, Münster, Aschendorff, 2004, p. 87-109.

GILLY, Carlos, « Otra vez Nebrija, Erasmo, Reuchlin y Cisneros », *Boletín de la Sociedad Castellonense de Cultura*, 74, 1998, p. 257-340.

HIERONYMUS, *Liber de optimo genere interpretandi (epistula 57). Ein Kommentar von G.J.M. Bartelink*, Leiden, Brill, 1980.

HORST, Ulrich, « Der Streit um die Autorität der Vulgata. Zur Rezeption des Trienter Schriftdekrets in Spanien », *Revista da Universidade de Coimbra*, 29, 1983, p. 57-252.

LEÓN, Fray Luis de, *Proceso inquisitorial, en Colección de documentos inéditos para la historia de España por Don Miguel Salvá y don Pedro Sáinz de Baranda*, vols. X-XI, Madrid 1847.

LEÓN, Fray Luis de, *Mag. Luysii Legionensis… opera*, tomus V, Salamanca 1893.

LEÓN, Fray Luis de, *Obras completas castellanas*, 2 vols., ed. Félix García, 40 ed., Madrid, B.A.C., 1957.

LEÓN, Fray Luis de, *Escritos desde la carcel. Autógrafos del primer proceso inquisitorial. Ed. y estudio por José Barrientos García*, El Escorial, 1991.

LEÓN, Fray Luis de, *Epistolario. Cartas, licencias, poderes, dictámenes*, ed. José Barrientos García, Madrid, Revista agustiniana, 2001.

LÉVINAS, Emanuel, « La révélation dans la tradition juive », dans *La Révélation*, ed. Paul Ricœur, Bruxelles, Fac. Univ. Saint-Louis, 1977, p. 55-77.

MARTÍNEZ ALBIACH, Alfredo, « La Universidad complutense según el Cardenal Cisneros (1508-1543) », *Burgense*, 16, 1975, p. 201-248, 465-535.

MARTÍNEZ DE CANTALAPIEDRA, Martín, *Institutiones in linguam sanctam (Institutiones hebraicae)*, Paris, Jacobus Bogardus 1548, Salamanca, Matthias Gastius 1569, 1570, 1571.

MARTÍNEZ DE CANTALAPIEDRA, *Chaldaicarum institutionum libri tres*, Salamanca, Matthias Gastius, 1570

MARTÍNEZ DE CANTALAPIEDRA, *Libri decem hypotyposeon theologicarum sive regularum ad intelligendum scripturas sacras…*, Salamanca, Iohannes a Terranova, 1565, Ildefonsus a Terranova 1582 ; Madrid, Joachim Ibarra, 1771.

MARTÍNEZ DE CANTALAPIEDRA, *Proceso criminal contra el hebraísta salmantino Martín Martínez de Cantalapiedra*, edición y estudio por Miguel de la Pinta Llorente, Madrid, CSIC, 1946.

MARTÍNEZ FERNÀNDEZ, Luis, *Fuentes para la historia del método teológico en la Escuela de Salamanca*, Granada 1973.

MENÉNDEZ PELAYO, Marcelino, *Bibliografía hispano-latina clásica*, vol X : *Miscelánea y notas para una bibliografía greco-hispana* (Edición nacional de las obras completas, vol. 53), Santander, Aldus, 1953.

NEBRIJA, Antonio de, *De litteris hebraicis cum quibusdam annotationibus in Scriptura Sacra*, (Sin indicación de lugar y fecha) [BNM R 1754].

NEBRIJA, Antonio de, *In quinquaginta sacrae scripturae locos non uulgariter enarratos. Tertia quinquagena…*, Granada 1535.

NEBRIJA, Antonio de, *De vi ac potestate literarum*, ed. Antonio Quilis y Pilar Usábel, Madrid 1987.

PAREJA, Francisco M., *Islamologia*, Roma, Herder, 1951.

SÁENZ-BADILLOS, Ángel, *La filología bíblica en los primeros helenistas de Alcalá*, Estella, Verbo Divino, 1991.

SÁENZ-BADILLOS, Ángel, « Antonio de Nebrija ante la lengua hebrea y la Biblia », dans *Antonio de Nebrija : Edad Media y Renacimiento*, ed. Carmen Codoñer y Juan Antonio González Iglesias Salamanca 1994, p. 111-119.

REINHART, Klaus, « Die mehrdimensionale Auslegung des Hohenliedes durch den spanischen Augustiners Luis de León (1528-1591) », dans *Tradito augustiniana. Studien über Augustinus und seine Rezeption*, ed. Adolar Zumkeller yAchim Krümmel, Würzburg, Cassiciacum, 1994, p. 243-258.

TELLECHEA IDÍGORAS, José Ignacio, « La censura inquisitorial de Biblias de 1554 », *Anthologica Annua*, 10, 1962, p. 89-142.

THOMPSON, Colin P., *The strife of tongues. Fray Luis de León and the Golden Age of Spain*, Cambridge, University Press, 1988. Cito la traducción castellana : *La lucha de las lenguas. Fray Luis de León y el Siglo de Oro en España*, Junta de Castilla y León, 1995.

VALLE RODRÍGUEZ, Carlos del, *La escuela hebrea de Córdoba*, Madrid, Nacional, 1981.

VELTRI, Giuseppe, « L'ispirazione della LXX tra leggenda e teologia. Dal racconto di Aristea alla veritas hebraica di Girolamo », *Laurentianum*, 27, 1986, p. 3-71.

VERGARA, Francisco de, *De Graecae linguae grammatica*, Alcalá 1537.

VILLANUEVA, Joaquín Lorenzo, *De la lección de la Sagrada Escritura en lenguas vulgares*, Valencia 1791.

NOTES SUR PIERRE DE LA RAMÉE,
ENTRE PHILOSOPHIE,
POÉSIE ET ÉLOQUENCE

L'entreprise philosophique et pédagogique de Piere de La Ramée (Petrus Ramus, 1515-1572) s'inscrit dans les trois axes de réflexions proposés dans le cadre du colloque : sa réforme de l'enseignement dans les collèges, qui connaîtra une grande fortune dans les pays protestants, pose avant tout la question du rapport entre la doctrine et l'exercice. Mais elle propose aussi une redistribution des champs philosophique et « littéraire », les « bonnes lettres » (*bonae litterae*), étant porteuses, au-delà du cadre strict d'une esthétique, de toute la culture antique, grecque et latine. Enfin, elle pose la question de l'utilisation du latin, du grec et du français dans l'enseignement.

Né en 1515 et victime du massacre de la Saint Barthélemy, en 1572, du fait de son adhésion à la religion réformée, Ramus est surtout connu pour être l'auteur de traités sur la dialectique maintes fois remaniés, dont la première *Dialectique* en français (1555), illustrée par les poètes de la Pléiade, ainsi que l'initiateur d'une réforme de l'enseignement qui a connu une grande diffusion dans les pays protestants, aux XVIe et XVIIe siècles, et dont l'épicentre est le collège parisien de Presles. Le caractère extrêmement polémique de ses *Leçons sur les arts libéraux*, sans parler des textes polémiques proprement dits, dans lesquels il attaque Aristote et Cicéron (comme les *Brutinae quaestiones* et les *Aristotelicae animadversiones*), a pu faire oublier que l'ensemble de son œuvre se déploie en réalité dans quatre genres : les « leçons » sur les arts (*Scholae*), les traités que nous pourrions qualifier de dogmatiques, sur la dialectique et la rhétorique, les discours dans lesquels il expose et défend sa réforme de l'éducation et propose de l'appliquer à l'Université de Paris, et enfin tout une série de commentaires aux auteurs classiques, sur la base des cours qu'il tient au Collège de Presles. Il convient d'étudier l'ensemble de cette production dans sa complémentarité, sans séparer le Ramus « théoricien » ou dogmatique des traités du Ramus humaniste et pédagogue.

DOCTRINE ET EXERCICE

L'enseignement de Ramus se déroule au collège de Presles, représentatif des collèges de l'époque : fondé dans les premières décennies du XIVe siècle (en 1314), par un riche bienfaiteur, Raoul de Presles, seigneur de Lizy, légiste au service du roi Philippe IV le Bel, pour « aider les pauvres écoliers », le collège « loge ensemble, par des règles communautaires précisées par des statuts, des étudiants nommés sur critères de pauvreté et d'origine (géographique ou, plus rarement, familiale) » – en l'occurrence, des étudiants picards. C'est le cas de Nicolas de Nancel (1539-1610), d'abord écolier, avant de devenir secrétaire de Pierre de La Ramée, puis enseignant à son tour dans le collège. C'est aussi le cas d'Omer Talon, collègue de Ramus dans d'autres collèges, avant de le suivre au collège de Presles et de partager avec lui enseignement et publications, et de Ramus lui-même, qui dirige le collège à partir de 1545. Les enseignants peuvent avoir d'autres origines géographiques, comme Jean Péna, provençal.

L'enseignement délivré à Presles se caractéristique par la place centrale qui y est donné à la dialectique et à la rhétorique. Par opposition avec l'enseignement à l'ancienne reposant sur les manuels, le cours proprement dit, délivré par le professeur (Ramus, Talon, son frère d'élection, ou ses autres collaborateurs : Péna, Fouquelin, et plus tard Nancel), ne consiste pas à exposer de façon plus ou moins développée les traités de dialectique ou de rhétorique (ces derniers étant publiés dans un premier temps, sous le nom de Talon, puis sous celui de Ramus – d'où la complexité de la bibliographie –, mais à rechercher à même les textes, la mise en œuvre des règles de la dialectique et de la rhétorique. Le rôle central conféré à la dialectique doit s'entendre dans le sens où le commentaire dialectique est largement privilégié sur les autres types de commentaires : rhétorique, historique (souvent indispensable), et commentaire philologique, qui n'est pas toujours inexistant, mais réduit, le texte sur lequel travaillent les professeurs étant en général considéré comme établi. Ces règles, préalablement énoncées dans les traités publiés, s'affinent et se généralisent au fur et à mesure de l'exploration de la littérature latine classique qui se déploie dans les cours. C'était des cours d'une heure par jour, dans lesquels le professeur commentait une page de texte classique. Ils sont publiés à un rythme régulier, en général l'année suivant la tenue de l'enseignement, et leurs éditions successives sont, comme celles des traités publiés par Ramus, constamment remaniées et enrichies.

Chaque jour, cet enseignement était approfondi par les élèves, par deux heures d'« analyse » et deux de « synthèse », voire plus. Ce que Ramus appelle l'« analyse » consiste à retrouver les règles de la dialectique et de la rhétorique dans les textes des orateurs, des poètes et des philosophes, Ramus mesurant l'excellence d'une œuvre à la présence exhaustive de ces règles. De ce point de vue, il considère le *De natura deorum* de Cicéron comme un modèle du genre. Ce qu'il appelle la « genèse » (ou synthèse) consiste à appliquer les règles de la dialectique et de la rhétorique à la construction de nouveaux discours (*poièsis*).

Ces deux dernières activités sont les piliers de la formation dispensée par Ramus et ses collaborateurs au collège de Presles, l'« analyse » correspondant au commentaire du professeur, ainsi qu'à une série d'exercices effectués par les élèves à la suite de l'audition du cours, et la « genèse » correspondant à des exercices d'argumentation *pro et contra* sur des thèmes choisis, dont certains ont fait l'objet de publications. Or l'examen des versions successives de la *Dialectique* de Ramus (elle aussi à moment donné publiée sous le nom de Talon), montre que l'exposition va dans le sens d'un dépouillement croissant et d'une concentration sur le processus de la connaissance, au détriment de la question de l'exercice, divisé en « analyse » et en « genèse », qui disparaissent progressivement des traités dialectiques. Il accentue ainsi la distinction entre la doctrine et l'exercice.

LA « CONJONCTION » DE LA PHILOSOPHIE
ET DE L'ÉLOQUENCE

Le cursus de Presles tendait à réaliser concrètement l'idée humaniste de la « conjonction de l'éloquence et de la philosophie » dont Ramus avait fait le titre de l'un de ses discours (l'*Oratio de studiis philosophiae et eloquentiae coniungendis*, prononcée en 1546 et publiée en 1547) et l'intitulé – entièrement inédit – de la chaire de professeur royal (il était « professeur royal pour l'éloquence et la philosophie ») qu'il obtient en 1551. Les membres du collège des lecteurs royaux, fondé par François Ier en 1530, notamment à l'instigation de Guillaume Budé, étaient directement financés par lui et enseignaient dans les différents collèges de la capitale, des disciplines non admises à l'université. Comme on le verra, le cursus de Presles accordait une large part au grec et aux mathématiques (il n'y a pas d'enseignement de l'hébreu) – disciplines pour lesquelles sont nommés les premiers lecteurs royaux. Dans l'intitulé de sa chaire, Ramus semble vouloir faire porter l'accent sur la « conjonction » entre deux enseignements qui existaient déjà, celui de la philosophie et celui de l'éloquence. Et de fait, c'est dans les termes de cette « conjonction » qu'il formule sa réforme de l'enseignement, contre ses détracteurs, qui parlent de « confusion ».

Dans le discours de 1551, grâce auquel le cursus de Presles obtiendra une reconnaisssance légale, Ramus se défend devant le Parlement de Paris auprès duquel il avait fait appel de la décision de l'Université, alors dirigée par Jacques Charpentier, de déclarer « que les étudiants du Collège de Presles, en tant qu'ils ne suivaient pas les cours réguliers prescrits par les statuts, étaient déchus de tous les privilèges et exclus des grades universitaires. » À l'occasion de sa défense, Ramus présente de manière très détaillée l'organisation de l'enseignement dans le collège qu'il dirige.

Comme le note encore C. Vasoli, « le thème de la discussion était toujours le même : l'opposition entre la tradition "philosophique" de l'université et l'innovation apportée par Ramus, avec sa tentative de fonder l'ensemble du cursus des études sur l'idéal humaniste de l'union entre la philosophie et l'éloquence. » La conjonction entre l'éloquence et la philosophie repose d'abord sur la déclaration de Ramus selon laquelle le matin, Talon enseignait la philosophie, et l'après-midi, lui-même enseignait l'éloquence. Mais dans la réalité, les notes de cours et les commentaires publiés de ces mêmes cours attestent que dans le cours d'un même professeur, sur un même texte, qu'il relève du genre poétique, philosophique ou oratoire, les commentaires rhétoriques et logiques s'entremêlaient avec les commentaires grammaticaux et historiques, tout texte suscitant des commentaires de nature diverse. Les critiques de Ramus ne s'y sont pas trompés, lorsqu'ils dénoncent le fait qu'à Presles, le même professeur pouvait enseigner deux matières différentes comme la rhétorique et la philosophie.

Nous savons d'ailleurs qu'une fois annulée la condamnation qui interdisait à Ramus d'enseigner et de publier de la philosophie, il a pris pour base de son enseignement des textes considérés comme philosophiques. En 1549, par exemple, il publie une traduction et un commentaire des *Lettres* de Platon, tirées de ses leçons. On note également : *Ciceronis Somnium Scipionis explicatum* (1546), *Ciceronis de fato liber explicatus* (1550), *Ciceronis epistola nona ad Publium Lentulum illustrata* (1550), *Ciceronis de legibus liber primus illustratus* (1554), *Virgilii Bucolica* (1555), *Georgica* (1556), *Aristotelis Politica latina facta* (1601).

Talon publie pour sa part différentes versions de la *Rhetorica…* mais, selon Walter Ong, c'était probablement pour remplacer Ramus du fait de l'interdiction ; il le fait aussi avec une *Admonitio ad Turnebum* en 1556, les *Dialectici commentarii tres* de 1546 et *Petri Rami Dialecticae libri duo, Audomari Talaei praelectiones illustrara* (1556). Du reste, il ne publie pas que de la philosophie : *Dialecticae praelectiones in Porphyrium* (1547), *Academia* (1547), *In Academicum Ciceronis fragmentum explicatio* (1547), *In Lucullum Ciceronis commentarii* (1550), *In primum Aristotelis Ethicum explicatio* (1550), mais aussi des ouvrages de rhétorique : *Ciceronis Topica explicata* (1550), *Ciceronis Partitiones oratoriae illustratae* (1551), *Ciceronis Paradoxa explicata* (1551), *Ciceronis De oratore dialogi tres illustrati* (1553).

La « conjonction entre la philosophie et l'éloquence » reposait enfin sur l'idée que la dialectique (autrement dit, la philosophie) était à l'œuvre aussi bien dans les discours (autrement dit, des textes rhétoriques), que l'était la grammaire, commune à tout type d'écriture. La dialectique devenait ainsi une sorte de grammaire de la pensée, mais dont il fallait rechercher l'origine et le développement dans les textes. La nature même du commentaire tel que le définit la pédagogie ramiste supposait que n'importe quel texte classique pût faire l'objet d'une analyse soit grammaticale, soit rhétorique, soit dialectique, ou tout cela à la fois. Cela se traduit, chez les professeurs de Presles, par le choix d'un corpus qui ne respectait pas toujours les textes canoniques et la division des disciplines qu'on leur appliquait, notamment, l'enseignement de la physique à partir de textes de Virgile. Celui-ci intervient à deux moments du cursus : les *Bucoliques*, dans l'enseignement de la grammaire, et les *Géorgiques*, dans celui de la physique.

Dans sa *Vie de Ramus*, Nancel fait état de cet enseignement :

> Ayant ainsi avancé dans les questions oratoires, il décida de se tourner vers la poétique pour se distraire et pour le plaisir du lecteur (bien qu'il eût moins de goût pour ce genre d'étude), et de même qu'il avait d'abord prévu de commenter tous les discours de Cicéron, dans l'ordre, il se proposa alors d'expliquer dans le même style toute l'œuvre de Virgile (quel merveilleux projet, s'il l'avait mené à bien !). Ayant donc commencé par les *Bucoliques*, il passa aux *Géorgiques*, malgré le rire et la moquerie des envieux et des détracteurs, et il fit un remarquable effort pour dévoiler et expliquer ces deux ouvrages.

La « conjonction de la philosophie et de l'éloquence » correspond donc autant à une organisation pédagogique concrète (polyvalence des professeurs), qu'à un choix qui va dans le sens de l'héritage humaniste (pluridisciplinarité des textes et des commentaires) et suppose la maîtrise du latin et du grec.

LANGUES DU SAVOIR, LANGUE DE L'ENSEIGNEMENT

Dans la *Pro philosophica parisiensis Academiae disciplina oratio* (1551) de Ramus, on apprend que le cursus des études s'étendait sur sept ans et demi. L'apprentissage du latin et du grec se faisait pendant les trois premières années, où l'élève étudiait la grammaire. La première année, « *Virgilii Bucolica, Homeri de ranis et muribus ludicra iisque sermonis familiaritate fere parem Terentianam aliquam fabulam, aut facilem prosam e quibusdam Ciceronis epistolis proponimus* ». La seconde année : « *usus uberior ex Virgilii, Ciceronis, Homeri, Aristophanis paulo majore opere aliquo exigitur.* »

La troisième année, l'élève commençait à composer des vers ; seulement la troisième année il étudiait la syntaxe. Ramus rédige conjointement plusieurs grammaires latine, grecque et même française, qui énoncent les règles que les élèves trouvent à l'œuvre dans les textes.

Une des caractérisques de l'enseignement de Presles était que, dans chaque classe, il y avait un enseignement de latin et de grec (Freigius), fait par deux professeurs différents dans chaque classe et à des heures différentes (Nancel). L'enseignement était organisé de la façon suivante : deux heures de cours de langues classiques, une le matin et une l'après midi, avec un soin particulier apporté à l'enseignement du latin. Le matin, il restait encore deux heures pour apprendre, prononcer et mémoriser les choses apprises pendant le cours et deux heures pour « converser, imiter et s'exercer », quelquefois trois ; et la même chose l'après-midi.

Nous possédons certains témoignages sur ce type d'études : l'ensemble des commentaires des *Bucoliques* de Virgile publiés par Ramus, dont nous disposons maintenant de la matrice manuscrite. Il existe aussi une trace de cet enseignement dans un recueil de textes de Cicéron, dont un extrait des lettres porte la mention manuscrite : « *Haec epistola fuit explicata a domino Ramo philosophiae professore regio anno 1563.* » Détail intéressant pour ce qui nous concerne, outre le commentaire, il y a une traduction interlinéaire du texte en français… Mais nous ne savons pas s'il s'agit d'une traduction dictée par le professeur ou d'une traduction qu'aurait faite l'élève lui-même.

La matière privilégiée par chaque niveau ne signifie pas qu'elle faisait l'objet d'une étude exclusive : il s'agit d'un processus cumulatif, au cours duquel l'emploi de la dialectique reste privilégié. « Dans ce sens », précise Peter Mack, « la réforme proposée par Ramus est une réforme humaniste, dans laquelle le manuel de dialectique qui avait été précédemment l'objet essentiel de l'enseignement des arts à l'université, servait maintenant de préparation pour lire la littérature classique. » Cela ne vaut pas seulement pour la dialectique et, dans une moindre mesure, pour la rhétorique, mais pour toutes les disciplines enseignées, et en premier lieu, pour le latin et le grec : les professeurs continuent donc de renforcer et d'améliorer la connaissance des langues latine et grecque, au-delà des trois premières années d'apprentissage : « et autant que possible, nous renforçons et augmentons l'intelligence des langues latine et grecque », précise Ramus, à propos de la quatrième année, consacrée essentiellement à la rhétorique, que les élèves étudiaient dans des textes de Virgile, Cicéron, Homère et Démosthène.

La cinquième année d'études était consacrée à la dialectique et la sixième année, à la philosophie morale étudiée dans les quatre premiers livres d'Aristote. Et de fait, l'on dispose d'un commentaire en latin de l'*Éthique à Nicomaque* d'Aristote par Talon, publiée en 1551. Mais dans son discours de la même année, Ramus dit combien il est préférable que les élèves lisent l'Écriture et lisent Aristote tout seuls, pour se consacrer à l'étude de la mathématique, de la géométrie, de la musique et de l'optique, pour se préparer à la connaissance philosophique. À ce niveau d'études, Ramus indique les noms d'Euclide, Apollonius, Archimède et Théodose, dont l'étude se poursuit pendant la septième année et demi, consacrée à la physique, avec des textes d'Aristote, Euclide (Optique, Catoptrique, Musique).

Les élèves lisaient-ils ces auteurs en grec ? On dispose de la traduction des textes d'Euclide par Jean Péna, brillant mathématicien et enseignant à Presles, devenu professeur royal de mathématiques, et Ramus est l'auteur d'une traduction des premières propositions d'Euclide, à usage scolaire. Il traduit en latin et commente d'autres textes grecs directement liés à l'enseignement de la philosophie : les *Lettres* de Platon et la *Politique* d'Aristote. Il est donc clair que le latin reste la langue du commentaire, même si l'enseignement de la dialectique, exposé par Ramus dans les traités, connaît une première version française en 1555.

En mettant la dialectique au service de la lecture des textes classiques latins et grecs, Ramus et ses collaborateurs proposent une réforme humaniste qui garde au latin le privilège d'être la langue de l'explication et du commentaire, tout en déployant un effort considérable pour faire pénétrer le corpus des mathématiciens grecs dans la faculté des arts. Ce n'est pas seulement la forme, avec le privilège de l'exercice sur la doctrine, mais le contenu du savoir qui s'en trouve modifié.

Marie-Dominique COUZINET
Université Paris I – Panthéon
Sorbonne

VÉRITÉ ET VIOLENCE CHEZ ÉRASME

Évoquer la notion de la vérité chez Érasme, c'est parler nécessairement du langage, de la langue. Dans son dernier traité, l'*Ecclesiastes*, l'humaniste proclame d'emblée que : « *Sermo hominis verax imago est mentis, sic oratione quasi speculo reddita* » (« la parole de l'homme est l'image véridique de sa pensée, image reflétée par le langage comme par un miroir »). Érasme n'aura de cesse de poser en parallèle que tout comme l'image de Dieu se reflète dans le *verbum*, c'est dans la langue que l'on peut trouver le portrait véritable de l'homme.

On a souvent cité, en passant, les vers apposés sur la gravure d'Holbein qui proclamaient que les écrits d'Érasme donnaient une meilleure image de l'auteur que son portrait physique. Il ne faut pas lire ces vers comme une simple coquetterie d'humaniste, car cette idée est profondément ancrée dans l'esprit de l'humaniste de Rotterdam. Pour lui, un désaccord entre *res* et *verba* ne peut être engendré que par Satan. Si le langage entre en conflit avec l'esprit dont il procède, il ne mérite plus le nom de langage.

Ce thème du langage et de la vérité chez Érasme traverse toute son œuvre et l'on pourrait multiplier les citations sur cet « invincible champion de la vérité », comme l'appelait Rabelais dans sa fameuse lettre en 1532. J'ai préféré, dans cet article, concentrer mon attention sur les années 1523-1525, années où l'humaniste entame le combat avec Luther, ce qui va mettre en crise sa foi dans le langage.

Après l'âge d'or vénitien et la publication des *Adages* en 1508, l'humaniste va se lancer dans de longs préparatifs qui le mèneront à publier en 1515 et 1516 les *Lettres* de saint Jérôme et son Nouveau testament à Bâle chez Jean Froben. Sa traduction et sa révision de la vulgate vont provoquer de nombreux remous et polémiques auxquelles il va devoir faire face. D'abord modérés à partir de 1515 et l'épître de Martin Dorp contre l'*Éloge de la Folie* puis de plus en plus violents avec Edward Lee en 1520. La *Lingua*, qui paraît en août 1525, est le résultat de cette mise en cause du langage et de la vérité dans le discours. Érasme, attaqué de toutes parts, en butte à la calomnie, à la malfaisance, se met à douter de la véracité de ce qui lui tient le plus profondément à cœur. Dans la *Lingua*, il va distinguer nettement deux sortes de maux, ceux qui sont dus à la folie (*stultitia*) et ceux qu'inspire la volonté de nuire (*malitia*).

En 1523, Érasme écrit un colloque fort intéressant pour notre propos intitulé *Pseudochei et Philetymi* qui oppose un « ami de la vérité » et un « ami du mensonge » et qui, fait rare dans les *Colloques*, finit sur une dissension. Les deux personnages sont à ce point opposés que « l'ami de la vérité » Philétyme se refuse à prendre congé de Pseudochée et à le saluer. L'ami de la vérité incarne Érasme qui, à la même époque, déclamait son dégoût du mensonge ressenti depuis l'enfance dans la *Spongia* : « *Mendaces oderam iam tum puellus sensu quodam naturæ, quum nondum scirem quid esset mendacium. Et nunc homines eiusmodi sic aversor, ut etiam ipso corpore commovear ad illorum aspectum. Huius rei testes erunt qui cominus familiari domesticaque consuetudine meum pernoverunt ingenium. Imo quibus propius notus sum, illud mihi vicium ceu peculiare tribuunt linguæ libertatem immodicam, quæ verum tacere nesciat.* » Dans ce texte qui n'occupe que trois pages dans les *Œuvres complètes*, s'expose l'idée dangereuse (et ancienne), que la rhétorique apprend à mentir. Thème qui sera abondamment développé dans la *Lingua*. Pour créer ce personnage du menteur, à qui la langue n'a pas été donnée pour dire la vérité mais pour parler dans son propre intérêt, Érasme s'est inspiré de la figure du libraire Franz Birckman.

On peut déduire cette identification de deux allusions de la correspondance de Juan Luis Vives qui a eu lui-même de nombreux démêlés avec ce personnage du monde du livre. Celui-ci, installé d'abord à Cologne, a passé pas mal de temps dans les foires du livre et sur les routes entre Anvers, Londres, Bâle et Paris. Dans une lettre écrite de Londres, le 13 novembre 1524, Vivès écrit : « Je te plains d'avoir eu tant de fois à traiter avec un homme de cette espèce : c'est contre lui, je pense, que tu as décrit le mensonge dans les *Colloques*. Je devrai en chercher un autre, afin de ne pas être forcé tant de fois à m'irriter contre cet homme, après avoir été trompé par lui. » et, dans une lettre écrite de Bâle le 20 décembre, il parle de Birckman en l'appelant du nom du personnage du colloque, *Pseudochée* : le monde de l'imprimerie ment. Érasme va, d'année en année, en faire l'amère expérience. Je reviendrai sur cela.

La querelle du libre arbitre avec Luther va nous montrer l'humaniste aux prises avec ce combat de la vérité car dès le début de sa diatribe, il formule le vœu que la controverse soit propice « au progrès de la vérité » (« *num ex nostra quoque conflictatiuncula veritas reddi possit dilucidior* »). La méthode que va employer Érasme est simple : il s'agit, à chaque instant, de confronter les textes aux arguments. Bien qu'il s'en défende, il ne reculera pas devant le recours aux témoignages des autorités patristiques, des Conciles ou des Papes.

Pour Érasme, il y a trois sortes d'enseignements dans la Bible. Ceux qui portent sur des inconnaissables (notre fin), les mystères qu'il est inutile d'interroger mais qu'il convient d'adorer et puis ceux qui relèvent de la vie courante, qui nous sont connaissables et que l'homme peut appréhender. Pour l'humaniste, il y a une vérité cachée dans l'Écriture qu'il serait vain de poursuivre et une autre vérité connaissable par le savant. Le savant doit se mettre à contempler et scruter cette vérité, lire et relire les textes de l'Écriture afin de désarticuler la forteresse qui l'empêche d'atteindre le sens. C'est en disposant côte à côte les textes, en les éditant, en les dégageant de leur gangue impure que l'on parviendra à faire émerger la beauté qui est en eux. Je ne doute pas, écrit Érasme, que la vérité ne jaillisse de la confrontation des Écritures, comme l'étincelle du choc du silex (« *ut superet ubique veritas, quæ fortassis ex collatione Scripturarum, velut ignis ex collisione silicum, emicabit* »).

Ce qui guide Érasme dans ce cheminement, c'est la raison, qui est pour lui le juge de la vérité. Dans son entreprise philologique, il ne suffit pas de disposer les textes l'un à côté de l'autre sur la table et de les annoter de sa plume. Il faut, sans cesse, opérer des choix, se fier à son *ingenium*, et décider non seulement quelle leçon on retiendra mais surtout quelle vérité l'on en retirera. Confronter ne suffit pas, il faut discriminer. Et, pour ce faire, la raison est le juge parfait de la vérité. Mais cette vérité est établie par l'homme, Érasme en est bien conscient. D'où sa fragilité. Parfois, l'on a l'impression que le critère de la vérité repose sur celui de la non-contradiction. Si bien que l'on avance, pas à pas, dans une forêt peuplée de vérité historique, philologique plutôt que métaphysique. Le cavalier de Rotterdam sait bien qu'il n'accède qu'à une vérité, pas à la Vérité, et qu'il doit sans cesse suspendre son jugement.

Bien souvent, quand on lit Érasme, on est pris d'un doute étrange. Se sachant humain et donc faillible, l'humaniste paraît mettre en doute les conclusions auxquelles il parvient. Ainsi, il ne suffit pas d'avoir « éclairci » le sens d'un texte pour qu'il se soit convaincu d'avoir atteint la vérité contenue dans ce texte. Profondément sceptique, il recule au dernier moment devant l'affirmation de ses pensées. Non pas par peur, mais par une trop grande conscience de son humanité, et donc de son imperfection. La vérité ne peut être qu'à sa mesure, c'est-à-dire, imparfaite. Il ne parvient jamais à affirmer plusieurs pages durant des convictions profondes. D'où, comme le faisait justement remarquer Jacques Chomarat, le peu de fréquence du verbe *iudicare* dans le lexique érasmien.

Jean Boisset affirmait que, s'il fallait trouver une origine érasmienne dans l'histoire de la philosophie, on devrait la chercher du côté des probabilistes de la Nouvelles Académie :

> en ce qui concerne la vérité recherchée dans la formulation scolastique *adæquatio rei et intellectus.* Car Érasme, en somme, cherche à montrer l'adéquation du texte à la pensée du chercheur. La représentation intellectuelle du sens du texte est la reproduction fidèle du sens de ce texte. Il y a affirmation de la vérité quand il y a correspondance du jugement affirmatif avec la chose (le texte et son sens) qui est affirmée.

Dans tout le débat qui l'oppose à Luther, la grande différence entre les deux hommes, c'est que pour Érasme, il n'y a que deux parties qui se font face, le texte et le croyant. Ce dernier, armé de sa raison et de sa foi, avance et chemine avec logique vers la vérité. Cette vision de la lecture des Écritures devait paraître insuffisante à Luther, tant elle semblait oublier la part fondamentale : Dieu, dans l'interprétation de l'Écriture. Pour le Réformateur, la vérité ne pouvait se chercher uniquement dans la confrontation des textes, en se limitant à son niveau matériel, comme si on omettait l'inspiration de la Vérité. Cette échappée horizontale qui nous arrachait à nous-même, et nous conduisait au plus près du texte et du Seigneur, loin des raisonnements, des arguties et des petitesses érasmiennes. Comme il l'écrit avec éclat : « *Et maior est verbi Dei autoritas, quam nostri ingenii capacitas* ». Luther sait que la justice de Dieu doit lui être révélée. Il ne peut être dupe des subterfuges de la raison.

L'ouvrage *De lingua* écrit peu après la *Diatribe sur le Libre arbitre*, est un ouvrage passionnant bien que difficile à lire, tant il semble écrit sans méthode ; il part dans un sens, revient dans un autre et entraîne souvent son lecteur dans des redites. Quand on le lit, on ressent parfois le même sentiment que l'on perçoit à la lecture du traité d'Ulrich von Hutten, l'*Expostulatio*, publié en juillet 1523 alors que le chevalier allemand se meurt : celui d'une agonie. L'écriture d'Érasme dans la *Lingua* paraît malade. Elle s'épand. Elle se dilue. Dans ce traité, il semble ressasser les multiples attaques dont il est la cible. À l'image d'Ulrich von Hutten déversant sa rancœur et son amitié déçue, il revient sans cesse sur les méfaits de la langue qui sont principalement le blasphème, la malveillance et la calomnie, sans oublier le bavardage.

Dans sa grande thèse sur *Grammaire et rhétorique chez Érasme*, Jacques Chomarat consacre la fin de la cinquième et dernière partie de son étude sur les genres oratoires au sermon. Le sujet peut sembler éloigné de notre propos, pourtant il est au cœur de notre sujet ; qu'on me permette de citer l'entrée de sa lumineuse analyse :

> L'opposé de la Vérité n'est pas l'erreur, ni le mensonge (au sens courant), mais la violence. Cette formule si simple en laquelle se rejoignent esprit de la rhétorique et *philosophia Christi*, inséparablement, est au cœur de la pensée d'Érasme. (…) La violence qui s'oppose à la Vérité revêt plusieurs formes ; les principales sont le mensonge au sens où Érasme l'entend, le dogmatisme théologique, l'esprit de division, le recours à la peur, la persécution, la tyrannie sous prétexte de religion.

Et c'est dans cette problématique qu'a si finement caractérisée Jacques Chomarat que l'on observe la grandeur d'Érasme, car c'est son refus de la violence qui va l'entraîner à rejeter la langue si elle devient un instrument de la violence contre autrui. Naturellement, pour qui est un peu familier des écrits de l'humaniste, cette assertion peut faire sourire, tant ce dernier a la plume acérée et peut répondre avec mordant aux « aspersions » de ses adversaires.

Érasme n'a pas toujours été tendre quand il s'est agi de faire triompher *sa Vérité* lorsqu'il était en butte à la calomnie. Le sujet d'un Érasme censeur a souvent été oblitéré par l'historiographie moderne et Myron P. Gilmore, dans un article célèbre affirmait même que l'humaniste n'avait jamais invoqué « l'autorité de l'Église ni celle de l'État pour réduire ses ennemis au silence, préférant se reposer sur les forces de ses propres arguments. » L'image est flatteuse, mais il n'en est rien, de très nombreuses lettres prouvent le contraire.

Dans cet article sur la vérité, je pense qu'il est intéressant de consacrer quelques pages à la façon dont Érasme entend imposer sa vérité auprès des autorités de son temps. L'humaniste est attentif aux juridictions de son temps et il adresse ses griefs aux autorités dont dépend l'imprimeur qui a « commis le méfait » de publier le texte de l'un de ses opposants ; tantôt il s'agira d'autorité municipales (Strasbourg, Zurich, Bâle), tantôt il s'adressera aux souverains du lieu (duc de Saxe, de Milan), tantôt à l'Empereur ou au roi.

La critique principale d'Érasme vise toujours le fait qu'on le calomnie. L'humaniste batave consacre un long passage au thème de la calomnie dans son ouvrage *La Langue*, la *lingua calumniatrix* est considérée comme une vraie peste humaine, véritablement diabolique. Pour démontrer cela, Érasme en appelle à l'étymologie du mot en grec : *diabolê*. La calomnie est l'œuvre de Satan et frappe de préférence les innocents. Elle est responsable de la mort de Socrate, de Jésus-Christ. Plusieurs fois, le texte de Jérémie revient sous la plume d'Érasme : « *Venite*, inquiunt, *percutiamus eum lingua* » (« Venez disent-ils, que nous le frappions avec la langue »). Après Socrate et le Christ, l'humaniste énumère une suite de personnages célèbres qui ont eu à souffrir de leur délateur : Homère, Virgile, Horace, sans doute afin que le lecteur continue mentalement la liste en incluant Érasme…

Mais avant tout, la calomnie est un gagne-pain pour les imprimeurs. Érasme s'insurge contre ceux-ci qui s'amusent à publier à tout bout de champ des libelles anonymes ou éditent sous des adresses ou des noms fictifs et qui, quand ils sont pris sur le fait, répondent ingénument qu'ils font la chasse au profit ou qu'ils ont une famille à nourrir.

Érasme s'emporte si violemment dans ce passage de *La Langue* qu'il s'exclame : « *Quod si tuti potius quam honesti habetur ratio, prostituant uxorem, discantque 'ad calicem vigilanti stertere naso'* »

Ce passage et celui qui suit, l'appel au contrôle des autorités, font écho à plusieurs autres textes contemporains d'Érasme car, comme le fait remarquer très justement le professeur de Leyde Jan Hendrik Waszink : « pendant les premiers mois de 1525 Érasme semble avoir vécu dans une irritation presque permanente ». Depuis 1516, comme on l'a rappelé plus haut, les critiques se sont faites chaque jour plus nombreuses et la liste de ses contempteurs ne cesse de s'allonger : à Lee s'ajoutent Latomus, le Carmélite Egmondanus, Zúñiga, Noël Béda ou Pierre Couturier.

Voilà comment il s'exprime dans une lettre à Gaspard Hédion à l'encontre de Jean Schott l'imprimeur strasbourgeois du pamphlet d'Ulrich von Hutten, l'*Expostulatio* :

Scottus, inquis, habet uxorem et teneros liberos. Num ista excusatio videatur iusta, si scriniis meis effractis sustilisset aurum ? Non opinor. Et tamen hoc quod facit longe sceleratius est. Nisi forte putas mihi famam esse viliorem pecunia. Si deest unde alat liberos mendicet. Pudet, inquies. Et huiusmodi facinorum non pudet ? Prostituat uxorem, et ad calices vigilanti naso stertat adultero. Nefarium, inquis. Magis nefarius est quod facit. Nulla lex punit capite qui uxorem prostituat ; at capitalem œnam denunciant omnes iis qui libellos œdunt famosos.

Comme on peut le constater, dès 1524 les thèmes sont en place (celui de la prostitution, la citation de Juvénal) ; Érasme fulmine contre l'imprimeur d'Ulrich von Hutten et il reportera ces accusations telles quelles dans la *Lingua* un an plus tard. Comme si cela ne suffisait pas, il reprendra les mêmes arguments en 1526 quand il décidera d'ajouter un appendice un peu sombre à l'éloge d'Alde et de l'imprimerie. On trouve dans l'adage *Festina lente*, paru une première fois à Venise en 1508. On est très loin de cet âge d'or et de cette vision idyllique des vertus de l'imprimerie. Désormais, Érasme parle des imprimeurs trop avares pour payer de bons correcteurs, âpres au gain et capables seulement de remplir le monde de balivernes.

Mais revenons à l'affaire de Strasbourg. Érasme était furieux que Jean Schott ait imprimé le libelle d'Ulrich von Hutten et récidivé en y ajoutant le traité d'Otto Brunfels qui était une réponse à sa réplique, la *Spongia*. Dans un premier temps, il confie à Gaspard Hédion une lettre à l'attention des magistrats de la ville de Strasbourg en lui laissant le choix de la leur remettre ou non. Hédion ne la leur transmit pas, ce qui chagrinera fort Érasme qui décidera de transmettre directement sa supplique aux magistrats le 13 mars 1524.

Érasme avait séjourné à plusieurs reprises à Strasbourg en 1514, 1515, 1518 et 1521 et avait toujours gardé de bons souvenirs de cette cité. Érasme commence par leur signifier qu'il aime et respecte leur piété, mais qu'il tient à leur faire savoir qu'il y a dans leur cité un certain imprimeur, *quidam Scottus typographus*, qui ruine l'action de ceux qui servent l'Évangile. Ce dernier a publié un ouvrage si absurde, avance l'humaniste batave, qu'il a même déplu à Luther et à Melanchton. Mais cela n'est pas tout. Il a, en secret (*clam*), imprimé une seconde fois le même libelle augmenté d'une invective peu sobre (il s'agit du texte d'Otto Brunfels, le célèbre botaniste). Érasme alors, de façon un peu perverse, leur écrit : « *Ego, quod ad me pertinet, manum non verterim ; et scio hanc rem vobis visum iri minorem vestra cognitione. Sed tamen istud etiam atque etiam videndum est, ne hæc licentia dissimulata tandem erumpat eo, ut perniciem adferat reip. Vestræ. Certe Evangelico negocio non parum obfuerit, si videant homines per occasionem Evangelii reipublicæ. Disciplinam fieri deteriorem »*. Ensuite, l'humaniste donne des noms : si les Magistrats veulent enquêter, qu'ils aillent interroger Gaspard Hédion ou Capiton pour connaître la nature de l'ouvrage.

Pour lui, la calomnie est un véritable danger pour l'État. À plusieurs reprises, il interviendra dans ce sens auprès des autorités. Ainsi en 1526, il envoie une lettre à la Confédération suisse. Celle-ci l'avait invité à assister à un débat organisé à Baden dans le canton de Argovie (Aargau) réunissant Zwingli et le théologien Johann Eck (21 mai-8 juin 1526). Prudemment, l'humaniste batave décline l'invitation pour motifs de santé, mais profite de l'occasion pour se plaindre de la parution d'un libelle anonyme de 12 feuillets, rédigé par Leo Jud, *Des hochgelerten Erasmi von Roterdam unnd Doctor Martin Luthers maynung vom Nachtmal unnsers Herren Ihesu Christi* qui visait à rapprocher les opinions de Luther et d'Érasme à propos de la Cène. Érasme réagira à ce traité par la rédaction de sa *Detectio præstigiarum cuiusdam libelli germanice scripti, ficto autoris titulo, cum hac inscriptione, Erasmi & Lutheri opiniones de Cœna domini* qu'il fera paraître simultanément en latin et en allemand ! Dans cette lettre il réaffirme son opposition à la publication sous couvert d'anonymat et rappelle que : « *Qui tales emittunt libellos plusquam famosos sine loci, typographi autorisque vero titulo, nec famosos tantum verum etiam dissidiorum et hæreseon disseminatores, etiam apud ethnicos puniebantur capitis supplicio. Et quod apud illos erat capitale facinus, nunc quorundam ludus est, qui sibi videntur Evangelicæ doctrinæ propugnatores* ». Belle introduction, qui permet à Érasme de conclure son épître en demandant aux magistrats de la confédération de faire leur devoir et de veiller à ce que la sottise et la calomnie, en nuisant à la réputation d'autrui, n'affaiblissent pas l'état.

Un an plus tôt, consulté par le Sénat de la ville, l'humaniste avait bien voulu donner son opinion sur trois thèmes dont la publication des livres. Dans cette lettre, il s'opposait déjà violemment à la publication des ouvrages diffamatoires et qui paraissent sous le couvert de l'anonymat ou d'une fausse adresse et il enjoignait aux magistrats de veiller, en vertu du droit des gens (*iure gentium*), à interdire ces publications. Ce qui est intéressant, c'est que l'humaniste réduit la tache du censeur aux ouvrages modernes, car il estime que le Sénat n'a pas à s'occuper des livres anciens (*de veteribus libris*) même s'il s'y trouve quelques erreurs (*etiamsi quid inest erroris*) car sinon, on en sera réduit à ne plus publier que les ouvrages canoniques, et encore, écrit-il, en omettant les préfaces et les notes.

On est loin de la figure hagiographique d'un Érasme poursuivi par la censure et ne répondant à ses opposants que par la beauté de ses arguments rhétoriques (c'est la position de Gilmore évoquée plus haut). Jean-Claude Margolin est plus nuancé quand il commente le passage sur les mauvais imprimeurs dans *Festina lente* : « Érasme ne recommande pourtant pas une censure de type politique ou religieuse (dont il a spécialement souffert, notamment dans les années où il écrit cette addition à son adage de 1508). Il souhaiterait une commission technique, s'occupant uniquement de l'orthodoxie matérielle et littéraire des ouvrages. » Comme on a pu le lire, je crois qu'il faut aller au-delà encore du jugement de Jean-Claude Margolin, et considérer qu'Érasme n'attendait pas des autorités auprès desquelles il déposait ses requêtes de simples enquêtes sur « l'orthodoxie matérielle et littéraire des ouvrages », il désirait bien qu'on les interdise et qu'on empêche ses détracteurs ainsi que les « agitateurs » de répandre leur venin. La position de Karine Crousaz me paraît plus lucide, Érasme attendait de ces autorités qu'elles sévissent.

Ainsi, à l'occasion d'une autre polémique qui l'oppose à Gerard Geldenhauer de Nijmegen, Érasme reprend la plume de Fribourg, le 28 mars 1530, pour écrire aux Magistrats de Strasbourg. L'humaniste revient dans un premier temps sur l'affaire qui l'a opposé en 1524 à Otto Brunfels et imagine (à tort) qu'il s'agit à nouveau du même imprimeur, Jean Scott (en réalité, c'est Christian Egenholph qui avait imprimé l'ouvrage de Geldenhauer), qui est à la source de tous ses maux. Depuis la lettre précédente aux magistrats, il a d'ailleurs bien remarqué qu'une troisième édition de l'*Expostulatio* et de la *Responsio* est sortie. Excédé par le fait que les magistrats n'avaient pas réagi à sa première lettre, il leur demande s'ils ne pensent pas qu'à force d'être indulgents devant ces misérables, cela ne les pousse finalement à ne plus tenir compte de leurs constitutions. Et, comme conclusion, il se fait très explicite : « *Ignoratur typographus ; at autor dicere poterit quis hoc nugamentum excuderit, si legitime conveniatur* ». Qu'on interroge donc l'auteur « comme il faut » pour qu'il parle… Telle est la traduction que donne l'édition dirigée par Aloïs Gerlo. Il me semble toutefois qu'elle va sur ce point un peu loin. Bien qu'il est évident qu'Érasme n'entend pas seulement à ce que l'on se cantonne à une « enquête littéraire et matérielle », je crois qu'il faut entendre ce *legitime* dans le sens de « légalement, conformément aux lois ». Vu le contexte de la lettre – l'humaniste écrit aux Sénat de la Ville de Strasbourg et invoque les lois de la cité – je pense qu'il a voulu écrire, « qu'on interroge Geldenhauer, conformément à [ce que] la loi [permet] ». L'image de l'humaniste de Rotterdam demandant au Sénat de Strasbourg de recourir à la torture, comme le laisse entendre la traduction Gerlo serait pour le moins surprenant…

Érasme n'hésite toutefois pas pour défendre sa vérité à se placer sur le plan du droit et de recourir aux autorités de son temps. Le début de sa lettre concernant l'affaire Geldenhauer invoque d'ailleurs clairement la constitution de la ville de Strasbourg : « *idque fecit contra rectissimum ædictum vestræ reipublicæ, quandoquidem nec nomen loci nec nom typographi additum est* ».

Si, dans le cas de « l'affaire Hutten », le Sénat de la ville n'a pas rencontré les désirs de l'humaniste, il semble qu'il y ait eu des suites données à son second courrier, car il nous apprend le 22 mai dans une lettre à Augustin Marius que son imprimeur Jean Faber Emmeus lui a rapporté qu'on a jeté l'imprimeur du libelle de Geldenhauer en prison à son retour de la foire.

Jacques Chomarat avait montré comment le thème de la vérité et de la violence était intimement lié chez Érasme, idée que Jean-Claude Margolin avait relevée en 1967 déjà en la mettant en relation avec la pensée moderne.

Il y avait chez l'humaniste de Rotterdam, il en était conscient, une grande violence intérieure, d'où sans doute, sa capacité à formuler une idée très haute de la tolérance en son siècle. Comme le faisait remarquer Jean-Claude Margolin dans ce même article de 1967 : « Il faut bien reconnaître … que les textes de l'humaniste sont généralement situés à un niveau éthique et spirituel supérieur au comportement de l'homme Érasme, qui n'était pas si généreux, si désintéressé, si libre … ».

C'est cela qui nous apparaît si passionnant chez ce personnage, cet homme, profondément philologue, aveuglé de lettres et de textes, incapable d'entrevoir le monde autrement qu'au travers du langage, devient hésitant quand il doit s'éloigner des mots pour se rapprocher de la pensée et de ce qu'il ressent comme des formules. D'où sa méfiance de la philosophie scolastique. Je devrais même écrire sa haine de la philosophie, nourricière d'hérésies car elle multiplie les *dogmata*. Pour Érasme, il y a un lien étroit entre la dialectique qui contraint le raisonnement et la logique du bûcher. D'où sa recherche d'une pensée flottante, entièrement portée par la digression, qui va et s'égare, distrait pour mieux faire penser.

Mais en même temps, il y a chez lui ces bouffées de violence, ce sentiment aigu d'être attaqué de toutes parts par des ennemis invisibles qui l'entraîne à se déchaîner, perdant la mesure, à la surprise de ses amis. C'est pourquoi ces années 1523-1525 sont si passionnantes dans son œuvre, car elles mélangent tant les pamphlets contre Hutten, la diatribe avec Luther que les *Paraphrases* sur les Évangiles ou des textes de piété comme la *Precatio dominica in septem portiones distributa* ou le *Modus orandi Deum*.

Jacques Chomarat avait admirablement montré comment de l'antithèse entre vérité et violence pouvait naître la pensée si originale d'Érasme sur la tolérance. Le professeur de la Sorbonne qui fut un des grands érasmiens du siècle dernier a bien compris le rapport très complexe qu'entretenait Érasme avec la notion d'hérésie. Gardant sans cesse à l'esprit que Dieu jugerait les hommes, il n'a eu de cesse de vouloir condamner l'erreur, pas l'hérétique. Les pages iréniques que l'on trouve dans les préfaces à la *Paraphrase selon saint Matthieu* sont à cet égard parmi les plus belles que l'on trouve chez l'humaniste. Je crois que s'il a pu stigmatiser avec une acuité si aiguë les méfaits de la violence, c'est parce qu'il ressentait bien souvent cette méchante sœur, la colère, s'emparer de lui, pour ne plus le quitter avant qu'il n'ait vidé quelques encriers, dût-il combattre des fantômes…

Alexandre VANAUTGAERDEN
Musée de la Maison d'Érasme

DEUXIÈME PARTIE

ESTHÉTIQUE,
LA BELLE ÉNONCIATION DU VRAI

À VRAI DIRE

La poésie, les poètes, dans le *Commentaire au livre de la Sagesse* de Robert Holkot

> Et si le désir de gloire les pousse à se croire savants, d'aller à l'école écouter des professeurs, de lire des livres, de veiller, d'apprendre, d'aller voir les salles où l'on dispute, pour éviter de se précipiter trop vite vers le doctorat, qu'ils se rappellent le précepte par lequel Pythagore mettait en garde ceux qui entraient dans son école pour y parler de philosophie : quel nul n'ouvre la bouche avant d'avoir écouté pendant cinq ans. Quand ils auront eu cette louable conduite et acquis le titre bien mérité, alors ils pourront s'ils le veulent, se montrer en public, discourir, débattre, argumenter, critiquer, pousser leurs contradicteurs avec vigueur. Agir autrement, c'est faire preuve non de sagesse, mais de folie[1].

Pour ne pas laisser ici toute espérance d'entrer dans la conception et la pratique de poésie tel qu'il perce du *Commentaire au livre de la Sagesse* d'un dominicain anglais du milieu du quatorzième siècle, Robert Holkot, il faut braver l'interdit pythagorico-boccacien.

---

1   Boccaccio, *La généalogie des dieux païens*, p. 32 (trad. française légèrement modifiée). « *Et si hac glorie cupiditate agitantur, ut sapientes existimentur, scolas intrent, audiant preceptores, libros evolvant, vigilent atque discant, et palestras disputantium visitent, memores, ne festini in doctoratum evolent, pictagorici instituti, quo cavebatur ne quis scolas eius intrans locuturus de phylosophicis os aperiret, antequam per quinquiennum audisset. Quod cum laudabiliter fecerint, et in bene meritum titulum venerint, si libet, in medium prodeant, predicent, disputent, redarguant et castigent, atque acri spiritu suis redargutoribus instent ; aliter autem fecisse, non ostentatio, sed dementie est.* Genealogia deorum gentilium*, XIV, III, 7-8, p. 1366-1368.

N'en déplaise à tous les apologues de l'aphasie et de la connaissance silencieuse, on écrit à la pointe extrême de son ignorance, toujours sur la ligne blanche qui sépare la différence et la répétition ; dans l'équilibre instable de l'historien de la philosophie, soumis au branle entre le travail de la pensée abstraite soumis au risque du flou temporel, cette prétention à l'intemporalité de l'objet apatride, le même intellect pour tous les êtres humains de tous les temps, et l'exigence morne de l'inscription, du façonnage banal de l'humain qui atteint même, ô stupeur iconoclaste, le vieux reliquat sacré, le pli intime de l'être, le lieu de production des idées.

Une enquête sur « dire le vrai » au Moyen Age n'irait certainement pas interroger la poésie. L'historien n'ignore pas que le vrai, *verum*, possède un sens technique médiéval très précis qui peut à la rigueur donner à penser à un philosophe et, en positiviste, il sait aussi le fait de l'historicité des régimes de vérité. Mais, d'autre part, à la lecture d'un texte célèbre, il tend à interroger la différence entre le vrai et la vérité. Il est avéré que de nos jours, les philosophes se tordent les méninges pour échapper à la Vérité et inventent des concepts comme « vérifacteurs », « véridictions » et d'autres concepts very-chics. On peut sans doute renoncer à la vérité sans abdiquer la notion de vrai, sans tomber dans un relativisme épistémologique infrangible. Nietzsche lui-même y invite à propos de la morale : « Par delà le Bien et le Mal, cela du moins *ne veut pas* dire : par-delà le bon et le mauvais[1]. » Le vrai : cette substantivation de l'adjectif ne fait pas oublier, à mon sens, la dimension relative de l'adjectif. Cette dimension entraîne à penser la vérité en relation, en contexte, par opposition à une vérité qui serait absolue et qui ne souffrirait d'aucune adjectivation. La topologie scientifique médiévale, celle des *Divisions des sciences* invite d'ailleurs à ce rapprochement. En effet, à la suite d'Aristote et des *Analytiques Postérieures*, plusieurs manières de raisonner sont confrontées et ordonnées sur une échelle intensive. Il y aurait donc des degrés de vérité ou mieux des régions de vérité, voire des *loci* plus vrais les uns que les autres. Mais la gradation impliquée par l'échelle, le grade de vérité assigné par le dispositif classificatoire, semblent devoir logiquement signifier cette contextualisation de la vérité. Qu'on ne s'y trompe pas, l'arbre des sciences médiéval est néanmoins

---

1   Nietzsche, *Généalogie de la morale*, 1ère dissertation, § 17, 1971, p. 249 (trad.). « *Jenseits von Gut und Böse…dies heisst zum Mindensten nicht "Jenseits bon Gut und Schlecht"* », *Zur Genealogie der Moral*, 1968, p. 302.

hiérarchisé et ne ressemble en rien à la merveilleuse prolifération anarchique des rhizomes.

LA POÉTIQUE MÉDIÉVALE

Avant d'en venir au commentaire de Robert Holkot, il importe de préciser rapidement le contexte intellectuel qui dessine le cadre médiéval et conceptuel de la poésie[1].

Au Moyen Âge, dans un certain sens, la poésie dit vrai, elle met à nu, elle révèle, plus même : elle réfléchit les comportements humains. Elle dit les mœurs (*mores*), elle fait donc partie intégrante du discours *moral*. Selon le mot d'Averroès dans son *Commentaire moyen à la Poétique*, elle porte à notre considération (*consideratio*) la *credulitas* (les croyances) et la *consuetudo* (les comportements) des hommes[2]. Elle loue ou elle blâme les actions humaines. Ce sont d'ailleurs ses deux régimes discursifs, la *laudatio* ou la *vituperatio*. Par son objet et par son genre, il est donc parfaitement légitime de faire ressortir la poésie médiévale de l'éthique dont Gilles de Rome définit le régime discursif ainsi : *grosse* et *figuraliter*[3]. Comme l'éthique porte sur des actions, elle touche à la contingence humaine et il n'est pas possible d'en faire une science, c'est-à-dire un genre discursif auquel s'applique la démonstration. C'est pourquoi, elle est *grosse*, approximative et doit procéder avec des figures, des exemples, des métaphores. Sous cet aspect, la poésie est donc la langue de l'éthique. Elle vise avant tout à la persuasion, et spécialement à la persuasion par l'exemple.

La division des sciences, au XIIIᵉ siècle, assigne à la poétique une place précise et mineure, qui, notons-le définitivement, ne recouvre pas exactement le champ de la poésie[4]. Thomas d'Aquin, par exemple, dans

---

1 Il est entendu que notre étude est limitée au champ scolastique et à la poésie écrite en latin. Pour une approche plus large, voir Zinck, 2003.

2 Aristoteles Latinus, XXXIII, p. 43-44.

3 *De regimine principum libri III*, ed. Roma 1601, f.° 2-4 (aussi accessible sur gallica.bnf.fr). Par ailleurs, voir Krynen, J., 1993, p. 183.

4 Bernard Silvestre au XIIᵉ siècle proposait une division des sciences selon quatre parties principales : *sapientia, eloquentia, poesis, mecania*. La *poesis* étant celle qui extirpe le vice en insufflant

son prologue aux *Analytiques postérieures*, classe les différents niveaux de raisonnement du plus sûr au plus douteux. La poésie suit la rhétorique, mais précède les sophismes. L'office du poète est toutefois aussi lié à l'éthique, « *nam poete est inducere ad aliquid virtuosum per aliquam decentem representationem*[1]. » Dans le *Commentaire aux Sentences*, quand le saint napolitain demande « *utrum modus procedendi sit artificialis* », il établit que la théologie « *quae est verissima* » s'éloigne le plus de la poésie, car la poésie procède par métaphores[2]. En effet, la poésie porte sur des choses « *quae propter defectum veritatis non possunt a ratione capi*[3] ». Pour lui, la poésie souffre donc d'un déficit de vérité qui engendre une impossible rationalité, à l'exact opposé de la quête dionysienne du silence.

Les poètes procèdent donc par fables qui peuvent soit voiler la vérité, à l'interprète de la dévoiler, soit la travestir et incliner au mensonge. D'ailleurs, si la théorie de l'*integumentum* décline au XIIIe et XIVe siècle, c'est peut-être sous l'influence de l'assimilation de la poésie au mensonge[4].

Les poètes et la poésie font partie des quarante erreurs dénoncées par Thomas Bradwardine dans son *De causa dei*. En effet, les poètes

---

de la vertu (*poesis extirpat vitium inserens virtutem*) [in Martianum Capellam, attribué à Bernard Silvestre, éd. dans : Silvestre, B. (?), 1977, appendix C, p. 131]. Si la poésie est rangée du côté de l'éthique, elle recouvre une place de choix puisqu'elle constitue à elle seule un des quatres genres du savoir. Elle ne se subdivise pas non plus. Pour une étude et une typologie des différentes assignations de la poétique dans le champ du savoir, voir Dahan, 1980.

1 Aquin (d'), Thomas, *Expositio libri posteriorum*, I, 1 (proemium), p. 7, l. 116-118 (Léonine). Les notes abondantes (p. 6-7) donnent les lieux parallèles et les références à d'autres œuvres et auteurs qui traitent de la classification de la poésie et de son mode de raisonnement. Ceux qui philosophent à partir de l'histoire, de la destination historiée, d'un terme comme « *mimesis* » ou « représentation », prendront plaisir à noter que c'est « *representatio* » et non pas « *imitatio* » qui traduit « *mimesis* » (« *verbo "representatio" Hermannus mediante verbo Arabico, mediante verbum Aristotelis* μίμησις *reddit quod rarius reddit verbo "imitatio"* » Léonine, p. 7, note aux l. 116-118).

2 *Scriptum super libros sententiarum*, I, prol., a 5, arg. 3 (Mandonnet). La métaphore doit aussi épargner la philosophie. Elle ne ressortit pas à la philosophie. « Nam philosophia ex propriis docere debet » et non pas par un transfert de sens qui implique une ouverture à l'impropable. *Commentaire à la Métaphysique*, I, 15 n. 7 [231] (Marietti).

3 *Sentences*, I, prol. A 5, ra. 3 (Mandonnet).

4 Pour l'*integumentum* (le voile), voir Jeauneau 1957. Et pour une définition, le commentaire de Virgile attribué à Silvestre, B., éd. citée, p. 3, l. 14-19 dont M. Zinck (2003, p. 96) donne une traduction partielle (l. 14-16). Augustin distinguait pourtant clairement entre la fiction du mensonge afin de sauver les métaphores bibliques [*Contra mendacium*, XIII, 28, par exemple, *cf.* Minnis/Scott avec Wallace, 2003, p. 207-212]. En lisant la définition de *fabula* dans le *Commentaire au songe de Scipion*, I, 2 (éd. Armisen-Marchetti), on mesure le chemin parcouru, notamment en lisant Siger. Faut-il imputer un aristotélisme moins sensible que le platonisme à la *fabula* ? [Dronke, 1974]

menteurs sont punis de cacher Dieu aux hommes intelligents (*homines studiosii*) ou aux autres hommes[1].

Siger de Brabant est aussi catégorique dans sa condamnation de la dissimulation de la vérité qui prend à son contact des couleurs philosophiques ; la poésie, la raison fabulatoire, ne peut être du ressort du philosophe qui entend parler des choses divines[2]. En effet, la persuasion par métaphores est le mode le plus bas de persuasion (p. 117, l. 16-21). En outre, les fables tendent à cacher la vérité, alors que la philosophie doit s'efforcer de la rendre manifeste aux autres (*ibid.* 21-25). Enfin, la poésie induit en erreur, car elle fait prendre les fables non pour un cache de la vérité, son impression, mais pour la vérité elle-même (*ibid.* 25-28). Toutefois, le régime discursif poétique est toléré s'il permet de comprendre quelque chose sans commune mesure (*improportio*) avec notre intellect (*ibid.* 31-32) ou si le maître en use comme une stratégie rhétorique afin que ses élèves puissent accéder à la vérité (*ibid.* 37-40). Cette position implique une condamnation sévère de la poésie du point de vue rationaliste, celui de l'homme qui philosophe (*philosophans*). La première restriction émise par le maître belge pointe d'ailleurs cette délimitation. On ne peut s'empêcher de penser à une allusion aux matières de foi, pour autant qu'elles fussent incomparables à notre intellect, et même si les mises au point sur l' « averroïsme latin », expression nécessairement entre guillemets invite à la prudence[3]. De façon paradoxale, ce qui pour Siger confine à la condamnation, devient dans le texte d'Holkot capital. Effectivement, la poésie, païenne par ailleurs, peut parler des plus hautes vérités de la foi, comme le jugement dernier, ainsi que nous le verrons.

Albert le Grand est plus nuancé dans son approche de la poésie. Dans son commentaire à la Métaphysique, il s'interroge sur ce passage du livre I intéressant les relations entre poésie et théologie[4] et où Aristote

---

1 *Tres libri de causa Dei contra Pelagium et de virtute causarum ad suos Mertonenses*, I, conclusio XIX, p. 14 (éd. Saville) : « *Puniantur poetae mentientes Deum hominibus studiosiis vel aliis invidere.* » Le texte s'appuye sur le « proverbe » de la *Métaphysique* (I, 2, 983a 3) : « *multa mentiuntur poete* » (*Aristoteles Latinus*, rec. Guillelmi, ed. Gudrun Vuillemin-Diem, 1995)

2 Nous citons les *Quaestiones in Metaphysicam*, la question [17] : « *utrum philosophantibus competat loqui de divinis fabulose ?* » qui porte sur Aristote, *Métaphysique*, III, 4, 1000 a 18-19 (éd. Maurer 1983). Voir le passage parallèle chez Albert le Grand, *Metaphysica Libri quinque priores*, l. 3, tract. 2, c. 10 *de quaestionibus vigesima et vigesima prima*, p. 127, l. 16 *sq.*

3 Cf. Imbach 1991.

4 Curtius, 1986, I, p. 43-353 (« Poésie et théologie »), spécialement p. 347-350, qui rappelle le passage du prologue des Sentences que nous venons de citer. Voir aussi Aquin (d'),

présente le *philomuthos*. Albert, faisant référence à la *Poétique* (c. 25, 1460a 11-12), revendique les fables comme incitation à la philosophie[1]. La poésie donne à philosopher (*poesis modum dat philosophandi*) comme les autres sciences logiques, bien que ces dernières donnent des preuves (*dant probandi*)[2].

Dans sa remarquable étude sur la *Poétique*, Gilbert Dahan distingue finalement deux manières de concevoir la poétique, l'une ordonne la poésie à différents savoirs, l'autre inspirée de et de Jean Buridan peut se définir « comme une "logique de la morale"[3] ». Il semble décidément possible d'aborder la conception poétique médiévale sous les angles les plus divers, la dimension éthique de la poésie *im*plique tout discours.

A lire les citations poétiques dans le *Commentaire au livre de la Sagesse* de Robert Holkot, il devient évident que la poésie médiévale n'a rien à voir avec une certaine conception moderne de la poésie mâtinée de romantisme et de la geste fondatrice de Mallarmé[4]. Elle n'est pas une exaltation du sentiment qui s'exprime dans un langage autotélique. La poésie médiévale est conçue comme une éthique dans le sens où elle montre l'exemple à suivre, aux hommes qui *l'entendent* (Zumthor). Elle ouvre à une vérité éthique « qui ne doit pas être méprisée même si elle est contenue dans un écrin de vanité ». Le poète est un *auctor*, c'est-à-dire une personne digne de confiance – il est même parfois un *vates*[5] – Et discréditer l'homme, c'est anéantir l'œuvre. D'où la florescence des *Vitae* diverses – et des *Morts* – qui servent en quelque sorte de témoin de moralité. Pour le dire grossièrement, *grosse*, l'objet de l'art n'étant pas indépendant du sujet de l'art, l'artiste, la finalité de l'art rejaillit sur celle de l'artiste. L'*exemplum* ou l'anecdote racontée par Holkot sous le masque de Martial nous le suggère :

Généralement nul faiseur d'art ne peut se rendre à son art dans les ténèbres, sans risque d'erreur. C'est pourquoi Martial au livre 5 des

---

Thomas, *Commentaire à la Métaphysique*, I, 3, 4. 11 [55] et I, 4 15 [83] (Marietti) où Thomas développe le texte aristotélicien qui fait des poètes, les « *primi famosi in scientia* ».

1   Les poètes produisent la fable « *ut excitet ad admirandum et quod admiratio ulterius excitet ad inquirendum et sic constet philosophia* », *Metaphysica Libri quinque priores*, l. 1, tract. 2, c. 6, p. 23, l. 0-54.

2   *ibid*. l. 58-60.

3   Dahan 1980, p. 182-3.

4   Allen 1972, p. 32.

5   Orphée, par exemple, Zinck, 2003, p. 123.

Epigrammes raconte l'anecdote d'un peintre critiqué par un convive qui lui demande pourquoi, bien qu'il ait peint des images tout à fait belles, il a engendré des fils tout à fait laids. Le peintre répondit en blaguant que cela tenait au fait qu'il avait procréé dans le noir et peint en pleine lumière. C'est pourquoi l'auteur dit : On rapporte que Gaba le bon peintre a peint des hommes beaux et a engendré deux hommes laids. Le convive lui dit : « Je m'étonne Gaba que tu sois plus doué en peinture qu'à faire des hommes. Gaba répondit qu'il ne devait pas paraître surpris : Je peins en pleine lumière et je fais des hommes la nuit[1]. »

HOLKOT, POÈTES, CITATIONS, DESCRIPTION

Dans son *commentaire au livre de la Sagesse,* Holkot cite les poètes à profusion. Il marque ainsi sa différence avec ses prédécesseurs et avec ses contemporains. La présente étude n'a pas d'autre ambition que de tenter rendre compte de cette nouveauté à l'aide de quelques hypothèses. Nous commencerons par une approche quantitative des citations poétiques afin de jeter sur notre propos un voile d'objectivité, une sorte d'*integumentum objectivale* et les comparerons à deux autres illustres commentateurs de ce livre biblique avant de continuer de nous pencher sur trois textes qui

---

1   Lectio 195, p. 641, éd. Bâle 1586. Toutes les citations du texte d'Holkot, abrégées par la suite ainsi : l. 195, 641, proviennent de cette édition. C'est la plus courante et elle permet même de faire entrer Robert Holkot, dominicain mort en 1349, dans les limites chronologiques de ce colloque. Je n'ai pas pu identifier la citation présentée sous le nom de Martial. Sur Sg 17, 21, *graviores erant tenebrae.* Les ténèbres sont identifiées au péché. « *Primo ergo tenebrae corporales sunt causa erroris et deceptionis. Unde qui ambulat de nocte faciliter cadunt* »,Ioh. 12 [35] : « *Qui ambulat in tenebris, nescit quo vadit.* » « *Et generaliter nullus artifex in tenebris potest ire ad artem suam sine erroris periculo.Unde Martialis in epigram. libro 5. pictor quidam redargutus a quodam parasito, quare cum pulcherrimas imagines depingeret, turpissimos tamen generaret filios. Ille respondit trufando, dicens quod hoc esset ideo, quia generaret in tenebris et pingeret in luce. Unde autor dicit sic : Gaba bonus pictor homines pinxisse decoros/ Fertur et indecoros progenuisse duos./ Non debet mirum respondit Gaba videri./ Pingo die clara, nocte viros facio/* ». Sur le lien entre beauté et génération, on peut aussi ajouter cette anecdote : *Narrat Augustinus « contra Iulianum lib. 5 [5, 14, 51 PL 44, col. 813] et 2. Retractionum cap. 62 [CCSL 57, p. 139, l. 16-22] quod rex quidam Cypri deformis specie thalamum suum sive cubiculum fecit depingi imaginibus pulchris, ut per earum aspectum uxor sua pareret pulchram prolem.* » [L. 115, p. 387]

résument les divers traits de l'idée et de la pratique de la poésie qu'opère Holkot, sa conception de la poésie, le plaisir esthétique qu'elle procure et enfin sa dimension théognomique. Mais il n'est peut-être pas inutile de commencer par présenter brièvement ce commentaire.

Mort sans pouvoir lire *Le Décameron*, puisqu'il est décédé en 1349 lors de la grande Peste, Robert Holkot est un dominicain anglais qui a enseigné à Oxford, vraisemblablement de 1336 à 1338, et à Cambridge, même si ce séjour est moins bien attesté[1]. Son *commentaire au livre de la Sagesse* le rend célèbre au point que nous pouvons encore le lire dans près de 170 manuscrits et quelque dizaine d'impressions[2]. L'impression dont nous tirons les citations a été éditée à Bâle en 1586 par Jacob Rychner et elle s'étend sur 700 folios. Autrefois, cette immensité n'empêchait pas de lire et d'en apprécier l'exégèse biblique. Pierre Ceffons, par exemple, moine cistercien du milieu du XIVᵉ siècle qui lit ses *Sentences* au moment où meurt Holkot, exprime son admiration en ces termes : « Maître Robert Holkot qui a écrit sur *le livre de la Sagesse*, est un homme admirable de littérature et largement érudit dans les doctrines théologiques[3] ».

Mais au fond, qu'est-ce que le commentaire d'Holkot ? Il le définit lui-même comme destiné à l'éducation de ceux qui dirigent qu'ils soient princes, rois ou prélats. Il constituerait ainsi un pendant biblique à la littérature cléricale des miroirs des princes. Mais il peut aussi se définir comme une encyclopédie morale au succès massif. En effet, ce commentaire rassemble une masse de connaissance énorme qui porte tant sur le savoir médical ou astrologique, que sur les différents types de régime politique ou que sur des questions théologiques et dogmatiques, comme celle, par exemple, de savoir comment les âmes seront affectées ou purifiées par le feu de l'enfer et du purgatoire. Des tables et des index accompagnent les impressions et il existe même des manuscrits recensés qui ne contiennent que les tables et les index de ce brillant commentaire[4]. Une lecture superficielle des commentaires à la Sagesse d'Eckhart et du

---

1   Comme le dit si bien Smalley, Beryl, 1960, p. 203 : « *It is a curious fact that Robert Holcot had no 'classicing' successors in his own Order at Oxford, but three at Cambridge. This would be more understable if, as is suggested by other evidence [i. e 2 mss du commentaire à la Sagesse], he had passed on from Oxford to give his most popular lecture course to a Cambridge audience.* »
2   Je compte d'après Stegmüller 1955, Kaepelli 1980 et Sharpe 1997.
3   Trapp, F., 1957, p. 113 qui cite le ms Troyes 62, f. 98r.
4   Stegmüller, 1955, V, *s.v.* « Robert Holcot », n. 7416, 3 ; 7416, 4 ; 7416, 8 ; 7416, 10-12, etc…

Ps. Bonaventure manifeste l'originalité d'Holkot qui tient à la manière dont il investit ce livre biblique[1]. En effet, son commentaire s'étendrait sur près de 1500 pages dans une impression moderne, contre 150 au Ps. Bonaventure et une soixantaine pour Eckhart[2]. Ces comparaisons sont évidemment grossières, mais elles nous indiquent le sérieux avec lequel Holkot traite ce texte biblique. Son originalité ne tient pas que dans son extension, elle est aussi intensive. En effet, à part les *distinctiones*, de nombreuses questions, qui soulèvent un doute à propos de la lettre du texte biblique ou de son sens, parsèment le commentaire. Elles sont débattues assez profondément, mais de manière concise. Holkot mentionne les arguments *pro* et *contra*, les réfute si nécessaire, mais sans mener une enquête exhaustive. De plus, des *exempla* bibliques et non bibliques sont cités en nombre afin d'illustrer, de guider ou d'enjoliver le propos. Il contribue ainsi à certaine vulgarisation du savoir encouragée par la politique ecclésiale de cette époque[3].

Holkot cite plus de 200 fois des textes poétiques, comme vous l'indique le graphique reproduit en annexe. Pour mieux cerner ce résultat, il n'est pas inutile de comparer ces données avec celles obtenues d'un dépouillement du Ps. Bonaventure et de Maître Eckhart. Ces derniers sont choisis comme interlocuteurs privilégiés en raison de leur prestige comme commentateurs bibliques d'une part et ensuite, plus prosaïquement, parce que chacun peut les lire dans une édition accessible. Autant le dire sans ambage, ils ne citent pratiquement pas de poètes. En effet, le Ps. Bonaventure allègue les poètes en trois endrois, et Eckhart les mentionne douze fois. On voit donc corroborée notre présomption d'originalité.

Dans le graphique, ce que j'ai intitulé les « versus » frappent par leur nombre[4]. Ces vers anonymes que Beryl Smalley appelle des *jingles*

---

1   Hochheim (de), Eckhart, *Expositio super librum Sapientiae*. Le texte de Bonaventure (alias Jean de Varzy ?) est édité dans les *Opera omnia*, VI (Quaracchi).

2   Ce n'est qu'une approximation basée sur une hypothétique harmonisation des formats de ces textes. Elle ne sert qu'à donner une idée de la différence de volume de ces œuvres.

3   Boyle, 1962.

4   L'étude de toutes les citations poétiques ainsi que leur identification nous mènerait du côté de l'érudition du dominicain anglais. Ce dossier, très vaste, dépasse le cadre de cette étude, car il faudrait le traiter de pair avec les autres citations d'auteurs rares qui ne concernent pas la poésie. Il n'est pas aisé de donner un portait du paysage culturel (pré) humaniste anglais en l'état actuel de la recherche. La figure de Richard de Bury devrait par exemple occuper une place moins énigmatique dans ce portrait de groupe.

sont précieux pour leur dimension pédagogique[1]. Par exemple, quand Augustin explique dans ses questions[2] que le Christ n'a pas été un fœtus, mais qu'il a tout de suite eu tous ses membres, au contraire des enfants qui durant les six premières semaines de leur conception sont comme du lait, les neuf suivantes comme du sang, douze semaines de plus et la chair se solidifie, dans les dix-huit dernières, le reste se forme jusqu'à la perfection.

> *De ista sententia beati Augustini facti sunt verba : sex in lacte dies, tres sunt in sanguine trini/ Bisseni in carnem, triceni membra figurant[3].*

La dimension mnémotechnique de ces vers, ainsi que leur fonction de proverbe, n'est pas non plus à négliger, comme dans l'exemple suivant : « *nulla est non ardua virtus[4]* ».

A examiner ce graphique de plus près, plusieurs traits frappent. La confirmation de la prééminence d'Ovide et de Boèce ; Virgile, aussi, dont Boccaccio, à la suite du XIIe siècle fait le parangon du poète-philosophe, est bien présent[5]. En outre la présence massive de Martial, peu cité au Moyen Age[6], met en lumière l'érudition développée par ce dominicain anglais. Il n'est pas inutile de préciser qu'Holkot cite aussi des poètes médiévaux, son érudition ne méprisant pas la poésie de son temps[7]. Et enfin, il n'y a pas de poètes grecs connus, même pas Homère.

La conception de la poésie mise en œuvre par Holkot peut nous aider à comprendre cet intérêt saisissant pour les poètes, tout à fait inhabituel pour une œuvre exégétique, dans une société où la Bible occupe une place centrale. Nous verrons donc d'abord quelle est la place de la poésie dans le savoir humain. Puis nous constaterons que valoriser la poésie comme éthique n'en diminue pas pour autant son plaisir esthétique. Enfin, et peut-être, de manière plus troublante, nous lirons que des passages poétiques païens informent sur le jugement final.

---

1   Thorndike 1955 en donne quelques exemples qui ne recoupe toutefois pas les *versus* cités par Holkot.
2   Augustin, *De diversis quaestionibus octaginta diebus*, 56 (CCSL 44a), 1 6-9.
3   L. 89, 303
4   L. 109, 367
5   Voir Silvestre, Bernard, (?), éd. citée et Boccaccio XXXX
6   Maaz 1992 est le guide le plus sûr. Je n'ai pas connaissance de littérature scientifique portant sur les *Epigrammes* au XIVe s. et *a fortiori*, par rapport à Holkot.
7   Le *Philobiblion*, qu'il a sans doute écrit, en constitue d'ailleurs un bel exemple.

L'inscription de la poésie dans la topologie scientifique et plus spécifiquement sa relation à la théologie se lit dans un long développement qui s'articule autour d'une citation remaniée d'Augustin. En raison de son importance cruciale, transcrivons ce passage en entier, malgré sa longueur.

> On raconte donc dans cette leçon le jubilé ou la louange qu'ont donné à Dieu les fils d'Israël libérés d'Egypte ; et on propose quatre distinctions. Premièrement, la condition de ceux qui louent, deuxièmement l'intention de la louange, troisièmement l'auteur donne la raison de tant de joie, et quatrièmement la disposition de cette louange. En effet, ceux qui ont loué furent les justes parce que l'Ecclésiaste 15 dit : « Il n'est pas de belle louange dans la bouche du pécheur ». C'est pourquoi quant à la première distinction, il dit ceci : « Les justes dépouillèrent les impies » [Sg 10, 19], c'est-à-dire, la sagesse dirigeait le peuple d'Israël et pour cette raison ceux-ci dépouillèrent avec justice les impies. En effet, quand les impies ont été submergés et projetés vers le rivage, les fils d'Israël les ont dépouillés de leurs armes et de leurs biens, comme auparavant, sur ordre du Seigneur, ils les avaient dépouillés en emportant d'Egypte, leurs habits et leurs vases d'argent et d'or. C'est à cette histoire que fait allusion Augustin dans le deuxième livre de la *Doctrine Chrétienne*, au dernier chapitre lorsqu'il dit que « si par hasard, les philosophes, et surtout les platoniciens, ont soutenu des propos vrais et appropriés à notre foi, non seulement, il faut ne pas les craindre, mais aussi les leur réclamer pour notre usage comme à d'injuste possesseurs. De même que les Egyptiens avaient non seulement des idoles et imposaient de lourdes charges que le peuple d'Israël devait détester et fuir, mais qu'ils avaient encore des vases et des bijoux d'or et d'argent que le peuple d'Israël en sortant d'Egypte a réclamés sur ordre de Dieu pour en faire un meilleur usage, de même les enseignements païens contiennent non seulement des éléments supertitieux et superflus, mais encore les sciences libérales qui sont tout à fait appropriées à l'usage de la vérité. » De plus, ces préceptes sur les bonnes mœurs qui sont toutes choses, doivent être réclamés par les bons théologiens selon l'enseignement d'Augustin afin que la bonne philosophie obéisse à la théologie. C'est pourquoi, les théologiens doivent à un moment donné avoir étudié tant la philosophie que la poésie. Et on ne doit pas mépriser la vérité même si elle est contenue dans un écrin de vanité. Aussi, comme Virgile étudiant la poésie quelqu'un lui avait demandé ce qu'il faisait, il répondit : « Je ramasse l'or dans le fumier, c'est-à-dire je tire la sagesse de la poésie brute[1].

---

1 Leçon 135, d'après Bâle, 1586, p. 454, sur Sg. 10, 17-19. « *Narratur igitur in lectione ista de iubilo atque laude, quam Deo dederunt filii Israël liberati ab Aegyptiis, quatuor facit. Primo enim dicit laudentium conditionem, secundo laudis intentionem, tertio tantae iocunditatis assignat occasionem, et quarto istius laudis ordinationem. Illi nanque qui laudaverunt iusti fuerunt.quia Ecclesiast.* » 15 [9] : « Non est speciosa laus in ore peccatoris ». « Unde quantum ad hoc

Ce passage tout en montrant la *maestria* du maître dominicain me semble capital. Il expose clairement une certaine conception de la poésie comme *nécessaire* au théologien et il contient une affirmation qui me semble essentielle puisqu'elle réhabilite toutes les doctrines païennes : la vérité contenue dans un écrin de vanité ne doit pas être méprisée. Cette valorisation des lettres païennes apparaît d'autant plus clairement si l'on analyse le travail du texte. Preuve de l'habileté érudite, voire de son hardiesse intellectuelle et de son sens de l'humour[1], Holkot ajoute au texte d'Augustin, qu'il a par ailleurs soigneusement découpé, une autorité – Virgile, un poète total[2] –qui ammène ce passage à son climax et partant qui condense hyperboliquement le sens du texte augustinien. Le jeu de mots sur le sens du verbe « lego » intensifie encore davantage la richesse textuelle de ces quelques mots. Le réseau lexical désigne clairement la poésie. Le sens imposé au texte, loin de réduire la portée du « lego aurum… », la porte à son point zénithal, car rien de moins que la sagesse, enjeu de tout ce *Commentaire au livre de la Sagesse*, ne peut être tirée de la poésie.

---

dicit primo sic : *Iusti tulerunt spolia impiorum, ideo,* [Sg, 10, 19] *videlicet, quia sapientia direxit populum Israel, ideo ipsi iuste tulerunt spolia impiorum. Quando enim impii submersi sunt et proiecti ad litus maris.* » [Ex. 14, 27 ; 15, 4-5], « *filii Israel eos spoliaverunt armis et rebus quas habebant, similiter spoliaverunt eos ante asportando de mandato Domini vestes et vasa argentea et aurea de Aegypto. Huic historia alludit Augustinus 2 De Doctrina Christiana, cap. ult. Dicens* » : « *Quod si forte vera et fidei nostrae accomoda philosophi dixerunt, et maxime Platonici, non solum formidanda non sunt, sed ab eis tanquam ab iniustis possessoribus in usum nostrum vindicanda. Sicut enim Aegyptii non solum idola habebant et onera gravia, quae populus Israel detestaretur et fugeret, sed etiam vasa atque ornamenta de auro et de argento quae populus Israel exiens de Aegypto in usus meliores de praecepto Domini vendicavit, sic etiam doctrinae gentilium non solum superstitiosa et supervacua continent, sed scientias liberales aptissimas usui veritatis.* » *Et quaedam praecepta de bonis moribus quae omnia sunt a bonis theologis vendicanda secundum sententiam Augustini ut philosophia bona theologiae subserviat. Et ideo tam in philosophia quam in poetria debent theologi ad horam aliquam studuisse.* Nec est veritas contemnenda licet in theca vanitatis. *Unde cum Virgilius studeret in poetria et quidam ab eo quaereret quid faceret, respondit* : « *Lego aurum in stercore, id est colligo sapientiam de rudi poetria* ». Je souligne. Pour l'*exemplum* virgilien, voir Cassiodore, *Institutiones*, p. 14, l. 23-25 (ed. Mynors) : *Vergilius, dum Ennius legeret, a quodam quid faceret inquisitus respondit* : « *Aurum in in stercore quaero* ».

1   Smalley, 1960, p. 132 : « *No medieval moralist, and it is a large claim, ever had a stronger sense of humour* ». Il est vrai qu'il est rare, même sans être anglais, de rire aussi souvent lorsque l'on lit un texte d'exégèse, à tel point qu'on ne peut que souscrire à ses idées.

2   Par sa parole, il est magicien, architecte, etc. Voir Berlioz, 1985. A la suite des études magnifiques d'I. Rosier-Catach sur la parole efficace, il ne serait peut-être pas infructueux de lire les récits de la vie de Virgile à cette lumière, de même peut-être que le conflit théologie-poésie.

En outre, comme un coup de théâtre, l'étude de la poésie est revendiquée comme partie intégrante du *cursus* théologique au même titre que la philosophie. Dans la citation augustinienne, rien ne semblait devoir impliquer, outre la philosophie, la poésie. En effet, la citation d'Augustin met explicitement en jeu des philosophes, « et surtout des platoniciens », et les sciences libérales. Elle est traditionnellement lue dans ce sens. Par exemple, Abélard qui, pour justifier son usage de la dialectique et des philosophes païens, s'appuye sur cette autorité, citée par ailleurs *in extenso*, explique très bien que le rejet de la poésie n'engage en rien la philosophie ni la grammaire, c'est-à-dire la dialectique et la rhétorique[1]. En alléguant diverses autorités contre la poésie – toutes, comme par hasard, présentes dans le décret de Gratien[2] – le sens de la réflexion de l'amant d'Héloïse indique bien le dédain, voire le rejet, de la poésie. On ne peut manquer de s'en étonner quand par ailleurs, on le sait très favorable aux auteurs païens et écrivains de beaux poèmes, pour ne pas parler de lettres. Ces passages interviennent dans la *Theologia* « *scolarium* » contre ceux qui méprisent la dialectique et les arts séculiers (*contra quos dialecticam et seculares artes calumpniantur*)[3]. Ainsi la poésie n'apparaît-elle pas soluble dans la doctrine. De son côté, quand Holkot doit défendre les enseignements des philosophes (*doctrina philosophica*) comme utiles à l'étude de l'écriture sainte, car sinon, comment réfuter les philosophes et les hérétiques qui la mettent en doute ?, il s'emploie aussi à alléguer ce même passage d'Augustin qui sert cette fois à justifier l'usage du monde philosophique[4].

---

1 C'est l'opinion d'Isidore rapportée brièvement dans la *Theologia christiana*, II, 124 et lect. Abaelardi (CCCM 12, 2 et dans la *Theologia' scolarium'* II, 25 (CCCM 13).

2 Gratien, I, 37, 1-15 (Fr. 135-140). On aurait aimé connaître leur relation textuelle, mais les éditeurs, pudiques, n'en disent rien.

3 éd. citée, II, 19-35. Voir aussi *Theologia christiana*, II, 116-129.

4 L. 96, p. 325 : « *Tertia propositio quod quibuscunque religiosis sacrae scripturae et etiam cuilibet intendere licet studio doctrinae philosophiae. Istud patet sic. Cui licet principale, licet omne illud quod praecipue confert ad illud. Sed ad defensionem sacrae scripturae tam contra philosophos quam contra haereticos praecise conferuntur dicta philosophorum, ergo licet ista studere ad defensionem sacrae scripturae. Frustra aliquis efficeretur miles si sibi interdicerentur arma sua. Unde Augustinus De doctrina christiana 2, cap. 4 : "Philosophi autem qui vocantur, si qua forte vera et fidei nostrae accomoda philosophi dixerunt, et maxime Platonici, non solum formidanda non sunt, sed ab eis tanquam ab iniustis possessoribus in usum nostrum vendicanda." Et ponit exemplum quod sicut populus Aegyptus de quibus recesserunt filii Israel habuerunt idola quae filii Israel detestabantur, habuerunt etiam vasa aurea et ornamenta quae filii Israel mutuabant de praecepto divino et ea in usus proprios convertebant. Ita doctrinae gentilium quae licet quaedam supervacua contineant.*

Pour revenir à notre passage, Robert Holkot opère un véritable montage textuel de la citation du *de Doctrina christiana*. Cette sertissure ne tend pas à souligner les traits qui accablent la culture païenne présents dans le *De doctrina christiana*. Ainsi la mention du mauvais usage des biens par les Egyptiens disparaît-elle et l'auditeur ou le lecteur ne lit plus « *ipsis aegyptiis nescienter commodantibus eo quibus non bene utebantur*[1] ».

---

habent tamen multa utilissima veritati inquirende. » Tout le passage est consacré à l'importante question : *utrum liceat religiosis intendere studio scripturarum.* J'en proposerai une édition dans ma thèse. La citation produite porte sur la troisième conclusion. Noter aussi la métaphore militaire, car le corpus stratégique et militaire, Frontin, Végèce, les exploits militaires des militaires romains narrés par Valère Maxime, par exemple, occupent une place importante dans ce commentaire à la *sapientia Salomonis*. Il serait intéressant à la suite de M. Detienne de comparer l'incomparable et d'esquisser quelque parallèle avec la pensée chinoise qui fait de la stratégie une pointe extrême de l'esprit.

1 Augustin *De doctrina christiana*, II, 40, 60 (CCSL 32, IV, 1, l. 1 28). J'utilise cette édition qui sert de base à la nouvelle édition corrigée de la Bibliothèque augustinienne dont j'indique entre [...] l'amélioration proposée et qui ne comporte pas d'apparat critique. J'indique en italique ce qui est cité par Holkot : « *Philosophi autem qui vocantur, si qua forte vera et fidei nostrae accomodata dixerunt, maxime Platonici, non solum formidanda non sunt, sed ab eis etiam tamquam ab iniustis possessoribus in usum nostrum vindicanda. Sicut enim Aegyptii non solum idola habebant et onera gravia, quae populus Israel detestaretur et fugeret, sed etiam vasa atque ornamenta de auro et de argento et vestem, quae ille populus exiens de Aegypto sibi potius tamquam ad usum meliorem clanculo vindicavit,* non auctoritate propria, sed praecepto Dei, ipsis Aegyptiis nescienter commodantibus ea quibus non bene utebantur, *sic doctrinae omnes Gentilium non solum* simulata et superstitiosa figmenta gravesque sarcinas supervacanei laboris habent, quae unusquisque nostrum duce Christo de societate Gentilium exiens debet abominari atque vitare [devitare] *sed etiam liberales disciplinas usui veritatis aptiores* et *quaedam morum praecepta* utilissima continent deque ipso uno Deo colendo nonnulla vera inveniuntur apud eos quod eorum tamquam aurum et argentum, quod non ipsi instituerunt, sed de quibusdam quasi metallis divinae providentiae, quae ubique infusa est, eruerunt et, quo perverse atque iniuriose ad obsequia daemonum abutuntur, cum ab eorum misera societate sese animo separat, debet ab eis auferre Christianus ad usum iustum praedicandi evangelii. Vestem quoque illorum, id est, hominum quidem instituta, sed tamen accomodata humanae societati, qua in hac vita carere non possumus, accipere atque habere licuerit in usum convertenda christianum. » Les différences : « Les Egyptiens eux-mêmes leur ayant prêté, par ignorance, des biens dont ils faisaient un mauvais usage. Les enseignements (*doctrinae*) contiennent des fictions (*figmenta*) mensongères et superstitieuses et un lourd bagage de peine inutile que chacun de nous sortant sous la conduite du Christ de la société païenne doit détester et éviter, mais ils contiennent aussi les disciplines libérales…dans lesquelles on trouve quelques éléments vrais (*nonulla vera*) à propos du culte du Dieu unique ; c'est là leur or et leur argent. Ils ne les ont pas inventées, mais ils les ont tirées, pour ainsi dire, des métaux de la providence divine qui a été répandue partout et dont ils abusent d'une manière perverse et illicitement pour en faire don aux démons. Mais quand un homme, par son intelligence, se sépare de leur misérable société, il doit une fois chrétien, leur enlever ces vérités pour les destiner à leur juste usage : la prédication de l'Évangile. (trad. BA modifiée)

Nous sommes mis sur la piste d'une dignité propre aux lettres païennes corroborée d'ailleurs par le *Decretum* de Gratien[1]. En outre, toute la fin de la citation originale est tronquée. Dans ces lignes, Augustin invite le nouveau converti « à se séparer, par son intelligence de la misérable société des païens et de leur enlever, une fois chrétien, ces vérités pour les destiner à leur juste usage : la prédication de l'Evangile. » Dans le paragraphe précédant, il soutient que leurs vérités, « ils ne les ont pas inventées, mais ils les ont tirées, pour ainsi dire, des métaux de la providence divine qui a été répandue partout et dont ils abusent d'une manière perverse et illicitement pour en faire don aux démons. » Ces passages, Holkot les tait. Mais vu l'énorme popularité de la *Doctrine Chrétienne* et de la métaphore du vol des Egyptiens, qui avec le récit du *Deutéronome* de la belle captive[2], constituent les deux métaphores médiévales incontournables dans l'exploration de la relation souvent tendue entre lettres païennes et doctrine chrétienne[3], on imagine raisonnablement que les auditeurs ou les lecteurs connaissaient la conclusion du docteur algérien de l'Eglise. Un autre passage est passé sous silence, qui assimile les enseignements païens à des « figmenta ». Nous comprenons désormais toute l'ampleur et l'importance stratégique de cette parole manquée. Ce silence permet de mesurer l'écart qui sépare les deux auteurs. Au XIVe siècle, la relation aux auteurs païens est moins conçue sous le signe du dépouillement que sur celui de l'enrichissement. Ainsi certains païens sont-ils loués pour la droiture de leurs mœurs[4]. A cet égard, en louant les femmes vertueuses, Holkot cite l'exemple de Porcia, fille de Caton,

> Porcia venait d'apprendre la mort de son époux Brutus et sa douleur cherchait les armes qu'on avait éloignées d'elle. « Ignorez-vous encore, s'écria-t-elle,

---

1   « *Sed seculares litteras quidam legunt ad voluptatem, poetarum figmentis et verborum ornatu delectati ; quidam vero ad eruditionem eas addiscunt, ut errores gentilium legendo destentur, et utilia, que in eis invenerint, ad usum sacrae eruditionis devote invertant. Tales laudabiliter seculares litteras addiscunt.* » *Dictum post Grat.*, I, 37, 8 (Fr. 138). Il est piquant de constater que Robert Holkot réalise pratiquement le vœu de Gratien puisque la poésie désigne un chemin de compréhension des vérités de la foi, comme nous le verrons.

2   Dt 21, 11-14. Holkot rapporte d'ailleurs ce *locus* dans sa version standard, c'est-à-dire hiéronymienne, tout de suite après la citation de la *Doctrina christiana* dans le passage cité ci-dessus qui revendiquait les enseignements philosophiques (*doctrina philosophica*) pour l'étude biblique. L. 96, p. 325.

3   Zinck 2003, p. 7-40 en donne un aperçu patristique.

4   Minnis 1982 en donne une excellente idée à partir de textes scolastiques et littéraires, plus spécialement p. 31-60.

qu'on ne peut interdire la mort à personne ? Je croyais que la fin de mon père vous l'avait appris ». Elle dit et d'une bouche avide elle avale des charbons ardents. Va donc, foule importune, lui refuser le fer[1].

En outre, Holkot déclare explicitement qu'une vérité même contenue dans un écrin de vanité (*theca vanitatis*) ne saurait être méprisée. Quant à la poésie, elle doit être étudiée par les théologiens au même titre que la philosophie. Comme je l'ai déjà souligné, elle enseigne les comportements humains qui sont toutes choses (*quae omnia sunt*), et il est nécessaire que les théologiens les connaissent s'ils veulent discourir sur les péchés. C'est pourquoi, dans ce commentaire, on n'est pas étonné de lire plusieurs fois cette anecdote :

> Gellia a perdu son père. Elle ne le pleure point quand elle est seule : survient-il quelqu'un, les larmes jaillissent à son commandement. Point d'affliction, Gellia, chez celui qui recherche les éloges : la douleur véritable est celle à laquelle on se livre sans témoins[2].

Mais encore, et plus profondément, la poésie n'est pas en rupture avec la théologie. Ces deux domaines ne constituent pas deux pôles antagonistes. Leur relation est double. Elle est à la fois inclusive, mais aussi dialectique. Holkot conclut en effet l'exemple de Balaam et Josaphat par une citation de Martial :

> L'homme de bien étend pour lui-même la durée de la vie : c'est vivre deux fois que de pouvoir trouver du charme à sa vie antérieure[3].

L'originalité de cette position, qui trouve dans la poésie des enseignements moraux, ressort encore plus nettement de la comparaison que l'on peut faire avec un contemporain qui accorde lui aussi une place essentielle aux écrits classiques dans ses réflexions. Thomas Waleys est

---

1 L. 182, 599. Martial, I, 42, éd. Teubner. Sauf indication contraire, les citations de Martial sont fidèles. « *De Porcia. Coniugis audisset fatum cum Porcia Bruti,/ Et substracta sibi quaereret arma dolor :/ Nondum satis, ait, mortem, non posse negari./ Credideram satis hoc, edocuisse patrem./ Dixit et ardentes avido bibit ore favillas/ Dum nunc et ferum turba molesta negat.[nega].* »

2 L. 139, 471, Martial, I, 33, 1-4. « *Amissum non stet [flet] sola est Gellia patrem/ Si quis adest, iussae prosiliunt lachryme./ Non lugeat quisquis laudari Gellia quaerit/ Ille dolet vere qui sine teste dolet.* »

3 L. 54, 193, Martial X, 23, 7-8. « *[Avant exemple de Balaam et Josaphat. Et ideo narrat Val. Martialis lib. 1 de quodam Anthonio sene qui computare potuit XV Olympiades…] Ampliat aetatis spacium sibi vir bonus, hoc est./ Vivere bis, vita posse priore frui.* »

notamment connu pour son rôle dans la polémique de la vision béati-
fique et pour ses commentaires sur les dix premiers livres de la *Cité de
Dieu* et son commentaire des *Psaumes*. Il diffère de Robert Holkot en
attachant une importance quasi exclusive à la dimension historique,
presque « scientifique » des textes classiques. « Il développe un intérêt
pour les textes eux-mêmes[1] », sans y chercher un enseignement moral.

La poésie est donc digne de figurer au même titre que la philosophie
dans l'étude de la théologie. Plus même, si l'on sait la lire, on peut y
trouver des pépites de sagesse.

Lire de la poésie c'est aussi, et même au Moyen Age, éprouver un
plaisir esthétique. Il est évident qu'elle n'est pas toujours orientée *ad
veritatem*, mais aussi *ad voluptatem*, comme le dit ce texte :

> Ceci est le propre de la grâce. L'action de grâce est cette rétribution et comme
> un sacrement en ceci qu'elle ne peut accorder de rétribution à l'honneur ou
> à la valeur. « On doit offrir ses services en retour à celui qui nous a fait une
> grâce », c'est-à-dire le servir en le récompensant du bénéfice reçu. De là, les
> poètes inventent des fables non pour la vérité, mais pour le plaisir, ont créé
> la fiction qu'il existait trois sœurs appelées les Grâces, comme le raconte
> Sénèque au premier livre des *Bienfaits*[2].

Sans autre indication, on pourrait interpréter la clausule « *non ad
veritatem, sed ad voluptatem fabulantes* » en lui adjoignant une portée
universelle, avec un fort relent platonicien, comme si les poètes créaient
toujours des mythes non pour dire une vérité, mais pour le divertissement, voire pour induire en erreur[3]. En bonne logique, cela revient à dire

---

1 Smalley 1960, p. 154.
2 L. 186(185), 612. « *Hoc enim proprium gratiae. Est etiam actio gratiarum quaedam retributio et
quasi quoddam sacramentum in eo quod non potest retribuere ad honorem vel valorem. Refamulari
oportet ei qui gratiam fecit, id est, ei servire in recompensatione collati beneficii* [Aristote, *Éthique
à Nicomaque*, V, 1133a 4-5]. *Hinc Poetae non ad veritatem, sed ad voluptatem fabulantes*, tres
sorores esse finxerunt, quae Gratiae nominabantur, sicut narrat Seneca de beneficiis lib. 1
[*Des bienfaits*, I, III, 9] ».
3 Le lien entre poésie et institution des dieux est extrêmement fort au Moyen Age. Faut-il
rappeler que la « poétique » de Boccaccio se trouve dans deux livres d'un ouvrage intitulé
La généalogie des dieux païens (Genealogia deorum gentilium) ? La deuxième partie du livre
de la Sagesse (chap. 10-19) consiste en une relecture de l'Exode qui donne l'occasion de
dénoncer les fausses croyances et les vraies idoles. Holkot ne manque pas l'occasion de
développer son savoir mythographique [voir Allen 1963]. Il rappelle la condamnation
des poètes de Platon dans une version moins connue. Les poètes inventent et propagent
des superstitions qui sont tout juste bonnes à être proférées par des petites vieilles,

que le but de la poésie serait de divertir. Néanmoins, l'usage du plaisir insiste parfois dans notre corpus. Au contenu éthique de la poésie mise en valeur, s'ajoute aussi le plaisir esthétique qui inspire néanmoins des remords à l'exégète. Ainsi Holkot cite-t-il Pierre Riga et son *Aurora*, sorte de récit biblique versifié extrêmement populaire au Moyen Age, et ajoute-t-il comme pour se dédouaner : « Il y a beaucoup d'autres vers sur lesquels je passe, afin de ne pas sembler avoir allégué l'autorité des poètes de manière plus large que celle des prophètes. Pourtant au sujet des prêtres et des curés, Pierre Riga ajoute ces vers qu'il convient au moins d'avoir entendu[1]... »

Tous les poètes ne sont pas à condamner. Certains ont même inventé des fables *ad veritatem*. Et pas n'importe quelle vérité. Celle qui touche les plus hautes vérités de la foi.

En 1277, l'évêque Etienne Tempier condamne un certain artistotélisme en fulminant 219 thèses dans un geste qui n'a pas fini de provoquer l'hystériographie contemporaine. La thèse réprouvée n. 152 (183) soutient que : « Les discours du théologien sont fondées sur des fables[2]. » Cette thèse ne serait pas imputable à Siger de Brabant[3]. Le livre I de la *Métaphysique* est d'ailleurs justement invoqué dans la discussion sur

---

des *vetulae*. Mais à la différence de celle de Boccace, celle d'Holkot ne promet aucune rémission à la poésie : « *Sed praeter ista multas alias superstitiones adinvenerunt poetae, sicut narrat Platon in libro, qui dicitur physis* [non identifié]. *Antiqui namque sylvicolae et pastores, rationes et positiones datas ab hominibus ad usum vivendi, a divina gratia colebant pro diis, sicut agriculturam, vindemiationem et seminationem et huiusmodi. Postea poetae causa lucri et favoris easdem artes sive scientias membratim effigiaverunt et propriis nominibus distinxerunt ; vocantes scientiam colendi agros Cererem, scientiam colendi vineas, Bachum, actus etiam humanae libidinis Venerem vocaverunt. Et sic superstitiones secundum Servium* [II, l. 8, ad vers. 187, p. 226 l. 17] *a vetulis, ultra consuetudinem humane vitae superstitibus. Tales enim vetustissimae vetulae iam decrepitae et delirae, talium numinum et fictionum inventrices fuerunt.* » L. 165, p. 518.

1   L 46(45), 177. Et il s'en suit une dizaine de vers en plus de six qu'il venait de citer. « *Multi autem versus elegantes ponuntur quos transeo, ne videar poetas allegasse diffusius quam prophetas. Tamen de quibusdam presbyteris et curatis subiungit versus quos expedit saltem semel audisse et sic dicit* ». Une source intermédiaire pourrait être Brito (Guillaume le Breton) qui cite ces vers, *s. v.* presbyter, éd Daly.

2   éd. D. Piché, 1999 : « *quod sermones theologici fundati sunt in fabulis* ».

3   *Cf.* Maurer, 1981, p. 526, la condamnation de cette thèse était dirigée « *however erroneously* » contre Siger de Brabant. Comme nous l'avons lu plus haut, Siger établit que des fables peuvent être employées dans le cas où des intelligibles (*intelligibilia*) sont suréminents. Tout dépend de l'interprétation de ces *intelligibilia* « *excellents* ». Maurer y voit une allusion à la « Première Cause » et renvoit au *Livre des causes* (p. 520). Il n'est pas sûr toutefois que cette interprétation soit la seule valable, car partant du Ps. Denys, on pourrait peut-être tirer de cette condition d'usage de la fable une interprétation plus théologique.

la dimension théologique de la poésie. Si la poésie est principalement conçue sous le régime de l'éthique (*ethice supponitur*), elle sera aussi revendiquée comme théologie dans l'Italie de la fin du XIIIe et du XIVe siècle de Mussato et de Boccacio[1]. Quant à Holkot, il ne l'affirme pas aussi nettement. Il ne mentionne pas explicitement la thèse d'une origine divine de la poésie, par exemple[2]. Mais une citation poétique peut néanmoins *dire vrai* sur les plus hautes vérités de la foi, comme le jugement général et dire la même chose qu'un texte biblique. Ce poète n'est pas Boèce ou Virgile, mais Ovide. En effet, Ovide raconte dans le quinzième livre des *Métamorphoses* que

> c'était une coutume antique que d'employer des cailloux blancs ou noirs, ceux-ci pour condamner les accusés, ceux-là pour les absoudre. En effet, ce fut la coutume ou la manière de procéder que la sentence d'un jugement fût prononcée par un signe, et non par un mot. En effet, l'urne était vidée devant tout le peuple et si l'accusé devait être absous, elle contenait des cailloux blancs et s'il devait être condamné, des cailloux noirs. De la même manière, dans le jugement général, chacun videra son urne, à savoir sa propre conscience, dans laquelle il a mis lui-mêmes les pierres de la sorte qu'il voulait, c'est-à-dire les actions pénibles et la persévérance perpétuelle quant au mérite et à la faute. Et s'il verse des pierres blanches, il sera sauvé, si ce sont des pierres noires, des péchés, il sera condamné. Nahum, au chapitre 2, dit des damnés : « le visage de ces hommes sont comme la noirceur de l'urne funéraire[3].

---

1 Curtius, infra. Un lointain prédécesseur de ce chemin serait-il Jean Scot Erigène ? *Cf.* P. Dronke, 1977. Voir aussi la réélaboration géniale de Garin, Eugenio, 1969, p. 46 : « Mais si l'*intelligere* est l'ascèse philosophique qui aboutit à la théologie ou, mieux, si c'est une philosophie qui est théologie, cet acte de foi, qui est l'expérience m'eme de Dieu, est, à proprement parler, la vision profonde célébrée dans le chant du poètes "sacré". Le poète révèle en quelque sorte l'entrée en contact de l'homme et du divin, pour autant qu'elle puisse être traduite en termes de communication humaine. Et le philosophe est le seul qui élucide, explique et commente cette vision. Il est symptomatique que le point de départ soit l'Ecriture sainte et que la Bible soit la plus haute poésie, le Livre, l'œuvre de création par excellence, le grand poème de l'Artiste Créateur qui l'a placé auprès de cet autre poème qu'est le monde. »

2 Comme le fait Boccaccio, *Gen. de. gen.*, XIV, 7, 7 (éd. p. 1402 ; trad. p. 44).

3 L. 187, 616. Narrat Ovidius, *Métamorphoses* XV, 41-42, *quod « mos erat antiquus niveis atrisque lapillis,/ his damnare reos, illis absolvere culpas [culpa] ». Mos enim sive modus fuit sententiam proferre signo, non voce, quia si accusatus debeat absolvi, effundebatur et urna coram toto populo aliqui lapilli albi et si debuit damnari, nigri. Eodem modo in iudicio generali quilibet fundet de urna sua, id est de conscientia propria, lapides quales ipsemet immisit, id est, opera dura et in perpetuum perseverentia, quantum ad meritum vel reatum. Et si fundat opera alba, salvabitur, si nigra peccata, condemnabitur. Naum. 2 [10] dicitur de damnatis : « Facies hominum sicut nigredo ollae » (hominum] omnium).*

On lit donc ici explicitement le lien entre Ovide et le jugement général, dans une allégorie non plus morale, mais doctrinale. Plus précisément, c'est comme si l'éthique ouvrait à une dimension doctrinale dans une sorte de dépassement théologique de l'Ovide moralisé. Ce n'est en effet pas un hasard, me semble-t-il, si la citation d'Ovide est introduite par les mots : « *mos erat…* ». Il est quand même saisissant que ce soit Ovide qui explicite, développe et rende compte de la citation biblique de Nahum, par le développement, l'*extegumentum*, de Holkot. En l'état actuel de la recherche, il est impossible de connaître les réactions qu'ont pu provoquer cette implication mutuelle de la théologie et de la poésie. On peut noter que certains éditeurs du texte ne s'y tromperont pas et souligneront l'importance des poètes dans cette exégèse anglaise jusqu'à les rendre digne de figurer dans le titre de l'œuvre : « *continens postillam accurate ac summa enucleatione elaboratam : cum singularibus questionibus ad omnem materiam tam scolasticam atque disputabilem….non modo divinarum lecturarum verarum et philosophorum et famosorum poetarum ad easdem materias congruenter applicatas allegationes*[1] » Par ailleurs, il semble bien que les tenants de cette approche « classicisante » ont dû se justifier et répondre à la question : « *utrum theologis liceat allegere dicta philosophorum atque poetare*[2] ? » L'éditeur de 1489 avait déjà donné sa réponse.

CONCLUSION

Si la poésie est traditionnellement rangée sous l'éthique, c'est qu'elle dit vrai sur les actions humaines. En tant que telle et même si une certaine tradition préfère insister sur son mode infime de connaissance, elle est nécessaire à la théologie, la théologie ne peut se passer d'elle, d'autant plus au moment où la dimension pastorale (efflorescence *Summae*

---

1   s.l. 1489 (accessible sur gallica.bnf.fr). Ce n'est pas la seule édition qui inclut les poètes dans son titre. Ce phénomène fait penser aux « vies des philosophes » qui, parfois, deviennent « vie des philosophes et des poètes ».

2   Smalley, 1960, p. 341, en commentaire aux Lamentations de John Lathbury, (notons en passant que John déclare commenter les *Lamentations*, car son prédécesseur avait commenté le *Cantique des Cantiques*). Voir surtout la célèbre question de Ceffons, Pierre, qui constitue la question 3 du prologue de son *commentaire au livre des Sentences*, ms Troyes 62, f. 12va-15va.

confessorum, etc…) devient prégnante, mais nécessaire aussi à la philosophie, aimerions-nous ajouter, même si la poésie est aussi occasion de divertissement de la delectatio, non morosa, dont Boccacio se méfiait. En outre, elle peut à l'occasion montrer et manifester des vérités de foi. La valorisation des lettres classiques, des auteurs rares au Moyen Age comme Martial, la conception même d'une culture intellectuelle imprégnée jusqu'en ses plus hautes vérités du legs antique, tous ces éléments, nous inclinent à réfléchir sur l'humanisme anglais du XIVe siècle et dessinent un programme de recherche vaste et complexe dont la poésie ne représente – au sens de *mimesis* ? – qu'un aspect.

En guise de conclusion, on pourrait réciter la longue litanie des auteurs qui emboîteront le pas aux interprètes qui trouvent dans la littérature païenne des allégories morales et qui montrent la continuité de cette pratique exégétique. En lieu et place, cédons avec plaisir la parole à un écrivain philosophe du 16è siècle dans son prologue destiné aux très illustres buveurs et autres vérolés très précieux :

> A l'exemple d'icelui [le chien], vous convient être sages, pour fleurer, sentir & estimer ces beaux livres de haulte gresse, legiers au prochas, & hardis à la rencontre. Puis, par curieuse leçon, & meditation frequente, rompre l'os, & sucer la substantifique mouelle – c'est-à-dire ce que j'entends par ces symboles Pythagoriques –, avec espoir certain d'être fait escors et preux à la dite lecture. Car en icelle bien autre goût trouverez, & doctrine plus absconce, que vous revelera de tresaults sacrements & mysteres horrificques, tant en ce que concerne notre religion, que aussi l'état politique & vie oeconomique.
> Croyez-vous en votre foi qu'oncques Homere écrivant l'Iliade & l'Odysée, pensât es allegories, lesquelles de lui ont beluté Plutarche, Heraclides Ponticq, Eustatie, & Phornute, & que d'iceux Politian a dérobé ?
> Si le croyez : vous n'approchez ni de pieds ny de mains à mon opinion, qui decrete icelles aussi peu avoir été songées d'Homere, que d'Ovide en ses Metamorphoses les sacrements de l'Evangile : lesquels un frere Lubin, vrai croquelardon, s'est efforcé de demonstrer, si d'aventure il rencontrait gens aussi fols que lui et (comme dit le proverbe), couvercle digne du chaudron.
> Si ne le croyez : quelle cause est, pourquoi autant n'en ferez de ces joyeuses et nouvelles chroniques[1] ?

En effet, « tels sont les pseudo-philosophes qui s'arrogent et s'attribuent les travaux des autres, les questions, les traités et les compilations des savants qu'ils comprennent à peine. Ils n'ont rien en propre, sinon qu'ils

---

1   Rabelais, François, *Gargantua*, prologue (éd. Defaux).

récitent en les empirant des idées dont ils ont dépouillé leurs auteurs. Des gens de cette sorte, il en exista un bougre nommé Fidentinus dont Martial se moque joliment dans le premier livre des *Epigrammes*. Ce Fidentinus qui avait appris par cœur les livres de Martial, alors qu'ils étaient à peine publiés, se les attribua et les lut à ses disciples même s'il ne les avait pas compris parfaitement. Ces derniers le critiquant, Martial écrivit à ce propos ceci : "Les vers que tu lis au public sont de moi, Fidentinus, mais quand tu les lis si mal, ils commencent à être tiens"[1]. »

A vrai dire, le lecteur contemporain ne peut chercher à s'attribuer, ni à réciter le projet intellectuel de Robert Holkot, ses idées et sa pratique de la poésie, mais espérer, du moins, entre exigence philosophique et nécessité historique, ne pas l'avoir trop mal lu.

Emmanuel BABEY
Université de Neuchâtel

---

1   L. 212, 695, Martial, I, 38 [dernière leçon] « *Tales sunt nonnulli pseudophilosophi qui sibi arrogant et attribuunt labores aliorum, quaestiones, tractatus, et compilationes studiosorum, quas vix intelligunt. In quibus nihil habent proprium nisi quod peius recitant talia quam fuerant ab autoribus compilata. Qualis fuit ille Fidentinus, quem lepide deridet Martialis Cocus Epigrammaton libro 1. Iste Fidentinus libros quos Martialis ediderat, dum recentes erant, surrupuit et discipulis suis legit et tamen eos perfecte non intellexit. Repraehentes ergo eum super hoc Martialis sic scribit : Quem recitas meus est o Fidentine libellus,/ Sed male dum recitas, incipit esse tuus.* »

BIBLIOGRAPHIE

ABÉLARD, Pierre, *Theologia christiana*, éd. Eligius M. Buytaert, Turnouht, Brepols (Corpus Christianorum Continuatio Mediaevalis 12, 2), 1979.

ABÉLARD, Pierre, *Theologia "scolarium"*, éd. Eligius M. Buytaert et Constantin J. Mews, Turnouht, Brepols (Corpus Christianorum Continuatio Mediaevalis 13), 1987.

ALBERT LE GRAND, *Metaphysica Libri quinque priores*, ed. Bernhardus Geyer dans *Opera omnia*, XVI, 1, Monasterii Westfalorum,Münster, 1960.

ALLEN, Judson Boyce, *The Ethical Poetic of the later Middle Ages*, Toronto/ Buffalo/ London, University of Toronto, 1982.

ALLEN, Judson Boyce, *Mythology in the Bible Commentaries and Moralitates of Robert Holkot*, Baltimore, Johns Hopkins University, thèse, 1963 (consultable à la British Library).

AQUIN Thomas d', *Expositio Libri Posteriorum*, éd. altera retractata Léon-Antoine Gauthier, dans : *Opera omnia, iussu Leonis XIII P.M. edita*, I*, 2, Roma/ Paris, Commission Léonine/ Vrin, 1989.

AQUIN Thomas d', *In metaphysicam Aristotelis commentaria*, éd. M.-R. Cathala, Turin, Marietti, 1935.

AQUIN Thomas d', *Scriptum super libros sententiarum magistri Petri Lombardi episcopi parisiensis*, éd. nova P. Mandonnet, Paris, Lethielleux, 1929

AUGUSTIN D'HIPPONE, *Contra Iulianum pelagianum*, Patriologia Latina, 44.

AUGUSTIN D'HIPPONE, *De diversis Quaestonibus octoginta tribus*, éd. Almut Mutzenbecher, Turnhout, Brepols (Corpus Christianorum Series Latina 44A), 1975.

AUGUSTIN D'HIPPONE, *De doctrina christiana*, éd. Joseph Martin, Turnhout, Brepols (Corpus Christianorum Series Latina, 32, IV, 1), 1962.

AUGUSTIN D'HIPPONE, *La doctrine chrétienne*, trad. Madeleine Moreau, Paris, Institut d'études augustiniennes (Bibliothèque augustinienne 11, 2), 1997.

AUGUSTIN D'HIPPONE, *Retractationum libri II*, éd. Almut Mutzenbecher, Turnhout, Brepols (Corpus Christianorum Series Latina 57), 1984.

AVERROES, *Averrois expositio* Poeticae *interprete Hermanno Alemmano seu Poetria Ibinrosdin*, éd. Lorenzo Minio-Paluello dans : *Aristoteles Latinus*, XXXIII, éd. altera, Bruxelles/ Paris, Desclée de Brouwer, 1968.

BERLIOZ, Jacques, « Virgile dans la littérature des exempla (XIIIᵉ-XVᵉ siècles) » dans : *Lectures médiévales de Virgile, Actes du Colloque organisé par l'École française de Rome (Rome, 25-28 octobre 1982)*, Rome, École française de Rome, (coll. de l'École française de Rome, 80), 1985, p. 65-120.

BOCCACCIO, Giovanno, *Genealogia deorum gentilium*, éd. Vittorio Zaccaria dans : *Tutte le opere di Giovanno Boccaccio*, ed. Vittore Branca, Milano, Mondadori, 1950, VII-VIII, t. 2.

BOCCACCIO, Giovanno, *La généalogie des dieux païens. Livres XIV-XV (Un manifeste pour la poésie)*, trad. Y. Delègue, Strasbourg, PUS, 2001.

BONAVENTURE (Jean de Varzy ?), *Doctoris Seraphici S. Bonaventurae S.R.E. episcopi cardinalis opera omnia*, éd. studio et cura PP. Collegii a S. Bonaventura, Quaracchi 1893, t. VI.

BOYLE, Leonard Boyle, « The Constitution *Cum ex eo* of Boniface VIII », *Mediaeval Studies*, 24, 1962, p. 263-302.

BRADWARDINE, Thomas, *Tres libri de causa Dei contra Pelagium et de virtute causarum ad suos Mertonenses*, éd. Henry Savile, Londres, 1618.

Condamnation parisienne de 1277 (la), éd. et trad. David Piché avec la collaboration de Claude Lafleur, Paris, Vrin (Sic et Non), 1999.

CURTIUS, Ernst Robert, *La littérature européenne et le Moyen Age latin*, trad. J. Bréjoux, Paris, Agora, 1986, 2 vol.

DAHAN, Gilbert, « Notes et textes sur la *Poétique* au moyen âge », *Archives d'histoire doctrinale et littéraire du Moyen Age*, Paris, 47, 1980, p. 171-239.

DRONKE, Peter, *Fabula : explorations into the uses of myth in medieval Platonism*, Leiden/ Köln, Brill (Mittellateinische Studien und Texte 9), 1974.

DRONKE, Peter, « *Theologia veluti quaedam poetria* : Quelques observations sur la fonction des images poétiques chez Jean Scot » dans : René Roques (éd.), *Jean Scot Erigène et l'histoire de la philosophie*, Paris, CNRS, 1977, p. 244-252.

GARIN, Eugenio, *Moyen Age et Renaissance*, trad. Claude Carme, Paris, Gallimard (Tel 154), 1989.

GRATIEN, *Decretum Magistri Gratiani, Corpus Iuris Canonici*, éd. XX Friedberg, Graz, Akademische Druck, 1959, pars prior.

GUILLAUME LE BRETON (GUILELMUS BRITO), *Summa Britonis sive Guillelmi Britonis Expositiones vocabulorum* Biblie, éd. Lloyd W. Daly et Bernardine A. Daly, Padoue, Antenore (Thesaurus Mundi 15-16), 1975

HOCHHEIM, Hockhart de, *Expositio Libri Sapientiae*, éd. Heribert Fischer, Josef Koch, et Konrad Weiss dans : *Die deutschen und lateinischen Werke, Die lateinischen Werke*, t. II, éd. A. Zimmermann et L. Sturlese, Stuttgart/ Berlin/ Köln, 1992.

HOLKOT, Robert, *In librum Sapientiae regis Salomonis praelectiones CCXIII*, éd. Jacobus Ryter, Bâle, 1586.

JEANEAU, Edouard, « L'usage de la notion d'*integumentum* dans les gloses de Guillaume de Conches », *Archives d'histoire doctrinale et littéraire du Moyen Age*, Paris, 24, 1957, p. 36-43.

KAEPPELI, Thomas, *Scriptores Ordinis Praedicatorum Medii Aevii*, Roma, Ad. s. Sabinae, 1980, vol. III.

KRYNEN, Jacques, *L'empire du roi. Idées et croyances politiques en France XIIIᵉ-XVᵉ siècle*, Paris, Gallimard (Bibliothèque des histoires), 1993.

MAAZ, Wolfgang, *Lateinische Epigrammatik im hohen Mittelalter : literarhistorische Untersuchungen zur Martial-Rezeption*, Hildesheim/Zürich, Weidmann (Spolia Berolinensia 2), 1992.

MACROBE, *Commentaire au songe de Scipion*, éd. Mireille Armisen-Marchetti, Paris, Les Belles Lettres (CUF), 2001.

MARTIAL, Marcus Valerius, *Epigrammata*, après Wilhem. Heraeus éd. David R. Shackleton Bailey, Stutgart, Teubner (Bibliotheca scriptorum Graecorum et Romanorum Teubneriana 1531), 1990.

MAURER, Armand, « Siger of Brabant on Fables and Falsehoods in Religion », *Mediaeval Studies*, Toronto, 1981, 43, p. 515-530.

MINNIS, Alastair J., *Chaucer and pagan Antiquity*, Cambridge (Chaucer Studies), 1982.

MINNIS, Alastair J. et A. B SCOTT avec David WALLACE, *Medieval Literary Theory and Criticism, c. 1100-c.1375*, Oxford, Clarendon, 2003, réimpression (1998).

NIETZSCHE, Friedrich, *Zur Genealogie der Moral*, dans *Nietzsche Werke, kritische Gesamtausagabe*, Giorgio Colli et Mazzino Montinari, VI, 2, Berlin, 1968, Walter de Gruyter & Co.

NIETZSCHE, Friedrich, *La généalogie de la morale*, trad. Isabelle Hildebrand et Jean Gratien dans *Œuvres philosophiques complètes*, 1971, Paris, Gallimard.

RABELAIS, François, *Gargantua*, éd. Gérard Defaux (édition critique sur le texte de l'édition publiée en 1535 à Lyon par François Juste), Paris, Le Livre de Poche (Bibliothèque classique), 1994.

SHARPE, Richard, *A handlist of the Latin writers of Great Britain and Ireland before 1540* Turnhout, Brepols (Collection Publications of the Journal of Medieval Latin 1), 1997.

SIGER DE BRABANT, *Quaestiones in metaphysicam*, éd. Maurer, Louvain-la-Neuve, Éditions de l'Institut supérieur de philosophie (Philosophes médiévaux 25), 1983

SILVESTRE, Bernard (?), *The Commentary of the first six books of the* Aeneid *of Vergil commonly attributed to Bernardus Silvestris*, éd. Julian Ward Jones et Elizabeth Frances Jones, Lincoln/ London, University of Nebraska, 1977.

SERVIUS, Maurus Horonatus, *Servii grammatici qui feruntur in Vergilii carmina commentarii*, éd. Georg Thilo et Hermann Hagen, Leipzig, Teubner, 1882-1903.

SMALLEY, Beryl, *English friars and antiquity in the early fourteenth century*, Oxford, B. Blackwell, 1960.

STEGMÜLLER, Friedrich, *Repertorium Biblicum medii aevii*, Madrid, Consejo superior de investigaciones científicas, 1955, t. V.

THORNDIKE, Lynn, « Unde versus », *Traditio*, 11, 1955, p. 163-93.

TRAPP, Damasus, « Peter Ceffons of Clairvaux » *Recherches de théologie ancienne et médiévale*, 24, 1957, p. 101-154.

ZINCK, Michel, *Poésie et conversion au Moyen Âge*, Paris, PUF (Perspectives littéraires), 2003.

ARABUM MERCES

La poétique des mystères chez Sannazar

Un sommaire, même bref, du poème latin *De partu Virginis* (ou *De l'Enfantement de la Vierge*), composé par le Napolitain Iacopo Sannazaro (francisé en Sannazar depuis la *Défence et illustration de la langue françoyse* de Du Bellay) de 1506 à 1521 environ et publié à Naples en 1526, laisse voir sans peine son argument : la *renouatio temporum* et l'ouverture concomitante du nouveau *Magnus Annus* chrétien opérées par l'Incarnation. Bien mieux celée, en revanche, est la saisie gémellaire caractéristique de l'*inuentio* de ce poème : la célébration de ce renouvellement du monde advenu sous Auguste dissimule l'attente de son itération au début du XVIᵉ siècle sous les espèces impériales d'une diffusion de la foi dans tout le monde connu ainsi unifié. C'est dire pourquoi le *De partu Virginis* de Sannazar – un poème qui parut aussitôt aux contemporains résumer leurs acquis et leurs attentes – a sa place dans des débats sur l'expression linguistique, esthétique et doctrinale du vrai, en l'occurrence sur l'expression du vrai de nature religieuse, dans une langue littéraire par excellence (le latin classique) qui déclare nécessairement quelle part elle accepte ou refuse de son héritage du long temps des Lettres mais dans des formes littéraires, aussi, dont l'histoire modèle la doctrine même qu'elles ornent et magnifient.

Le hasard de la conservation des documents allié au goût britannique pour Naples au temps du Grand Tour eut dans le cas de Sannazar un effet extraordinaire : le manuscrit *Additional* 12058 de la British Library de Londres, parmi soixante autres lettres du Napolitain, nous en a conservé quatre qui enregistrent pour ainsi dire une partie des conversations académiques qui se tinrent de 1518 à 1521 entre le poète et quelques-uns de ses amis, invités à une révision critique du *De partu Virginis* typique de la conception chorale du loisir lettré et des travaux d'esprit dans les sodalités savantes dont le poète avait lui-même inventé l'allégorie, son *Arcadia*, achevée vers 1493-1494 et publiée en 1504 seulement à Naples. En effet, ces lettres qui cherchent à maintenir quelque chose de la parole

vive, allure naturelle de la vie lettrée, furent rédigées à Naples en mars
et en avril 1521 parce que Sannazar fut cette année-là contraint par sa
santé fort délabrée d'achever au moyen de la correspondance une relecture
commencée en 1518 et poursuivie jusqu'alors à l'occasion de voyages
entre Rome et Naples. Ces pages, d'autant plus rares que l'autocritique
littéraire y atteint une profondeur d'analyse sans commune mesure avec
les éloges réservés aux préfaces ou aux remerciements, justifieraient en
soi que l'on parlât de Sannazar dans ce volume car ce portrait vivant du
poète philologue classique, du plasticien et du musicien de l'hexamètre,
du poéticien, enfin, permet d'identifier les difficultés propres à l'expression
littéraire de la vérité religieuse chez le poète selon les trois points de vue
concomitants retenus pour le colloque dont on lit les Actes : l'un des
plus lettrés des humanistes juge en langue vulgaire de la langue d'un
poème latin accueilli triomphalement dans toute l'Europe savante, il
soupèse dans leurs moindres détails ses choix d'esthétique littéraire et
il a la conscience la plus aiguë des difficultés qu'il y a à concilier vérité
religieuse et fiction poétique dans un tempérament où les ornements
profanes font l'hommage de leurs beautés à la nudité des *sacra*.

Grâce à l'activité d'Antonio Seripando, secrétaire du cardinal Louis
d'Aragon à Rome de 1512 à 1519 et ami diligent qui lui transmet les
sentiments variés de ses censeurs bénévoles au nombre desquels il compte,
Sannazar répond donc aux avis qu'il a sollicités. Il le fait de façon circulaire
à l'intention de Pietro Bembo, alors sur la route du retour à Venise et
très lié à Sannazar depuis la publication des *Asolani* en 1505, mais aussi
à celle de Jacques Sadolet (Iacopo Sadoleto) évêque de Carpentras, alors
secrétaires pontificaux aux brefs dont deux rédigés par leurs soins sont
reproduits dans la *princeps* napolitaine du *De partu Virginis*. Ces mêmes
réponses sont également destinées à Antonio Tebaldeo tandis que Gilles
de Viterbe (Egidio da Viterbo), théologien éminence grise des papes de
Jules II à Clément VII, coryphée infatigable de la conciliation des Lettres
latines et grecques et de la théologie platonico-augustinienne auprès des
académies de Rome et de Naples où il noua une amitié très profonde
avec Sannazar dès 1498, bénéficie d'une correspondance particulière
avec le poète sur les questions proprement théologiques.

Dans la lettre III du 13 avril 1521, à l'intention de tous ses lecteurs,
Sannazar entend borner avec exactitude le champ laissé libre à la fiction poétique au regard de la vérité théologique. Il le fait à propos de

l'invocation aux Muses qui ouvre le poème (I, 8-18) entre deux prières
aux puissances célestes (I, 5-7) et à la Vierge (I, 19-32) : « Et dès le début
déjà j'y [*i. e.* la pensée qui me conduisit] fis allusion dans l'invocation aux
Muses car je ne voulais pas aller aussi nu qu'il a plu à beaucoup de faire
et que sans quelque grâce (*lepore*) poétique il ne me plairait pas de traiter
cette matière : il suffit que la Vierge ne soit pas appelée nymphe ni le
Christ fils de Jupiter ou Apollon, comme l'appelle Pétrarque : *Il baigna
ses membres apolliniens près de la rive du fleuve* ; cela, je crois bien pour ma
part que ce serait une erreur. Des choses qui ne nuisent pas à la religion
et se peuvent représenter sans scandale je ne me suis pas gardé, c'est au
contraire avec la plus grande attention que je les ai abordées, pour ne
pas faire qu'*un trouble, d'aventure, s'élevât dans le peuple* [...] », souligne-t-il
en faisant avec esprit l'application à sa propre position de poète qui se
défend d'avoir voulu jamais blesser la religion d'un verset de Matthieu
(26, 5) où les grands prêtres et les anciens du peuple décident en secret
avec Caïphe la mort du Christ deux jours avant la Pâque :

> *Nec minus, o Musae, uatum decus, hic ego uestros*
> *optarim fonteis, uestras nemora ardua rupes,*
> *quandoquidem genus e coelo deducitis et uos*
> *uirginitas sanctaeque iuuat reuerentia famae :*
> *uos igitur, seu cura poli seu uirginis huius*
> *tangit honos, monstrate uiam, qua nubila uincam,*
> *et mecum immensi portas recludite coeli :*
> *magna quidem, magna, Aonides, sed debita posco,*
> *nec uobis ignota : etenim potuistis et antrum*
> *aspicere et choreas, nec uos orientia coelo*
> *signa, nec eoos reges latuisse putandum est.* (I, 8-18)

« Vous aussi, ô Muses ! gloire des poètes, j'aurais aimé invoquer ici
vos sources, vos aplombs rocheux aux bois élevés : puisque vous tirez
votre origine du ciel, à vous aussi plaisent la virginité et le respect d'une
irréprochable réputation. Vous, donc, soit que le soin du ciel, soit que
l'honneur de cette vierge vous touche, montrez-moi une route par où je
puisse vaincre les nuées et ouvrez avec moi les portes du ciel immense.
Beaucoup, oui, je demande beaucoup, déesses d'Aonie, mais rien qui
ne me soit dû, qui ne vous soit connu car vous avez pu voir la grotte et
les rondes, les constellations se levant au ciel et les rois de l'Orient ne
vous ont pas échappé, je le pense ».

Cette prière aux Muses a subi de nombreuses réfections. L'allusion, dans le passage traduit, au *lepore poetico* indispensable à Sannazar pour qu'il traitât un sujet sacré s'entend rapportée à trois vers que l'état du texte en 1521 intercalait entre *famae* (v. 11) et *uos igitur* (v. 12). Le Napolitain y affirmait que les Muses l'avaient fait croître dans les arts libéraux afin que rien ne lui plût *sine pierio* […] *paratu*, « sans apprêt des Muses », dans une formule qui fut peut-être moins délaissée pour sa platitude autobiographique que pour son conflit latent entre les sœurs du Parnasse et la Vierge :

> *Quin et uitales uix dum me lucis in oras*
> *Exortum sic ingenuas aluistis ad artes,*
> *Ut sine pierio nil sit mihi dulce paratu.* (I, 11a-11c)

D'autre part, les vers 15 à 18 de la *princeps* traduits plus haut, où Sannazar affirme que les Muses purent voir la grotte de la Nativité, les chœurs célestes, les constellations se lever au ciel et les rois mages, portent en marge les mentions *deleantur* et *expungendi* dans les manuscrits autographes du poème, suppressions prévues un temps mais absentes des lettres de 1521 et abandonnées pour finir. Enfin, sur les deux mêmes manuscrits autographes, le second hémistiche du vers 17 ainsi que le vers 18 (« *nec uos orientia coelo / signa, nec eoos reges latuisse putandum est* »), où le Napolitain pose que les Muses cherchèrent l'Enfant comme firent les bergers de la Nativité, recouvrent un vers et demi venu de la *Christias* (un poème sur l'Incarnation, la Passion et la Résurrection, achevé en 1512-1513 puis transformé en chant I du *De partu Virginis* entre cette date et 1518) et selon lequel les déités du Parnasse n'eurent part à la joie des anges qu'après leur abandon du Parnasse et de l'Hélicon :

> *plaususque hausistis ouantes*
> *Cum iam Parnasso procul atque Helicone relicto.*

Qu'est-ce que ces « choses qui ne nuisent pas à la religion et se peuvent représenter sans scandale » et qu'il a « abordées » avec « la plus grande attention » ? Une théologie poétique, où la foi dans les vertus protreptiques des Muses, vierges célestes, est gagée sur les travaux qu'elles patronnent providentiellement sur le versant parnassien d'une montagne sainte dont l'autre a pour nom Golgotha et depuis laquelle elle comprirent au jour de la Nativité que les antres, les rondes et l'harmonie céleste propres à leur credo de la coopération des beautés (v. 16-18) étaient les types *ante legem* des antitypes chrétiens révélés dans la grotte de la Nativité, dans les chœurs des anges et l'étoile des Mages.

Sannazar a le sentiment des difficultés de cette foi aux Lettres et il recommande à Antonio Seripando de ne pas divulguer aux autres réviseurs la lettre II du 23 mars destinée au seul Gilles de Viterbe. Le poète y affirme son indépendance dans l'ordre propre des Lettres face aux *frati* : « *Ad quello che Vostra Signoria mi scrive di Monsignor Reverendissimo,* dit-il à Antonio Seripando qui lui a fait part d'un propos tenu par Gilles de Viterbe, *che io posso stare securo dei frati, dico che de le ansietà mie questa era la minima, et con quelle due parole che scrissi in ultimo bastava ad chiudere la boccha ad quanti sono, sapendo che io ad mio potere non mi ero scostato da l'evangelio* ». Ces « deux mots » forment l'avertissement dès ce moment-là prévu pour être imprimé avant le colophon de la *princeps* et où Sannazar s'en remet à l'Eglise pour ce qui relève du seul magistère théologique. Mais ce qui fait pour le poète tout le prix des avis de Gilles de Viterbe tient à la finesse lettrée de ce théologien qui confine à celle de Giovanni Pontano, maître de Sannazar qui l'avait loué dans son traité intitulé *Aegidius* (Egidio) : « *Volea da Sua Signoria Reverendissima quello che al creder moi niuno altro religioso mi pò dare, ché di quelli che io conosco solo essa, se è dotta ne le cose sacre, ne li studii nostri è exercitatissima, né da la buona memoria del Pontano expectaria io più saldo e desecato iudicio che da lei* ». Il attend impatiemment de lui en particulier une révision théologico-littéraire qui mette la méthode horatienne au service d'un examen de la vêture poétique du sujet sacré attentive avant toute chose à la place concertée des mots (*compositione*), à leur mélodie (*modo*) et à leur combinaison (*ordine*) : « *Recercava io quell'altra lima, et le liture di quella mano sarebbono in quel libro state per me stelle lucidissime, attento che, anchora che la materia sia di cose sacre, havendole io, così come ho possuto, scripte in verso, o bene o male che siano dette, la compositione, il modo et lo ordine son puro di poema.* » Au demeurant, les œuvres de Sedulius, de Juvencus, d'Arator et de Prudence démontrent qu'il fut possible d'être poète dans les premiers siècles chrétiens sans encourir de censure particulière de la part des moines (« *Che de essere securo da' frati, Sedulio, Iuvenco, Aratore et Prudentio lo hanno già assequito* [...] »). Aussi, que Gilles n'ose pas dire qu'il ne trouve pas de vers à reprendre chez Sannazar puisqu'il en trouverait chez Virgile même, qu'il connaît mieux que les poètes ne font (« *Non* è ergo *né* et *in Virgilio, che ella non l'habbia assai meglio notato che quanti semo, che facemo professione di tali cose* »).

C'est encore dans la lettre III du 13 avril 1521, en réponse aux observations de Jacques Sadolet surtout mais de Gilles de Viterbe et d'autres aussi, que Sannazar expose le plus nettement l'assiette particulière de son projet. En effet, Sadolet a fait part de ses doutes à propos du passage du chant III (338-485) où le Jourdain, au moment du Baptême du Christ dans ses eaux, se remémore l'ancienne vaticination de la vie du Messie par Protée, pendant à la prophétie de la Passion par le psalmiste au chant I afin que le *De partu Virginis* voie converger vers la Nativité au chant II les traditions biblique et classique. Conscient qu'il a inventé là une *fictio* typique de sa manière, il nous laisse pénétrer en la défendant dans le secret de sa conception poétique de la vérité théologique :

Circa il fatto di Proteo, vorria essere inteso ad bocca, ché con la penna non satisffò ad me medesmo. Feci scendere la Letitia a li pastori, cosa non detta da l'evangelio, benché non deviante da quello poi che si sa angelus che vuol dire, solo per non dare due volte fatica al nostro Mercurio in sì piccola opera. La medesma cagione mi indusse ad non fare che 'l propheta due volte parlasse per diverso che fusse, ché al parer mio saria stata vera povertà di ingegno e cosa tutta contraria a l'intento mio, che non penso in altro tanto, quanto in non dare fastidio ad chi lege ; et questo ad exemplo di Virgilio et di quelli che tenemo per boni, che si guardano di toccare sempre una corda nel leuto. Oltra che in questo ho eletto essere più tosto con Augustino [Ciu. Dei XVIII, 43] che con Hieronymo [Epist. LIII, 7, 3], il quale non piace che Virgilio possa vaticinare, anzi riferire il vaticinio d'altri, né che li septuaginta interpreti potessero havere lo Spiritu sancto. Io credo non errare, se tengo che Dio volse essere bandito da tutto il mondo, et se non che la medesma paura di generare fastidio mi detenne, più di sei altri vaticinii de le genti nostre ci haveria accomodati, et per uno, quello di Ovidio parlando di Augusto : Prospiciet prolem sancta de uirgine natam [Ovide, Mét. XV, 836, sic ; prospiciens… de coniuge]. El vaticinio di Cayphas si accepta, quia pontifex anni illius [Io 18, 13 ; 11, 49-51]. Proteo non possetti dire che fusse pontifice, ma, essendo chiamato vates [e.g. Georg. IV, 387] da' poeti, mi parse non inconveniente che come dio marino predicesse quelle cose ad un fiume. Et dire che Proteo sempre havesse detto il vero, non mi parea consono con la religione ; così, per temperare la fictione poetica et ornare le cose sacre con le profane, mi parse provederci con dire : mendax ad caetera Proteus, / hoc uno vera effudit carmine voces [DpV. III, 336-7] ; tanto più che Iordane dice esserli stato predetto molto tempo avanti e sempre che riservo che in questo disse il vero, non importa che nel resto sia stato mendace. Virgilio fa il contrario : Nanque mihi fallax haud ante repertus, / hoc uno responso animum delusit Apollo [VI, 343-44]. Se questa cosa se perpenderà bene et con che intento fu fatta, non parrà forse incongrua.

Protée est moins ici le symbole de la conjonction du temps humain et de l'éternité (conclusion d'une carrière ficinienne accomplie sur l'arc complet de l'œuvre vulgaire et latine de Sannazar) que l'allégorie du style mixte comme chez Denys d'Halicarnasse (*Dém.* V, 8, 2-3). Cependant la qualité de *uates*, que partagent, chez Sannazar, Virgile prophète du Christ malgré lui grâce à la Sibylle dans la tradition augustinienne et Protée, lorsqu'il y est contraint, dans la tradition virgilienne, justifie la fiction poétique, ce « mentir vrai » dont le poète veut « orner les choses sacrées ». L'affirmation sans détour de la nature providentielle des Lettres (« *Dio volse essere bandito da tutto il mondo* »), étendue depuis l'avenue classique de l'espérance humaine chez Virgile jusqu'à son modèle hébraïque saisi ici sous les espèces de la traduction grecque de la Bible dite des Septante, est poussée jusqu'à ses conséquences extrêmes : s'il n'avait craint de manquer à la *uarietas* il aurait détourné sans peine « *più di sei altri vaticinii de le genti nostre* » dont il eût fait d'autres prophètes involontaires. Il donne l'exemple d'Ovide : « [...] *Ovidio parlando di Augusto* : Prospiciet prolem sancta de uirgine natam ». Or le texte des *Métamorphoses* XV, 836 dit « *Prospiciens prolem sancta de coniuge natam* ». Loin de vouloir escamoter platement la *coniunx* (l'épouse) au profit de la *uirgo* (la vierge), le poète choisit de voir dans le groupe formé par Auguste (sujet de *prospiciens*), par Tibère (*prolem... natam*) son fils adoptif et par sa mère Livie épouse de l'empereur (*sancta de coniuge*) l'*adumbratio*, l'esquisse inverse, dans l'ordre humain, caduc et pécheur du pouvoir impérial, d'une vérité achevée par l'union de Dieu, de la Vierge et du Christ, né sous Auguste et mort sous Tibère. Pas plus qu'Ovide Caïphe n'était conscient de prophétiser mais on accepte qu'il ait pu le faire parce qu'il était pontife : « *El vaticinio di Cayphas si accepta, quia* pontifex anni illius ». *Quia* n'appartient pas au texte de Jean 18, 13 (« *qui erat pontifex anni illius* ») mais est l'un des exemples de l'emploi de mots latins dans la *lingua cortigiana mixte* dont use Sannazar dans sa correspondance privée. Il s'agit donc ici pour le poète (en renvoyant plutôt à Jean 11, 49-51) d'expliciter pourquoi on accepte d'ordinaire l'idée que le grand prêtre ait pu prophétiser : sa fonction religieuse y suffit comme suffit la qualité de *uates* chez Ovide pourvu que l'on postule chez l'un comme chez l'autre la présence agissante de l'Esprit Saint (*lo Spiritu sancto*) à l'œuvre chez les Juifs d'Alexandrie et chez le cygne de Mantoue. Or cette conception de la prophétie, pour n'être pas une innovation de la

Renaissance, prit une telle place dans l'herméneutique apologétique propre à la théologie de l'histoire conçue par Gilles de Viterbe dans son *Libellus de aurea aetate* en 1507-1508, développée dans son *Historia uiginti saeculorum* entre 1513 et 1518 puis parachevée dans sa *Scechina* rédigée à partir de 1530, que je suis tenté de retrouver dans cette page un écho de la correspondance ou des conversations privées de Sannazar et de Gilles sur ces sujets après que je l'ai trouvé dans la composition même du *De partu Virginis*.

En 1501, Bade Ascensius avait publié un commentaire de la IVᵉ *Géorgique* de Virgile dans lequel il exposait que le besoin de lier Protée signifie que les *uates* ne disent pas la vérité d'eux-mêmes mais contraints par l'Esprit-Saint, ainsi que le font voir, ajoute-t-il, les Écritures à propos de Balaam ou de Saül ou bien Virgile au sujet de la Sibylle au chant VI de l'*Enéide*. Il n'oublie pas que l'interprétation morale courante du mythe de Protée fait de ses métamorphoses l'image des difficultés que rencontre le philosophe en quête de la vérité. La fiction de Sannazar est d'une conception identique, comme peut le confirmer un exemple choisi parmi cent autres dans les lettres de mars-avril 1521. la Vierge, au pied de la Croix et dans son *planctus*, qualifie le ciel et les *sidera* de *crudelia* (I, 339-340) et Sannazar s'interroge dans la même lettre III afin de répondre aux doutes venus à Jacques Sadolet à propos de ces mots empruntés à Virgile et dont la reprise, loin de n'importer qu'au regard de l'imitation, fait de la mort de Daphnis et de la douleur de sa mère une sorte de double involontairement prophétique du Christ mort et de la Vierge en pleurs comme elle peut laisser croire que les constellations ont conspiré à la mort du Messie : « Crudelia dicit / sidera [I, 339-340] *da che fu fatto, mi diede dubio in quanto a la theologia, ché a la poetica stava bellissimo : Atque* deos astra vocat crudelia mater [*Buc.* 5, 23]. *Demandatone poi molti et molti scrupulosissimi theologi, non volsono che'l movesse. Non so se in quel che scriverà anchora il Reverendissimo Egidio, se'l passarà ma per che vedo non aggradare ad questo Signor* (c'est-à-dire Sadolet), *mi è occorso, parendoli, in loco di* sidera *ponere* pectora, *anchor che non dica tanto* ». Pas plus ici que dans le cas de Protée il ne s'agit du simple ornement de l'Évangile grâce aux beautés antiques. La prophétie latente chez Virgile est mise au jour dans ce qui resortit à une apologétique littéraire, non pas une théologie des poètes parallèle à celle de l'Église mais une pré-Révélation dont il est malaisé de percevoir les limites, tant l'intimité de Sannazar avec Gilles de Viterbe peut inciter à retrouver chez le poète un je ne sais quoi du Virgile kabbaliste involontaire et prophète des mystères chrétiens qu'inventa le théologien, en faisant de l'auteur de l'*Enéide* un disciple des Etrusques d'origine censément araméenne et en acclimatant la kabbale au profit de la théologie chrétienne. Parce que Sannazar entend peindre un paradoxe – des étoiles qui observent la mort de leur créateur – il n'abandonnera pas la leçon *sidera* dans la *princeps* et reçut très probablement le *placet* de Gilles de Viterbe pour cette façon de dire la vérité en *poeta theologus*. Le tissu évangélique sur lequel il brode est le plus souvent mince, aussi, « pour que se vissent » ses « difficultés et les pas à la suite desquels » il s'était « mis », il a porté dans les marges du manuscrit adressé à Antonio Seripando les citations de l'Ancien et du Nouveau Testament qui figurent en regard des vers du *De partu Virginis* sur les deux manuscrits autographes conservés. Or ce qu'il appelle ses « difficultés », pour nous en tenir ici au même exemple, se mesure avec netteté quand on constate qu'à la description de la Vierge au pied de la Croix et son *planctus* (I, 333-367) ne correspond qu'une seule citation (Io 19, 25) : « *Stabant autem iuxta crucem Iesu mater eius et soror matris eius Maria Cleophe et Maria Magdalene* ».

Comme je l'ai exposé ailleurs, la composition du *De partu Virginis* se ressent directement du traité inédit de Gilles de Viterbe intitulé *Historia viginti saeculorum* ou *Histoire des vingt époques du monde*. Cette théologie de l'histoire emprunte à la kabbale, dont Gilles fut l'un des tout premiers connaisseurs chrétiens, la scansion décimale propre aux séfirot et l'applique à l'exégèse des vingt premiers psaumes en organisant les *saecula* du temps humain sur un patron à la fois cyclique et eschatologique, afin de composer une apologétique où la Providence fait des cours parallèles de l'Église et de l'histoire une réverbération de la série séfirotique complète jusqu'à la plénitude de nombre dix : dix *saecula* jusqu'à l'Incarnation sous Auguste et dix autres jusqu'au pontificat de Léon X. Cette théologie historique, qui veut découvrir l'unité de la *theologia arcana* pythagoricienne, platonicienne et virgilienne dans une commune ascendance hébraïque censément transmise par les Étrusques (constamment appelés *Aramei* dans l'*Historia*) postule la *renouatio* de l'Église et l'Empire mondial de Rome chrétienne, une renaissance du premier dixième âge antique mais *sub specie christiana* cette fois-ci, renaissance dont Gilles affine le concept et qu'illustre le poème de

Sannazar, poème de la *renouatio temporum* et de l'ouverture du nouveau *Magnus Annus* comme je l'ai dit en introduction. Or, aiguillonné par les analyses de Rosanna Gorris Camos et de Jean-François Maillard, qui ont montré comment la première traduction française du *De partu Virginis* par le kabbaliste chrétien et disciple de Guillaume Postel Guy Le Fèvre de La Boderie, publiée à Paris en 1582 chez Abel L'Angelier, introduisait de nombreux thèmes typiquement kabbalistiques dans le corps du poème, j'ai analysé en ce sens plusieurs passages énigmatiques du poème latin. La scène du chant III (160-168), par exemple, où les bergers venus adorer l'Enfant se ceignent de feuillages, ornent le seuil de la grotte de la Nativité de guirlandes et y dressent plusieurs arbres parvient non seulement à évangéliser le laurier apollinien en l'associant, dans une théologie symbolique de l'art topiaire, aux essences entrées selon la tradition dans la composition de la Croix mais elle réussit aussi, en détournant les rites hébraïques comme font les kabbalistes chrétiens, à évoquer les liturgies juives des palmes (ou *lulab*) et de la Fête des Tabernacles (ou *Sukkoth*). La méditation de la *sukkah* (communément associée dans le *Zohar* à la séfirah inférieure, Malkut ou le Royaume, elle-même souvent assimilée à la Sékhinah), par le biais de nombreux avatars propres aux kabbalistes chrétiens et sous des formes, telle la Vierge Tente de lumière, que l'on peut reconduire au thème du Tabernacle, reçoit une grande attention dans l'*Historia viginti saeculorum*.

Les vers (I, 97-100) :

> …………………………………*affore tempus,*
> *quo sacer aethereis delapsus spiritus astris*
> *incorrupta piae compleret viscera matris,*
> *audierat.*

sont rendus (I, 173-176) ainsi par Le Fèvre :

> Car elle avoit apprins qu'un iour le temps viendroit,
> Que des Astres du Ciel l'Esprit saint descendroit
> Pour remplir le pur ventre, et Tente de lumière,
> D'une fille qui fust ensemble Vierge et mère.

Rosanna Gorris et Jean-François Maillard identifient là le thème kabbalistique du Pavillon et de la Vierge Tente de lumière, tabernacle de cette Présence ou Inhabitation de Dieu parmi les hommes que la kabbale nomme Sékhinah. Le traducteur ajoute au texte à l'évidence mais il n'est pas certain que le *De partu Virginis* ne donne pas raison à Le Fèvre en quelque manière car on n'a pas rapproché ces vers de ceux où la Vierge est comparée au Phénix après qu'elle a accouchée (II, 409-426) :

> [Ioseph] *uidet ipsam*
> *maiorem aspectu maiori et lumine matrem*
> *fulgentem, nec quoquam oculos aut ora mouentem*
> *sublimemque solo, superum cingente caterua*
> *aligera : qualis nostrum cum tendit in orbem*
> *purpureis rutilat pennis nitidissima phoenix,*
> *quam uariae circum uolucres comitantur euntem ;*
> *illa uolans solem natiuo prouocat auro*
> *fulua caput, caudam et roseis interlita punctis*
> *caeruleam ; stupet ipsa cohors plausuque sonoro*
> *per sudum strepit innumeris exercitus alis.*

« [Joseph] la voit comme grandie, cette mère fulgurante d'une lumière de grandeur, les yeux et le visage immobiles, élevée au-dessus du sol, entourée d'une troupe ailée de créatures célestes : tel, quand il se dirige vers notre monde, le phénix resplendissant rougeoie de ses ailes pourprées, lui que des oiseaux variés accompagnent alentour dans sa course. En volant, sa tête fauve d'un or natif défie le soleil, sa queue bleu sombre est mêlée de mouchetures roses, son cortège lui-même s'étonne et, d'un battement sonore, résonne au ciel serein la multitude aux ailes innombrables ».

Le Phénix, qui ne symbolise pas ici la Résurrection du Christ mais le retour du genre humain à la vie céleste dont la Vierge a le privilège sur tout autre, descend des cieux vers la terre sous les doubles espèces du paon et de la Sékhinah, à laquelle il emprunte ses feux coruscants, pour inaugurer la nouvelle Grande Année d'une humanité recréée.

Le thème kabbalistique du Jourdain, d'autre part, que Rosanna Gorris relève dans la traduction de Le Fèvre trouve un appui dans l'original même puisque la descente de la colombe de l'Esprit Saint sur le Christ lors de son baptême dans le Jourdain (*DpV.* III, 313-315) coïncide avec la remontée de ses eaux vers leur source (*ibid.* 317) car la colombe est l'un des multiples symboles de la Sékhinah, le flux des eaux du Jourdain vers l'aval ou leur reflux vers l'amont symbolise dans la kabbale la circulation de la Présence de Dieu sur l'échelle descendante et ascendante des dix séfirot. Cette circulation arbre séfirotique ascendant et descendant est conçue comme une cascade de lumière et de reflets, fort voisine de celle que forment les hiérarchies des puissances célestes chez l'Aréopagite. Cette caractéristique de l'émanation est si étroitement liée à la phénoménologie de la lumière, comme le *Zohar* l'expose, que la kabbale en fait la métaphore-mère de la structure séfirotique du monde. Or cette méthode d'exposé doctrinal peut aussi aider à entendre l'importance de la mystique de la lumière dans le *De partu Virginis* en ne la mesurant pas seulement à la tradition platonicienne, hermétique et chrétienne, dans le sillage de Ficin. C'est le *Zohar* (ou « splendeur ») qui associe l'immémorable représentation de la présence numineuse comme lumineuse et la conception de la Sékhinah comme point dernier dans la chaîne de l'émanation. Allégorie de lumière consolatrice, elle est souvent conçue comme un oiseau qui déploie ses ailes au-dessus des hommes et, sachant les liens de Sannazar avec Gilles de Viterbe, il faudra au moins être prudent avant de mettre au compte du hasard le fait que l'allégorie de la *Laetitia*, dépêchée par Dieu aux bergers dans le chant III du *De partu Virginis* afin qu'ils aillent trouver l'Enfant, se fait connaître d'eux en battant des ailes dans la pureté d'une lumière tout droit tombée de la théophanie de Vénus dans l'*Enéide* (III, 126-130) : « dès qu'elle a posé ses pas dans les forêts ombreuses, elle est montée sur les toits des bergers et, considérant au loin toute la contrée de ses yeux muets et applaudissant de battements d'ailes, faisant miroiter sa gorge colorée dans la nuit, elle sourit gaiement et fulgura dans la pure lumière ».

De telles observations à propos de l'œuvre de la maturité peuvent inciter à reconsidérer certains aspects des essais de Sannazar dans la poésie sacrée de langue latine, dont nous savons avec certitude maintenant qu'ils correspondirent au premier séjour de Gilles de Viterbe dans la baie de Naples du printemps de 1498 à l'automne de 1501. Le poète consacra trois hymnes à saint Nazaire, membre putatif de sa propre famille. Le premier, *Diuo Nazario*, joue sur la rencontre de l'anniversaire de Sannazar et du *dies natalis* du saint le 28 juillet et mêle ainsi la lumière que vit le poète en naissant à la lumière spirituelle et protectrice attendue de saint Nazaire en sa fête. Dans le second (*Hymnus ad Diuum Nazarium*), Sannazar redit sa dévotion à l'égard de son *numen* particulier et le célèbre sous les espèces astrales d'un *sidus* qui lui tient lieu de *genius* gentilice auquel il doit la *lux sacra* qui lui fit don en naissant du « grand soleil, du vide de l'air sans borne et des beaux feux de l'éther étincelant ».

Nous retrouvons cette même forme de sanctification astrale dans le dernier hymne (*Ad Diuum Nazarium*), où le Napolitain affirme que son ancêtre martyrisé a gagné d'être *iubar* au visage doré dans le ciel, d'où il dispense ses « étincelantes marques d'estime » (*coruscos honores*) et d'être salué comme une « nouvelle lumière du grand Olympe ». Or si cette canonisation astrale peut efficacement se soutenir des emplois de *lux*, de *sidus* et de *iubar* chez Virgile, où ils sont liés à l'héroïsation astrale antique, il est possible que Sannazar ait trouvé une autre justification à l'emploi chrétien de ces vocables dans la connaissance précoce, grâce à Gilles de Viterbe lui-même très tôt intéressé par l'étude de l'hébreu, des racines sémitiques qui pouvaient lui suggérer d'autres liens entre le nom de saint Nazaire et le symbolisme de la lumière associée à la protection et à la vue. Le mot *zhr* signifie en hébreu « luminosité », c'est la signification du traité kabbalistique homonyme (*Zohar*). Le verbe hébreu *nzr* a deux acceptions : « regarder » ou « observer » et « protéger », « préserver ». Il y avait là matière à cette rêverie sur les noms – Nazaire brillant comme un astre et saint protecteur du poète – dont la kabbale s'est fait une marque propre.

Quoi qu'il en soit à cette date haute, il y a dans le *De partu Virginis* beaucoup d'autres passages tout aussi mystériques. L'énonciation de la vérité théologique par les moyens propres de la poétique s'y opère grâce à une esthétique de la complication, de la *difficultas ornata*, du palimpseste et cette façon de dire le vrai semble bien proche de la méthode que Gilles de Viterbe avait commencé à formuler dans l'*Historia viginti saeculorum* entre 1513 et 1517 pour la reprendre et l'amplifier dans le traité *Scechina* commencé en 1530, dans lequel la Présence de Dieu révèle à la première personne les mystères de la kabbale à Charles Quint, nouveau Cyrus du second dixième âge inauguré par Léon X selon les canons repris de l'*Historia*. Il ne s'agit pas là d'une théologie de la fable antique comme chez Ficin ou bien d'une conversion de l'allégorie au symbole comme se la proposait Pic de la Mirandole kabbaliste, mais d'une vraie théologie symbolique, où le symbole possède une existence indépendante de la découverte de la vérité symbolisée. Or ce n'est que récemment que la critique a commencé à distinguer vraiment chez le poète le philologue inventeur de manuscrits, l'antiquaire ami de fra Giocondo de Vérone et connaisseur des antiquités napolitaines et romaines, le collectionneur et commanditaire privé au fait des novations de son temps (peinture,

statuaire, porcelaine, gravure sur cristal, etc), l'iconographe consulté par
ses amis, l'amateur éclairé d'architecture et le très probable informateur de
Pietro Summonte dans sa fameuse lettre de 1524 au vénitien Marcantonio
Michiel sur les collections napolitaines. Ce sont là des traits propres à une
forma mentis, qui nous aident à comprendre la curiosité de Sannazar pour
ce que j'appellerai les *hieroglyphica*. Dans son étude récente des manuscrits
de travail du poète conservés à la Bibliothèque Nationale de Vienne,
Carlo Vecce a démontré que l'un des index du manuscrit 3503 (ff. 1r.-
44r., 139r.-148r.) correspondait au dépouillement des *Adagia* d'Érasme
dans l'édition procurée par Alde Manuce en septembre 1508, troisième
édition augmentée par Érasme lui-même durant son séjour vénitien
de fin 1507 à septembre 1508. Le Napolitain, moins intéressé par les
questions morales, politiques et strictement religieuses, y a en particulier
relevé les *aenigmata* de l'érudition classique et il a indiqué par un signe
diacritique particulier, apposé en marge, des éléments symboliques
susceptibles d'être employés dans des programmes iconographiques ou
bien littéraires, précisément typiques de l'intérêt contemporain pour une
expression symbolique renouvelée. A propos de l'adage n° 910 (*Adagia*,
f. 102v) ἀντιπελαργεῖν (« témoigner de la piété filiale en retour »), il a
noté (f. 9v.) *Ciconia pietatis symbolum*. En 1508, Sannazar est depuis dix
ans l'ami intime de Gilles de Viterbe, lui-même alors très avancé dans
l'étude du symbolisme kabbalistique. Est-ce un hasard si Gilles de
Viterbe, dix-sept ans plus tard, dans une lettre datée du 7 avril 1525 à
l'adresse de Pierio Valeriano qui, à sa demande, lui avait dédié dans ses
Hieroglyphica le chapitre XVII consacré à la cigogne (*Hieroglyphica* dont le
cardinal apparaît être l'informateur principal), confirmera que la cigogne
est symbole de piété et lui convient de façon particulière ? A cette date il
aura alors, dans plusieurs pages de l'*Historia viginti saeculorum*, traité de
cet oiseau kabbalistique symbole de la Sékhinah qui, dans son amour des
hommes, veille sur leurs maisons au-dessus desquelles elle étend ses ailes
comme l'allégorie de la *Laetitia* faisait au-dessus du toit des bergers dans
le *De partu Virginis*. S'il n'est pas inconnu, d'autre part, que le livre XX
des mêmes *Hieroglyphica*, principalement consacré au Phénix dont j'ai
parlé à propos de la Sékhinah, est offert à Sannazar, on n'a jamais pris
garde que la lettre de dédicace crédite le poète de compétences dans
l'interprétation « hiéroglyphique » de cet animal, grâce à sa connaissance
intime des auteurs classiques comme à la table de bronze (*tabula aenea*)

qu'il étudia en compagnie de Valeriano chez Pietro Bembo et qui donne à voir toute l'histoire très ancienne des Egyptiens (« *omnem Aegyptiorum historiam antiquiorem… ostentat* »). Il s'agit là de l'artéfact connu sous le nom de *tavola bembina*, une table isiaque du 1er siècle de notre ère, où les caractères hiéroglyphiques sont purement décoratifs et leur ordre dépourvu de toute signification sémantique mais qui passa immédiatement pour un monument insigne de l'expression symbolique des mystères d'Egypte. On sait seulement que cette table fut trouvée avant novembre 1522 et qu'à cette date, si l'on ne sait pas avec certitude où la trouvaille eut lieu (Rome est très probable), Pietro Bembo, dont les liens documentés avec Sannazar remontent au printemps de 1505, l'avait acquise. Quelques conclusions provisoires de cette importante anecdote s'imposent. Si le lieu de l'invention fut bien Rome (Bembo n'y fut alors que d'avril 1520 au printemps de 1521), Sannazar s'y trouvait alors et ce que nous savons de sa santé en mars et en avril 1521 grâce aux lettres que nous avons étudiées ici-même laisse penser dans ce cas que la trouvaille se produisit au moins dans les mois précédents. Il y a toute apparence qu'il fut empressé de voir la découverte récente et il passait aux yeux de ses amis lettrés et intéressés par les ressources du langage symbolique pour un savant capables de lumières dans ce qui passait pour relever de l'expression mystérique de type « hiéroglyphique ».

Au chant I du *De partu Virginis*, lors de l'Annonciation, la frayeur de la Vierge devant l'apparition de l'ange est comparée à la peur d'une jeune grecque qui, occupée à ramasser des coquillages sur une plage de Myconos ou de Sériphos, voit soudain tout près d'elle un navire toutes voiles dehors (I, 123-134) :

> *Stupuit confestim exterrita uirgo,*
> *demisitque oculos totosque expalluit artus :*
> *non secus ac conchis siquando intenta legendis*
> *seu Micone parua scopulis seu forte Seriphi*
> *nuda pedem uirgo, laetae noua gloria matris,*
> *ueliferam aduertit uicina ad litora puppim*
> *aduentare, timet, nec iam subducere uestem*
> *audet nec tuto ad socias se reddere cursu,*
> *sed trepidans silet obtutuque immobilis haeret ;*
> *illa Arabum merces et fortunata Canopi*
> *dona ferens, nullis bellum mortalibus infert,*
> *sed pelago innocuis circum nitet armamentis.*

> « Aussitôt, la Vierge épouvantée demeura stupide, baissa les yeux et tous ses
> membres devinrent d'une pâleur extrême : tout comme, appliquée quelquefois
> à ramasser des coquillages sur l'étroite Mycône ou peut-être sur les rochers de
> Sériphe, une vierge aux pieds nus, récent orgueil de sa mère en joie, s'aperçoit
> que la voile d'une poupe approche du rivage voisin, elle prend peur et n'ose
> alors pas retrousser son vêtement ni rejoindre ses compagnes par prudence
> mais, tremblante, elle se tait, se fige, immobile, le regard fixe. Cette poupe,
> qui porte les biens de l'Arabie et les dons opulents de Canope, n'apporte
> la guerre à aucun mortel mais, sur la mer, innocemment, elle promène ses
> gréments étincelants ».

Dans la lettre IV du [15 ?] avril 1521 à ses lecteurs critiques romains,
Sannazar est comme à l'ordinaire peu bavard sur les ressorts les plus
secrets de sa poétique. Dans la formule *stupuit dictis conterrita uirgo*, état
du v. 123 à cette date, il propose de modifier *dictis* par *uisu* et insiste sur
le fait que ce mot vaut pour la surprise de la Vierge comme pour celle
de la jeune Grecque : [...] *dicendo da la veduta de l'angelo come da la veduta
de la nave* [...]. Dans la *Christias* dont nous avons parlé ici-même, au
lieu des vers 132-134 de l'édition de 1526, c'est-à-dire les trois derniers
de l'extrait proposé ci-dessus, nous lisons les trois hexamètres suivants
(*Christias*, 111-113) :

> *Illa patrem et sperata uiri connubia portans,*
> *uicinam laeto terram clamore salutat*
> *ac pelago innocuis circumnitet armamentis.*
>
> « Cette poupe, portant son père (*i. e.* de la jeune Grecque) et un homme pour
> mari, salue la terre voisine d'une clameur joyeuse et, sur la mer, innocemment,
> elle promène ses gréments étincelants ».

En renonçant à rendre la venue d'un divin époux par l'arrivée d'un
mari tout humain le poète n'a conservé que la comparaison des ailes
éployées de Gabriel envoyé par le Père à la voilure du bâtiment qui porte
le père de la jeune fille, bon exemple de l'énigme du symbole. Ce n'est
pas ici l'occasion d'exposer en détail par quelles voies cette stylisation
se fonde sur l'allégorèse mariale des *Sermones aurei de Maria Virgine Dei
matre* de Jacques de Voragine. Les coquillages que la jeune grecque
ramasse sont ceux où s'abrite la perle virginalement conçue de la rosée,
symbole de la naissance virginale de l'Enfant au chant II (360-365) : ils
sont la Vierge bientôt enceinte. La mer est la Vierge source et plénitude
de toute grâce. Le vaisseau est la Vierge aussi, faite pour porter Dieu

du ciel sur la terre, avec le Christ pour mât et voile et pour marchandises les vertus propres que son élection divine lui donne – humilité, virginité et fécondité.

Ces « marchandises » font songer aux *Arabum merces*, ces « biens de l'Arabie » dont est chargé le vaisseau du *De partu Virginis* et que Sannazar, à la suite du commentaire que nous avons cité ci-dessus, donne comme gages des intentions pacifiques du vaisseau comme de l'archange : « [...] *così come lo angelo non venia per farli offesa, così* illa Arabum merces *etc.* » Ce que la jeune grecque voit soudain sur la mer devant elle, c'est l'image symbolique de la *Mater Dei* dans une composition de lieu de type mystérique ou « hiéroglyphique » qui tente, comme chez Gilles de Viterbe, de dépasser les ressources de l'allégorèse et du symbolisme au profit d'une théologie proprement symbolique dans laquelle, comme je l'ai rappelé après François Secret, le symbole vit d'une existence propre. C'est là une manière qui n'est pas sans rappeler celle de la peinture religieuse contemporaine et qui tient aussi du lieu de mémoire dévote. A propos des cédratiers dont le feuillage doit servir à tresser une couronne de poète chrétien pour Sannazar lui-même, l'avant-dernier vers du *De partu Virginis* (III, 512) précise : *citria Medorum sacros referentia lucos*, « les cédratiers qui me reportent aux bois sacrés des Mèdes », à cause d'une notice transmise par Pline l'Ancien. Or les deux manuscrits autographes du texte portent la leçon rayée par l'auteur [*citria*] *odoratas Arabum spirantia siluas*, « les cédratiers qui exhalent le parfum des forêts des Arabes ». Ces « forêts des Arabes » sont celles d'où venaient les dons portés à la jeune fille grecque par le vaisseau (I, 132) : il est donc licite de croire que le Napolitain entendit un moment relier la flore symbolique de son parnasse évangélisé au vaisseau de l'Annonciation. Deux arguments complémentaires m'incitent à le croire. Dans l'*Historia viginti saeculorum*, Gilles de Viterbe nomme très couramment « Arabes » ceux qu'ils appellent encore « Araméens » et qui sont les Étrusques, dont il est persuadé à la suite d'Annius de Viterbe dans ses *Antiquitates* publiées en 1498 qu'ils ont introduit en Italie la théosophie kabbalistique censément à l'origine de la sagesse italique et grecque. Dans le traité *Scechina*, d'autre part, pour traduire en image symbolique l'idée que la Sékhinah est dispensatrice de tous les biens et établit un lien entre le monde inférieur et celui d'en haut, il emprunte aux Proverbes et fait dire à la Présence de Dieu : « [...] avec un navire d'or je fais un saint commerce ; du ciel j'apporte sur la terre les trésors divins et je fais monter de la terre vers le ciel les louanges des hommes [...] ».

Marc DERAMAIX
Université de Rouen

BIBLIOGRAPHIE

ALHAIQUE PETTINELLI, Rosanna, *Tra antico e moderno. Roma nel primo Rinascimento*, Rome, 1991.

ALTAMURA, Antonio, *Iacopo Sannazaro*, Naples, 1951.

BADE, Josse (Ascensius), *P. Virgilii Maronis Opera cum Seruii, Donati, et Ascensii Commentariis, nunc primum suae integritati restitutis.* (…) Venetiis apud Cominum de Tridino Montisferrati, Anno a Virgineo Partu. MDXLVI.

BLAU, John, *The Christian Interpretation of the Càbala in the Renaissance*, New-York, 1944.

BUSI, Giulio, *La qabbalah*, Rome-Bari, 1998.

BUSI, Giulio, *Simboli del pensiero ebraico. Lessico ragionato in settanta voci*, Turin, 1999.

COLLINS, Amanda, « The Etruscans in the Renaissance : the Sacred Destiny of Rome and the *Historia viginti saeculorum* of Giles of Viterbo », *Studi e Materiali di Storia delle Religioni*, 64, 1998, p. 337-365.

CORTI, Maria, « Ma quando è nato Iacobo Sannazaro ? » dans *Collected Essays on Italian language and Literature Presented to Kathleen Speight*, éd. G. Aquilecchia, S.N. Cristea, Sh. Ralphs, Manchester-New York, 1971, p. 45-53 (réimpr. : Corti Maria, *Storia della lingua e storia dei testi*, Milan-Naples, 1989, p. 233-241).

CORTI, Maria, art. *Sannazaro* dans *Dizionario critico della letteratura italiana*, éds. V. Branca et T. M. Pastore Stocchi, Turin, 1986², vol. IV, p. 82-88.

DE CAPRIO, Vincenzo, *La tradizione e il trauma. Idee del Rinascimento romano*, Manziana, 1991.

DE NICHILO, Mauro, *I poemi astrologici di Giovanni Pontano. Storia del testo*, Bari, 1975.

DERAMAIX, Marc, « *Excellentia* et *admiratio* dans l'*Actius* de G. Pontano. Une poétique et une esthétique de la perfection », *Mélanges de l'Ecole Française de Rome*, Moyen Âge-Temps Modernes, 99, 1987, 1, p. 171-211.

DERAMAIX, Marc, « La genèse du *De partu Virginis* de Jacopo Sannazaro et trois églogues inédites de Gilles de Viterbe », *Mélanges de l'Ecole Française de Rome, Moyen Age*, 102, 1990, 1, p. 173-276.

DERAMAIX, Marc, et LASCHKE, Birgit, « *Musa Maroni proximus ut tumulo.* L'église et le tombeau de J. Sannazar », *Revue de l'Art*, 95, 1992, 1, p. 25-40.

DERAMAIX, Marc, « *Otium Parthenopeium* à la Renaissance : le lettré, l'ermite et le berger », *Bulletin de l'Association G. Budé*, 1994, 2 (XIIIᵉ Congrès de l'Association Guillaume Budé, Dijon, 27-31 août 1993), p. 187-199.

DERAMAIX, Marc, « *Amicum cernere numen*. Jacques Sannazar en exil en France (1501-1505), saint François de Paule et saint Nazaire » dans *Passer les Monts. Français en Italie-l'Italie en France, (1494-1525)*. Actes du Xe Colloque de la Société française d'Études du Seizième Siècle (Paris-Reims, 29 nov.-2 déc. 1995). éd. J. Balsamo, Paris-Florence, 1998, p. 313-326.

DERAMAIX, Marc, « *Sapientia Praeponitur Quibuscunque Rebus*. Les loisirs académiques romains sous Léon X et la *Christias* de Sannazar dans un manuscrit inédit de Séville » dans *Chemins de la re-connaissance. En hommage à Alain Michel*, éds. Ph. Heuzé et J. Pigeaud, *Helmantica*, 151-153, 1999, p. 301-329.

DERAMAIX, Marc, « *Christias*, 1513. La *forma antiquior* du *De partu Virginis* de Sannazar et l'Académie romaine sous Léon X dans un manuscrit inédit de Séville », *Les Cahiers de l'Humanisme*, 1, 2000, p. 151-172.

DERAMAIX, Marc, « *Synceromastix nescio quis*. L'imitation de Virgile dans le *De partu Virginis* de Sannazar d'après ses lettres critiques de 1521 » dans *La réception des classiques par les humanistes*. Actes du Premier Congrès de la Société Française d'Études Néo-Latines (Tours, 19-20 janvier 2001), éd. F. Vuilleumier-Laurens, *Cahiers de l'Humanisme*, série.

DERAMAIX, Marc, « *Mendax ad caetera Proteus*. Le mythe virgilien de Protée et la théologie poétique dans l'œuvre de Sannazar » dans *Il sacro nel Rinascimento*. Atti del XII Convegno Internazionale dell'Istituto Studi Umanistici F. Petrarca (Chianciano-Pienza, 17-20 juillet 2000), éd. L. Secchi-Tarugi, Florence, 2002a, p. 85-107.

DERAMAIX, Marc, « *Spes illae magnae*. Girolamo Seripando lecteur et juge de l'*Historia viginti saeculorum* de Gilles de Viterbe » dans *Parrhasiana III*. « *Tocchi da huomini dotti* » : *codici e stampati con postille umanistiche*. Atti del III Seminario di Studi su Manoscritti Medievali e Umanistici della Biblioteca Nazionale di Napoli (Rome, 27-28 septembre 2002b), éds. G. Abbamonte, L. Gualdo Rosa et L. Munzi, *Annali dell'Istituto Universitario Orientale di Napoli, Dipartimento di studi del mondo-classico e del mediterraneo antico, sezione filologico-letteraria*.

DERAMAIX, Marc, « *Si psalmus inspiciatur*. L'actualité et son double antique chez Gilles de Viterbe et chez Sannazar » dans *L'Actualité et sa mise en écriture dans l'Italie des* XVe-XVIIe *siècles*. Actes du colloque du Centre Interuniversitaire de Recherche sur la Renaissance Italienne (Paris, 21-22 octobre 2002c), éds. D. Boillet et C. Lucas-Fiorato.

DERAMAIX, Marc, « *Urna nouis uariata figuris*. Ekphrasis métapoétique et manifeste littéraire dans le *De partu Virginis* de Sannazar » dans *Vivre pour soi, vivre dans la cité*. Actes du séminaire 2002-2003a de la Jeune Equipe (Paris IV) 2361 « Traditions romaines », éds. P. Galand-Hallyn et C. Lévy, coll. Renaissances de Rome, t. I, Paris.

DERAMAIX, Marc, « *Phœnix et Ciconia.* Il *De partu Virginis* di Sannazaro e l'*Historia viginti sæculorum* di Egidio da Viterbo » dans *Confini dell'umanesimo letterario. Studi in onore di Francesco Tateo*, éds. M. de Nichilo, G. Distaso, A. Iurilli, Rome, 2003b, p. 523-556.

DERAMAIX, Marc, « *Sonitus rotarum* ou *Ofanins ailez.* Le Fèvre de La Boderie premier traducteur (1582) du *De partu Virginis* de Sannazar » dans *L'Italie et la France dans l'Europe latine (XIVe-XVIIe siècles). Influence, émulation, traduction.* Actes du Colloque international (Rouen, 10-12 mars 2003c), éds. M. Deramaix et G. Vagenheim, Rouen, à paraître.

DERAMAIX, Marc, « *Non mea uoluntas sed tua.* La révision académique du *De partu Virginis* de Sannazar et l'expression latine du sentiment religieux » dans *Académies italiennes et françaises de la Renaissance : idéaux et pratiques* (Paris, 10-13 juin 2003d), éds. M. Deramaix, P. Galand-Hallyn, G. Vagenheim, J. Vignes, Genève, à paraître.

DERAMAIX, Marc, « *Nouos miscere colores.* Poétiques de la *uarietas* dans l'académie napolétano-romaine au début du XVIe siècle : l'exemple du *De partu Virginis* de Sannazar (III, 281-322) », *Bulletin de l'Association G. Budé* (XVe Congrès de l'Association Guillaume Budé, Orléans, 25-28 août 2003e), éd. D. Briquel, à paraître.

DERAMAIX, Marc, « *Vident lumen oculi.* Physique et métaphysique de la lumière et de la vision dans trois traités de Marsile Ficin » dans *La Vision dans l'Antiquité.* Actes de la Journée d'étude de l'Equipe de Recherches « Aires Culturelles Indo-Européennes » (Rouen, 25-26 septembre 2003f), éd. L. Villard, Rouen, à paraître.

DERAMAIX, Marc, « Langue vulgaire, latin, loisir lettré et politique : l'exemple de Naples au tournant du XVe siècle et du XVIe siècle » (titre provisoire) dans *Langues dominantes, langues dominées.* Actes du colloque de l'Équipe de Recherches « Aires Culturelles Indo-Européennes » (Rouen, 20-22 novembre 2003g), éd. L. Villard, Rouen, à paraître.

DERAMAIX, Marc, « *Renovantur saecula.* Le *quintum bonum* du dixième âge selon Gilles de Viterbe dans l'*Historia viginti saeculorum* et le *De partu Virginis* de Sannazar » dans *L'Humanisme et l'Église du XVe siècle au milieu du XVIe siècle (Italie et France méridionale).* Actes du colloque international (Rome, 3-5 février 2000), éd. P. Gilli, Rome, 2004a, p. 281-326.

DERAMAIX, Marc, « *Non uoce pares.* Sannazar, Gilles de Viterbe et leurs doubles » dans *Vite parallele : memoria, autobiografia, coscienza dell'io e dell'altro.* Atti del XI Convegno del Gruppo di Studio sul Cinquecento Francese (Vérone, 20-22 mai 2004b), éd. R. Gorris Camos, à paraître.

DERAMAIX, Marc, « *Ditis limina.* Poétique et théologie comparées des limbes de J. Sannazar et des enfers de G. Vida » dans *Permanence et changement dans la culture italienne des années trente du* XVIe *siècle.* Actes du colloque international (Paris, 3-5 juin 2004c), éds. D. Boillet et M. Plaisance, à paraître.

DERAMAIX, Marc, « *Predicatio ac retributio.* L'Espagne et le Portugal dans la théologie de l'histoire de Gilles de Viterbe (1469-1532) » dans *Neapel-Rom 1504. Spanische und portugiesische Literatur und Kultur in Italien zu Beginn des 16. Jahrhunderts. Nàpoles-Roma 1504. Jornadas de Estudios sobre cultura y literatura españolas en Italia en el quinquentésimo aniversario de la muerte de Isabel la Catòlica* (Kiel, 4-6 juillet 2004d) éds. F. Gernert et J. Gomez Montero, Salamanque, à paraître.

DERAMAIX, Marc, « *Manifesta signa.* Ekphrasis, poétique et théologie dans le *De partu Virginis* de Sannazar » dans *La Serenissima e il Regno nel V centenario dell'Arcadia di Iacopo Sannazaro.* Atti del Convegno Internazionale (Bari, 4-5 octobre-Venise, 7-8 octobre 2004e), éds. M. Caracciolo-Aricò et F. Tateo, à paraître.

DERAMAIX, Marc, « *Musa tua me recepit.* Les Sirènes, la Kabbale et le génie du lieu napolitain dans une lettre inconnue de Gilles de Viterbe à Sannazar et dans son *Historia uiginti saeculorum* » dans les *Mélanges* offerts à M. Fumaroli, éds. Ch. Mouchel et C. Nativel, Genève, à paraître (2006a).

DERAMAIX, Marc, *La signification du* De partu Virginis *de Sannazar* [titre provisoire], Genève, Droz, à paraître (2006b).

DIONISITTO, Carlo, art. *Pietro Bembo* dans le *Dizionario Biografico degli Italiani,* p. 133-151, p. 141-142.

DOTSON, Esther, « An Augustinian Interpretation of Michelangelo's Sistine Ceiling », *The Art Bulletin,* 61, 1979, p. 233-256 et 405-429.

ERNST, Gerhardt, et FOÀ, Simona, art. « Egidio da Viterbo » dans *Dizionario Biografico degli Italiani,* 42, 1993, p. 341-353.

FERRAÙ, Giacomo, *Pontano critico,* Messine, 1983.

GORRIS CAMOS, Rosanna, « Le Fèvre et la notion de mélange » dans *Poésie encyclopédique et kabbale chrétienne. Onze études sur Guy Le Fèvre de La Boderie,* éd. F. Roudaut, Paris, 1999, p. 192-217.

GUTIERREZ, Davide, « La Biblioteca di San Giovanni a Carbonara di Napoli », *Analecta Augustiniana,* 29, 1966, p. 59-212.

JAVARY, Geneviève, *Recherches sur l'utilisation du thème de la Sekina dans l'apologétique chrétienne du* XVe *au* XVIIIe *siècle,* thèse de doctorat, Université de Paris IV-Sorbonne, 4 février 1978, Atelier de reproduction des thèses de l'Université de Lille III.

JEDIN, Hubert, *Girolamo Seripando. Sein Leben und Denken im Geisteskampf des 16. Jahrhunderts,* Würzburg, 1937, 2 vols., vol. 1, p. 86, 89, 141 et suiv.

KIDWELL, Carol, *Pontano, Poet and Prime Minister,* Cambridge, 1991.

KIDWELL, Carol, *Sannazaro and Arcadia,* Londres, 1993.

LANDINO, Cristoforo, *in P. Vergilii Maronis opera interpretationes*, s.l.n.d. [Florence, 18 mars 1488].

LANDINO, Cristoforo, *Disputationes Camaldulenses*, éd. P. Lohe, Florence, 1980.

LASCHKE, Birgit, *Fra Giovan Angelo da Montorsoli. Ein Florentiner Bildhauer des 16. Jahrhunderts*, Berlin, 1993.

Lexicon in Veteris Testamentis libros. Ediderunt L. Koehler et W. Baumgartner, Leyde, 1953.

MAILLARD, Jean-François, « A l'ombre de Sannazar et de Georges de Venise : textes oubliés de Le Fèvre », *Poésie encyclopédique et kabbale chrétienne. Onze études sur Guy Le Fèvre de La Boderie*, éd. F. Roudaut, Paris, 1999, p. 223-245.

MARSH, David, *The Quattrocento Dialogue. Classical Tradition and Humanist Innovation*, Cambridge (Mass.)-Londres, 1980.

MARTIN, Francis-Xavier, o.s.a., *Egidio da Viterbo, A Study in Renaissance and Reform History*, Cambridge University [U.K.], 1959a.

MARTIN, Francis-Xavier, « The Problem of Giles of Viterbo : A Historiographical survey », *Augustiniana* 9, 1959b, p. 357-379 ; 10, 1960, p. 43-60.

MARTIN, Francis-Xavier, « Egidio da Viterbo, 1469-1532. Bibliography, 1510-1982 », *Biblioteca e Società*, 4, 1982, p. 5-91.

MARTIN, Francis-Xavier, *Friar, Reformer and Renaissance Scholar. Life and Work of Giles of Viterbo, 1469-1532*, éd. John Rotelle, o.s.a., Villanova (PA) : Augustinian Press, 1992.

MASSA, Eugenio, « Egidio da Viterbo e la metodologia del sapere nel Cinquecento » dans *Pensée humaniste et tradition chrétienne au XVe et XVIe siècle*, éd. H. Bedarida, Paris, 1950, p. 185-239.

MASSA, Eugenio, « L'anima e l'uomo in Egidio da Viterbo e nelle fonti classiche e medioevali », *Archivio di filosofia*, 1951, p. 37-138.

MASSA, Eugenio, *I fondamenti metafisici della « dignitas hominis » e testi inediti di Egidio da Viterbo*, Turin, 1954.

MASSA, Eugenio, *L'eremo, la Bibbia e il Medioevo in Umanisti veneti del primo Cinquecento*, Naples, 1992.

MEIJER, Albéric (de), « Bibliographie Historique de l'Ordre de Saint Augustin », *Augustiniana*, 35, 1985 ; 39, 1989.

MIGLIACCIO, Luciano, « La Cappella Caracciolo di Vico : l'ideale pontaniano della magnificenza e le arti nel primo Cinquecento tra Roma, Napoli e la Spagna » dans *Académies italiennes et françaises de la Renaissance : idéaux et pratiques*. Actes du colloque international (Paris, 10-13 juin 2003), éds. M. Deramaix, P. Galand-Hallyn, G. Vagenheim, J. Vignes, Genève, à paraître.

MIROUZE, Abbas, *Un héritier de Ptolémée à la Renaissance. Imagination symbolique, astrologie et biographie intérieure dans l'œuvre de G. Pontano*, thèse inédite de l'Université de Paris IV-Sorbonne soutenue en 1998 sous la direction de M. le Prof. P. Laurens.

MONTI, Sabia Liliana, dans *Poeti latini del Quattrocento*, éds. F. Arnaldi, L. Gualdo Rosa, L. Monti Sabia, Milan-Naples, 1964.

MONTI, Salvatore, « Ricerche sulla cronologia dei dialoghi di Pontano », *Annali della Facoltà di Lettere e Filosofia dell'Università di Napoli*, 10, 1962-1963 (publ. en 1965), p. 247 et suiv.

MORISANI, O., *Letteratura artistica a Napoli tra il '400 e il '600*, Naples, 1958.

NALDI, Riccardo, *Girolamo Santacroce, orafo e scultore napoletano del Cinquecento*, Napoli, 1997.

NALDI, Riccardo, « Culto di sant'Anna ed icone miracolose a Napoli nel primo Cinquecento : una cornice per l'epigramma *In picturam* di Iacopo Sannazaro », *Napoli Nobilissima*, 5ème série, vol II, fasc. I-IV, janvier-août 2001, p. 15-30.

NALDI, Riccardo, « Tra Pontano e Sannazaro : parola e immagine nell'iconografia funeraria del primo Cinquecento a Napoli » dans *Académies italiennes et françaises de la Renaissance : idéaux et pratiques*. Actes du colloque international (Paris, 10-13 juin 2003), éds. M. Deramaix, P. Galand-Hallyn, G. Vagenheim, J. Vignes, Genève, à paraître.

NICCOLINI, Fausto, *L'arte napoletana del Rinascimento*, Naples, 1925.

NUNZIANTE, Emilio, *Un divorzio ai tempi di Leone X da XL lettere inedite di Jacopo Sannazaro*, Rome, 1887.

O'MALLEY, John s.j., *Giles of Viterbo on Church and Reform. A Study in Renaissance Thought*, Leyde, 1968.

O'MALLEY, John s.j., « Fulfillment of the Christian Golden Age under Pope Julius II : Text of a Discourse of Giles of Viterbo, 1507 », *Traditio*, XXV, 1969, p. 265-338.

O'MALLEY, John s.j., *Rome and the Renaissance. Studies in Culture and religion*, Londres, 1981 (collection de dix articles publiés de 1966 à 1979).

PÈRCOPO, Erasmo, « Vita di Iacobo Sannazaro », éd. G. Brognoligo, *Archivio Storico per le Province Napoletane*, 56, 1931, p. 87-198.

PÈRCOPO, Erasmo, *Vita di G. Pontano*, éd. M. Manfredi, Naples, 1938.

PONTANO, Giovanni, *Dialoghi*, éd. C. Previtera, Florence, 1943.

PONTANO, Giovanni, *Dialoge*, trad. H. Kiefer, intr. E. Grassi, Munich, 1984.

ROLET, Stéphane, *Les « Hieroglyphica » de Pierio Valeriano : somme et source du langage symbolique de la Renaissance*, thèse inédite de l'Université de Tours soutenue le 14 janvier 2000 sous la direction de M. le Prof. M. Brock.

ROSSI, Vincenzo, *Il Quattrocento*, Milan, 1960[1933], p. 515 et suiv., nn. 3-26 (supplément bibliographique de A. Vallone pour les années 1932-1960).

SAN GIMIGNANO, Giovanni da (Iohannes a Sancto Geminiano), *Summa de exemplis et similitudinibus rerum…* Venetiis, Iohannes et Gregorius de Gregoriis, 1497 (réimpr. en 1499).

SANNAZAR, Jacques (Sannazaro Iacopo), *L'Arcadie-Arcadia*, introd., trad. et annot. G. Marino, Paris, 2004.

SANNAZAR Jacques (Sannazaro Iacopo), *L'Enfantement de la Vierge – De partu Virginis*, introd., trad. et comment. M. Deramaix, Paris, Les Belles Lettres, à paraître (2006).

SANNAZAR, Iacopo, *Arcadia*, éd. P. Summonte, Naples, Mayr, mars 1504.

SANNAZAR, Iacopo, *Opere volgari*, a cura di A. Mauro, Bari, 1961.

SANNAZAR, Iacopo, *De partu Virginis*, éds. Ch. Fantazzi et A. Perosa, Florence, Olschki, Istituto Nazionale di Studi sul Rinascimento, Studi e Testi, XVII, 1988.

SANNAZAR, Iacopo, *Arcadia*, éd., intr., annot. F. Erspamer, Milan, 1990.

SAVARESE, Guido, « Egidio da Viterbo e Virgilio » dans *Un'idea di Roma. Società, arte e cultura tra Umanesimo e Rinascimento*, éd. L. Fortini, Rome, 1993, p. 121-142.

SECRET, François, « Notes sur Egidio da Viterbo », *Augustiniana* (15), 1965, p. 68-72 et 414-418.

SECRET, François, « Egidio da Viterbo et quelques-uns de ses contemporains », *Augustiniana* (16), 1966, p. 371-385.

SECRET, François, « Le symbolisme de la Kabbale chrétienne dans la *Scechina* de Egidio da Viterbo » in *Umanesimo e Simbolismo*, *Archivio di Filosofia*, 1958a, p. 131-154.

SECRET, François, *Le Zohar chez les kabbalistes chrétiens de la Renaissance*, Paris, 1958b, p. 113 et suiv.

SECRET, François, *Les kabbalistes chrétiens de la Renaissance*, Paris, 1964 (éd. mise à jour et augmentée Milan-Neuilly-sur-Seine, 1985 ; éd. italienne de P. Zoccatelli, intodr. et cplt. bibliographique de J.-P. Brach, Rome, 2001).

SECRET, François, « Notes sur Egidio da Viterbo », *Augustiniana* (15), 1965, p. 68-72 et 414-418.

SIGNORELLI, Giuseppe, *Il Cardinale Egidio da Viterbo : Agostiniano, umanista e riformatore, 1469-1532*, Florence, 1929.

TATEO, Francesco, « La poetica di Giovanni Pontano », *Filologia romanza*, 6, 1959, p. 277-303 et 337-370.

TATEO, Francesco, *Astrologia e moralità in Giovanni Pontano*, Bari, 1960.

TATEO, Francesco, *Tradizione e realtà nell'Umanesimo italiano*, Bari, 1967.

TATEO, Francesco, *Umanesimo etico di Giovanni Pontano*, Lecce, 1972.

TATEO, Francesco, *L'Umanesimo meridionale*, Bari, 1976-1973.

TRISTANO, Caterina, *La biblioteca di un umanista calabrese : Aulo Giano Parrasio*, Manziana, 1988.

VAJDA, Georges, *Introduction à la pensée juive du Moyen Age*, Paris, 1947.

VAJDA, Georges, *Recherches sur la philosophie et la Kabbale dans la pensée juive du Moyen Age*, Paris, 1962.

VALERIANO, Giovanni Pierio, da Bolzano (Iohannes Pierius Valerianus), *Hieroglyphica siue de sacris Aegyptiorum literis commentarii*, Basileae, apud Thomam Guarinum, 1567 ; Lugduni, M.DCII (réimpr. anast. : New-York et Londres, Garland, 1976).

Valerio Belli Vicentino 1468c.-1546, dir. H. Burns, M. Collaretta, D. Gasparotto, Vicence, 2000

VASOLI, Cesare, *Giovanni Pontano*, Milan, 1961.

VECCE, Carlo, *Iacopo Sannazaro in Francia. Scoperte di codici all'inizio del XVI secolo*, Padoue, 1988.

VECCE, Carlo, « *Maiora numina*. La prima poesia religiosa e la *Lamentatio* di Sannazaro », *Studi e Problemi di Critica Testuale*, 43, 1991, p. 49-94.

VECCE, Carlo, *Gli zibaldoni di Iacopo Sannazaro*, Messine, 1998.

VECCE, Carlo, « Postillati di Antonio Seripando » dans *Parrhasiana II*. Atti del II Seminario di Studi su Manoscritti Medievali e Umanistici della Biblioteca Nazionale di Napoli (Naples, 20-21 octobre 2000), éds. G. Abbamonte, L. Gualdo Rosa, L. Munzi, *A.I.O.N. Annali dell'Istituto Universitario Orientale di Napoli*, Sezione filologico-letteraria, XXIV, 2002, p. 53-64.

VINAY, Giuseppe, « Gli studi sul Pontano nel dopo-guerra (1918-1934) », *Rivista di sintesi letteraria*, I, p. 510 et suiv.

VINAY, Giuseppe, *Letters as Augustinian General*, éd. Cl. O'Reilly, Rome, 1992.

VITERBO, Egidio da (Antonini Egidio), *Lettere familiari*. Vol. 1, 1494-1506 ; vol. 2, 1507-1517, éd. A.-M. Voci-Roth, Rome, 1990.

VITERBO, Egidio da (Antonini Egidio), *Scechina e Libellus de litteris Hebraicis*, éd. F. Secret, 2 vols., Rome, 1959.

Egidio da Viterbo, O.S.A. e il suo tempo. Atti del V Convegno dell'Istituto Storico Agostiniano (Rome-Viterbe, 20-23 octobre 1982), Rome, 1983.

VORAGINE, Jacopo da (Jacques de Voragine), *Sermones aurei de Maria Virgine Dei matre*, Venetiis, ad signum concordiae, apud Baretium de Baretiis, M.DXC.

VUILLEUMIER LAURENS, Florence, *La raison des figures symboliques à la Renaissance et à l'âge classique.Études sur les fondements philosophiques, théologiques et rhétoriques de l'image*, Genève, 2000.

DE LA CITTÀ DEL VERO À LA CIVITAS VERI

Poésie, éthique et politique
à la Cour de Marguerite de France,
duchesse de Savoie

> *Alza il tuo volo più che puoi*
> *Vola ogn'hor fuor dal tuo terreno hostello*
> M. Luzi

UN CHÂTEAU, UNE PRINCESSE VERTUEUSE
ET UN PHILOSOPHE

Un château, une princesse vertueuse et un philosophe *mystagogus*, voilà les éléments de départ de ce merveilleux voyage initiaque que Marguerite de France, duchesse de Savoie accomplit, avec son cortège, dans la *Civitas Veri* de Baccio del Bene, publiée en 1609 à Paris, chez Drouart[1]. Œuvre

---

1   *Civitas veri/ sive morum/bartholomei/delbene patricii/florentini/ ad christianissimum henricum iii. franco-/rum et poloniae regem/Aristotelis de moribus doctrinam,/carmine et picturis complexa,/ et illustrata Commentariis/THEODORI MARCILII/ Professoris Elo-/quentiae Regii./ [grec]/ PARISIIS/ Apud Ambrosium et Hiero-/nymum Drouart sub scuto/Solari via Iacoboea./M.DC.IX.//* (nous citerons désormais le livre comme C.V.). Notre collègue Patrizia Castelli, professeur d'Iconologie de l'Université de Ferrare, a publié, en décembre 2001, chez Phénix Editions (Ivry sur Seine) une édition anastatique, patronnée par le Centro Bardi. La Bibliothèque Royale de Turin possède un exemplaire, avec dédicace au Duc de Savoie, de la *Civitas Veri* (Turin, Bib. Reale, *G 38 (3)*). Un autre ex. est conservé à La Fondation Firpo de Turin, *FIRPO.1728*). La BnF possède un exemplaire de dédicace à Henri IV (*Rés. R 249*). Sur la *Civitas Veri*, voir : F. A. Yates, *The French Academies of the Sixteenth Century*, Londres, 1947, p. 110-114 (traduction française par Th. Chaucheyras, Paris, PUF, 1996, p. 146-157); K. Meerhof, *Illustration à l'Ethique à Nicomaque*, in *Rhétorique et image*, Amsterdam, 1995, p. 117-135, maintenant dans *Entre logique et littérature. Autour de Philippe Melanchton*, Orléans, Paradigme, 2001, p. 119-150; F. Youkovski, *Une commande de Marguerite de*

de commande née, en 1565, à l'ombre d'Aristote mais aussi de Dante et
de Du Bellay, à la cour de Marguerite, au château de Rivoli, la *Civitas
Veri* amène le lecteur dans un itinéraire complexe et fascinant, par monts
et vallées, à travers les fleuves impétueux et les antres souterrains des
vices, les plaines et les palais des vertus jusqu'à la montagne sacreé de la
Sapientia. Or, ce parcours qui n'est pas linéaire mais qui, comme la vie
de l'homme, suit des détours et des tracés sinueux, des montées et des
descentes voire des noyades et des ascensions, accompagne le lecteur de
l'antre souterrain de la *feritas* à la flamme qui brûle sur l'acropole des
vertus intellectuelles, « *imago mentis inflammate studio veritatis* ». Or, sur les
grandes routes des vertus morales, le long des fleuves des plaisirs et des
souffrances, dans les marécages et les nuées de vices, Marguerite, nouvelle
Béatrice, avance avec ses deux dames-étoiles[1], accompagnée par Aristote
en personne et par l'auteur. Ce poème étrange, fascinant et complexe par
sa genèse, sa signification profonde, éthique, politique mais aussi mystique
et secrète, est non seulement un « bouquet aux vertus de la duchesse[2] »,
une « utopie en images », un *épitomé* de l'*Éthique à Nicomaque* mais une
tentative d'harmoniser les dissonances, sous le signe d'Orphée et de sa
musique incantatoire, de concilier Aristote et Platon, sous la tutelle du

---

Savoie : la Civitas Veri *de Bartolomeo del Bene*, dans *Mélanges de poétique et d'histoire littéraire
du* XVIᵉ *siècle offerts à Louis Terreaux*, textes réunis par J. Balsamo, Paris, 1994, p. 465-479.

1 C.V., p. 13 et expliqué par le commentaire de Marcile, p. 22 : « *Lunae Reginam ipsam similem
fecit. Est enim Luna siderum regina, ut apud Horatium in carmine saeculari, et astrorum decus, ut
apud Virgilium lib. IX Aeneid. & siderum mater, tu Apuleij Milesiis lib. XI. Eademque Aeschylo
[grec], honoratissima stellarum, noctis ocellus. Comites autem Reginae puellas cum stellis Lunae
vicinis comparavit.* » Voir aussi F. A. Yates, *op. cit.*, p. 150 : « Marguerite (toujours identifiable
grâce à la fleur de lys de la France que porte sa robe) et les deux dames de compagnie qui
escortent la reine comme deux étoiles gravitant autour de la Lune, atteignent le grand
mont qui s'élève au cœur de la Cité de la Vérité. » Nous avons d'après le Ms. de la *Città
del Vero* pu identifier les deux demoiselles. Il s'agit de Philiberte de Seyssel (« Philiberta
da Sessel, figliola del Marchese della Ciambre », Ms., f. 280), fille aînée de Jean de Seyssel,
marquis de la Chambre, voir sur elle M. de Seyssel-Cressieu, *La Maison de Seyssel, ses origines*,
Grenoble, 1900, I, p. 246. L'autre demoiselle est Caterina Tornabuoni, membre de la famille
Delbene (épouse de Julien Delbene, fils de Barthélemy, *cf.* Ms. 161, f. 275), dame de Louise
de Lorraine (1579) et de Catherine de Médicis (1583), J.-F. Dubost, *La France italienne* XVIᵉ-
XVIIᵉ *siècle, op. cit.*, p. 444 et la *Généalogie* des Delbene dans les *Annexes*. Dans le Ms. 7 de la
Bibliothèque du Mans, Delbene, très affectionné à sa belle-fille, offre un poème à *Madama
Caterina Tornabuoni* (f. 22). *Cf.* aussi B. del Bene, A *Caterina Tornabuona Del Bene una delle
dame di Madama*, in *Rime di Bartolomeo del Bene*, Livourne, D. Poggiali, 1799, p. 8-9.

2 A. Stegmann, « Les cheminements spirituels de Marguerite de France, duchesse de
Savoie », dans *Culture et pouvoir au temps de l'Humanisme et de la Renaissance*, Genève-Paris,
Slatkine-Champion, 1978, p. 200.

néoplatonisme florentin et de ses académies bien connues à l'auteur florentin, *fuoruscito*, poète exilé comme Dante[1] Méditation poétique sur les vertus aristotéliciennes et sur le bonheur, issue de l'*Éthique à Nicomaque* dont l'auteur suit assez fidèlement l'enchaînement des vertus[2], le lecteur, par étapes successives, de palais en temple, d'antre en grotte, suit, dans ces trente journées, un parcours ascendant qui, des portes des sens, le conduit au centre, à la « montagne de l'esprit[3] » de la *sapientia*.

Esprit doué de « divin savoir[4] » dont la grandeur « porte sur ses ailes[5] », pour les esprits de la Pléiade, cette princesse, «*pia ricevitrice d'ogni cristiano*», « refuge des malheureux », accueille, comme ses parentes,

---

1   Sur Barthélemy Delbene, voir : P. Procaccioli, « Bartolomeo Delbene », dans *Dizionario biografico degli italiani*, XXXVI, Roma, 1988, p. 330-333 ; L. A. Colliard, *Un dottore dell'Ateneo Patavino alla corte di Francia : Pierre d'Elbène (1550-1590)*,Vérone, 1973 ; id., *Philippe Desportes in due odi inedite al suo amico italo-francese Barthélemy D'Elbène*, Vérone, 1991 ; P. Couderc, « Les poésies d'un Florentin à la cour de France au XVIᵉ siècle (B. D.) », *Giornale storico della letteratura italiana*, XVII, 1891, p. 1-45.

2   Sur l'*Éthique à Nicomaque*, voir : R. A. Gauthier éd., *L'Éthique à Nicomaque*, tome I, Première partie, Introduction, Louvain-La-Neuve, Peeters-Nauwelaerts, 2002 ; R. Bodéüs, *Le Philosophe et la Cité. Recherches sur les rapports entre morale et politique dans la pensée d'Aristote*, Paris, Les Belles Lettres, 1982 ; id., *Aristote. La justice et la cité*, Paris, PUF, 1996 ; id., *Politique et philosophie chez Aristote. Recueil d'études*, Namur, Société des Etudes classiques, 1991 ; A. Kenny, *Aristotle on the Perfect Life*, Oxford, 1992 ; S. Vergnieres, *Éthique et Politique chez Aristote*, Paris, PUF, 1995 ; *Aristotles Die Nikomachische Ethik*, dir. O. Hoffe, Berlin, Akademie Verlag, 1995 ; P. Aubenque, *La prudence chez Aristote*, Paris, PUF, 1963. Sur l'*EN* à la Renaissance, cf. G. Wieland, *The Reception and Interpretation of Aristotle's Ethics* in *Cambridge History of Late Medieval Philosophy 1100-1600*, N. Kretznann éd., Cambridge, C.U.P., p. 657-672 ; *L'excellence de la vie sur l'*Éthique à Nicomaque *et l'*Éthique à Eudème *d'Aristote*, études sous la direction de G. Romeyer-Dherbey, Paris, Vrin. 2002 ; J. Kraye, *Renaissance Commentaries on the N.E*, in *Vocabulary of Teaching and Research between the Middle Ages and Renaissance*, éd. O. Weijers, Turnhout, Brepols, p. 96-117 ; D. A. Lines, *Aristotle's in the Italian Renaissance (ca. 1300-1650) : the Universities and Problem of Moral Education*, Leiden, Boston, Koln, 2002 ; P. Rossotti Pogliano, « L'Etica a Nicomaco nel 500 francese ». *Studi francesi*, LXIII, 1977, p. 394-406 ; Ch. B. Schmitt, « Aristotle's Ethics in the Sixteenth Century : Some Preliminary Considerations », dans *Ethik in Humanismus*, W. Rüegg et D. Wuttke éds., Boppard am Rhein, H. Boldt, « Beiträge zur Humanismusforschung », V, 1979, p. 87-112 et N. Strueever, *Theory as Practice : Ethical Inquiry in the Renaissance*, Chicago UP, 1992.

3   Sur le thème des ascensions spirituelles, voir R. Gorris (éd.), « Les montagnes de l'esprit » : *imaginaire et histoire de la montagne au XVᵉ siècle*, Aoste, Musumeci, 2005.

4   J. Du Bellay, *Les Regrets et autres Œuvres Poëtiques*, J. Jolliffe et M. A. Screech eds., 1974, p. 247. Sur les rapports entre Du Bellay et Marguerite, voir Ch. Bené, « Marguerite de France et l'œuvre de Du Bellay », dans *Culture et pouvoir au temps de l'Humanisme et de la Renaissance. op. cit.*, p. 223-240, et maintenant R. Gorris, « "Vostre grandeur sur mes ailes me porte" : Olive e dintorni » dans *"Sotto un manto di gigli di Francia" : poesia, politica e religione alla Corte di Margherita di Francia, duchessa di Savoia* (sous presse).

5   J. Du Bellay, *L'Olive*, éd. E. Caldarini, Genève, Droz, 1974, p. 41.

Marguerite à Nérac et Renée à Ferrare, dans sa cour-refuge, au-delà des monts, les persécutés et les poètes en rupture de ban, comme Grévin ou Peletier[1]. Incarnation de la *Sapientia* (sa devise est : *Rerum sapientia custos*), amie de Michel de l'Hopital qui consacre à cette « Pallas aux yeux vers » de splendides épîtres latines, touchantes par leur accent d'affection sincère[2] et qui l'accompagne, sa vie durant, de son amitié et de sa tendresse, elle fait de Bartolomeo une présence fidèle à ses côtés, au-deçà et au-delà des monts.

Fuoruscito au service de la cour de France, *gentilhomme servant* et *maistre d'hotel* de Marguerite, ce poète florentin, ami de Ronsard, de Desportes, membre de cette noblesse franco-italienne qui joue un rôle de médiation intellectuelle fondamental entre la France et l'Italie à la Renaissance[3],

---

1   Sur les rapports entre Marguerite et Peletier, voir J.-C. Monferran, Introduction et notes à J. Peletier du Mans, *L'Amour des Amours*, Paris, S.T.F.M., 1996, p. XLIV, L-LI, 183-197, 210-211, 290 ; R. Gorris, « "Ses montz tres haultz haulsent notre desir" : Marguerite de Navarre, Peletier du Mans poètes de la montagne ». Avec l'édition de l'Epître *Ses montz tres haultz haulsent nostre desir* de Marguerite de Navarre (BnF, Ms. fr. 883, ff. 30-32) dans *Éléments naturels et paysage*, Actes du Colloque de Paris-École des Chartes, réunis par Dominique de Courcelles, Paris, École des Chartes, 2006 ; *id..*, « "Le haut Savoir que nature conserve" : Jacques Peletier, poeta scientifico », dans *Sotto un manto di gigli di Francia, op. cit.*

2   *Michaelis/ hospitalii/ galliarum can-/ cellarii epistola-/ rum seu sermonum/ libri sex/ votre/ [marque] Lutetiae,/apud mamertum patissonium typographum/ regium, in officina roberti stephani./ m.d.lxxxv./ cum privilegio//* (BnF, Rés. Yc 155). Voir, par exemple, l'Épître : *Ad Margareta Valesiam Franc. Regis filia*, f. 57 : « Madame, tous ces enfans qui jouent/ sans cesse à votre porte, ont dû me voir/ bien des fois, s'ils n'estoient pas trop/ occupés, errer autour de votre Palais /incertain si j'aurois la force d'entrer/où si je me retirois./ Jamais, pourtant on m'eloignera /de cette porte sacrée et je peux/ soutenir la vue de vos traits celestes./ Est-il rien de plus doux que votre visage ; et la bonté ne perce-t-elle/ pas encore au milieu de tant d'éclat ? » (nous citons de l'*Essai de traduction de Michel de l'Hopital : précédé de recherches littéraires, historiques et morales sur le seizième siècle*, Paris, Montand, 1728, p. 47). Sur ces épîtres voir le bel article de Perrine Galand, qui prépare l'édition critique des *Carmina* du chancelier, *Michel de l'Hospital à l'école de Jean Salmon Macrin dans les* Carmina, "Bibliothèque d'Humanisme et Renaissance", tome LXV, 2003, n. 1, p. 7-50 et le livre important de L. PETRIS, *La Plume et la Tribune. Michel de l'Hospital et ses discours (1559-1562)*, Genève, Droz, 2002.

3   Voir J.-F. Dubost, *La France italienne. XVIᵉ-XVIIᵉ siècles*, préface de Daniel Roche, Paris, Aubier, p. 246. Voir aussi sur cette famille qui a parfaitement réussi l'intégration nobiliaire de façon progressive sur plus de quatre générations, L. A. Colliard. *Un dottore dell'Ateneo Patavino, op. cit.* et J. Balsamo, « Les Delbene à la cour de France », dans *La circulation des hommes et des œuvres entre la France et l'Italie à l'époque de la Renaissance*, Paris, C.I.R.R.I., 1993, p. 61-76 et R. Gorris, *Sous le signe des deux Amédée* : « "L'Amedeide" d'Alphonse Del Bene et le poème dynastique à la Cour de Savoie sous Charles-Emmanuel Iᵉʳ », Nouvelle Revue du XVIᵉ siècle, numéro consacré au *Poème narratif long*, sous la direction de M.-M. Fragonard (Paris III), Genève, Droz, 1997, 1, p. 73-105.

reste vingt ans au service de cette princesse courageuse et orgueilleuse qui fait de la tolérance et de sa pratique sa véritable religion[1].

Consciente de l'importance de son rôle dans la reconstruction et la restructuration du duché de son époux Emmanuel-Philibert de Savoie, elle continue sa politique culturelle prenant « en gré (les) poëtiques fleurs[2] » des Muses de Savoie, de France et d'Italie. « Belle fleur [...] / Qui nostre aage de fer de ses vertuz redore », « ceste Marguerite, où semble que les cieux / Pour effacer l'honneur de tous les siecles vieux / De leurs plus beaux presens ont l'excellence enclose[3] », tout en cultivant ses intérêts philosophiques, littéraires, poétiques et romanesques, encourage les traductions des *Amadis*, s'initie au paracelsisme et introduit à la cour une cohorte de musiciens, de peintres et de savants[4]. Infatigable médiatrice entre France et Savoie, elle occupe un rôle politique et culturel fondamental et dont le résultat – la restitution des places françaises au Piémont par Henri III, séduit à son tour par l'intelligence et l'habileté stratégique de sa tante – représentera l'un des succès diplomatiques les plus importants de l'époque[5]. Philibert Pingon, historiographe de la

---

1   Sur les positions religieuses de Marguerite, voir C. H. Patry, « Le protestantisme de Marguerite de Savoie », *Bulletin de la Société de l'Histoire du Protestantisme*, LIII, 1904, p. 7-26 ; T. Heyer, « Marguerite de France, duchesse de Savoie, ses rapports avec Genève (1563-1567) ». *Mémoires et documents publiés par la Société d'histoire et d'archéologie de Genève*, XV, 1865, p. 122-144. Voir la lettre de Calvin à Renée, du 4 avril 1564 où il écrit : « J'ay entendu que Madame la duchesse de Savoie, vostre niepce est en assez bon train, jusques à estre déliberée de se declairer franchement ». *Cf.* T.Heyer, *op. cit.*, p. 126.

2   J. Du Bellay, *L'Olive*, éd. cit., p. 41.

3   J. Du Bellay, *Les Regrets*, éd. cit., sonnet 185, p. 261 et sonnet 181, p. 257.

4   Sur le rôle de Marguerite, protectrice de Gohory, traducteur des *Amadis* voir R. Gorris, « Du sens mystique des Romans antiques : il paratesto degli "Amadigi" di Jacques Gohory », dans *Il romanzo nella Francia del Rinascimento : dall'eredità medievale all' Astrée*, Atti del Convegno internazionale di Gargnano (7-9 ottobre 1993), Fasano, Schena, 1996, p. 62-84 et *L'Hysope et la rose : le Lycium philosophal de Jacques Gohory* dans *Les Académies entre France et Italie*, Actes du Colloque de Paris IV-Sorbonne, juin 2003, P. Galand, M. Deramaix, J. Vignes eds., Genève, Droz, 2005. Sur son intérêt pour le paracelsisme voir D. Kahn, « Le paracelsisme de Jacques Gohory », dans *Paracelse et les siens*, Paris, "Ariès", La Table d'Eméraude, 1996, p. 125. Voir en outre, sur les rapports entre Marguerite et Gohory le catalogue, *Riserva Musicale*, Biblioteca Nazionale di Torino II, par Isabella Data, Istituto Poligrafico e Zecca dello Stato, 1995, p. 101.

5   La restitution des dernières places françaises au Piémont suscita l'indignation des Français et surtout de Louis de Gonzague-Nevers, le plus important des italiens-français, « *essempio vivo di un vero Principe* » (Guazzo) qui écrivit des *Remonstrances soudainement dressées par Monseigneur le duc de Nivernois, pair de France, estant aux bains d'Acqui au Montferrat, et par lui diligemment envoyées en septembre 1574 au Roy Henri troy.me qui pour lors estoit en la*

cour d'Emmanuel-Philibert, écrit de cette princesse qui sut se faire aimer des deux côtés des Alpes et même dans les vallées les plus hostiles aux Savoie, les vallées vaudoises :

> Ni les efforts de tant de rois illustres, ni les souverains pontifes, ni les épées menaçantes, les machines de guerre battant les murs avec le bruit de la foudre, la terre trempée de sang, ce que nulle force n'avait pu faire, Marguerite l'a fait ! Couvrez donc le sol de feuillage, l'âge d'or de Saturne est revenu[1].

Or, si Marguerite accueille à sa Cour des poètes tels que Grévin, Delbene, des professeurs comme Antoine Govéa, Cujas, des hommes de science et des médecins, Emmanuel-Philibert, de sa part, concourt à cette promotion d'une intense activité culturelle en invitant dans son Duché les plus « *eccellenti ingegni* » de son temps, comme le Tasse et le ferrarais Giovan Battista Giraldi Cinthio[2], des savants comme Capra, Vicomercato, Paciotto et Benedetti, des imprimeurs comme les Torrentino et les Bevilacqua, afin de réorganiser l'Université, avant à Mondovì, après, à partir de 1566, à Turin.

Les époux de la paix mènent donc, de concert, une politique culturelle de tout premier ordre, nécessaire, voire indispensable à la transformation du duché en état moderne, une transformation qui passait par l'exaltation et l'« illustration » du Prince et de sa dynastie, dont l'image s'était dangereusement lézardée au temps de Charles, père fragile et

---

ville de Lyon, concernans l'allienation des villes de Pinerol, Savillan et La Perouse (B.N. Ms. fr. 3315 et le *Fichier Picot*, nn. 849-850). A ce propos voir aussi M. Simonin, « Ronsard entre deux rois (été 1574) : I. Une source inconnue du "Discours au Roy apres son retour de Pologne". II. L'édition originale du "Tombeau de Marguerite de France, Duchesse de Savoie" »dans *Parcours et rencontres. Mélanges de langue, d'histoire et de littérature françaises offerts à Enea Balmas*, Paris, Klincksieck, 1993, p. 576-577.

1   Archives d'Etat de Turin (ASTO), *Storia della Real Casa*, cat. III, *Storie particolari*, mazzo 10, *Emanuele Filiberto*, n. 12, cité et traduit par R. Peyre, « Une princesse de la Renaissance. Marguerite de France, duchesse de Berry, duchesse de Savoie », *Revue des Études historiques*, janvier-février 1902, p. 46. Dans ce même paquet (n. 13) on trouve un poème anonyme, mais attribué à Pingon, *Margaritae Francae, Allobrogum Biturigumque ducis epithalamium*.

2   Sur Giovanbattista Giraldi Cinthio, voir R. Gorris, « Jean Baptiste Gyraldi Cynthien Gentilhomme Ferrarois : il Giraldi francese », dans *Giraldi Cinthio, gentiluomo ferrarese*, Atti del Convegno di Ferrara, 1-2 dicembre 2004, a cura di M. Tempera, Firenze, Olschki, 2005. Sur le voyage du Tasse à Turin voir P. M. Prosio, « Il Tasso a Torino », *Studi tassiani*, 1983, n 3-4, p. 81-93 où l'on trouve, p. 82, n. 6 une bibliographie sur la question. Delbene dédie au Tasse le poème A *Torquato Tasso Filosofo e Poeta rarissimo del secolo nostro*, Ms. 161, f. 100.

impuissant de « Tête de fer ». Après « les armes », « les lettres », « ainsi, après une cruelle guerre [...] / Ayant Pallas pour guide en ses dangers », Emmanuel-Philibert, qui « recouvre enfin la paternelle terre[1] », possède les atouts nécessaires pour jouer le rôle du « nouveau Prince ».

LES YEUX DE PALLAS

Marguerite aux yeux tristes, sombres, fiers mais voilés d'une étrange mélancolie même lorsqu'elle nous apparaît en Pallas triomphante, comme dans son portrait de la collection Wallace[2], élevée sous le guide de Du Châtel[3] et de Marguerite de Navarre, « les mœurs au sçavoir [tu] maries/ et le sçavoir aux mœurs [tu] lies[4] » Dès sa jeunesse, elle est férue de phi-

1   J. du Bellay dans sa « devise pour M. de Savoie » citée par R. Peyre, *op. cit.*, p. 47, n 3.

2   Il s'agit d'un petit tableau d'émail conservé actuellement dans la Wallace Collection de Londres ; au dos du tableau on lit : « Jean de Court m'a fait » suivi de la date 1555 (la même date de l'*Hymne du treschrestien Roy de France, Henry II de ce nom* où Ronsard chantait Marguerite en « Minerve sage »). Sur les portraits de Marguerite, voir D. Bentley-Cranch, « L'iconographie de Marguerite de Savoie » (1532-1574), dans *Culture et pouvoir, op. cit.*, p. 243-256. Il existe d'elle un nombre élevé de portraits qui montrent les traits des cultures française et italienne. Elle garde presque toujours son regard sérieux, sans sourire, qui semble regarder très loin.

3   La duchesse, fidèle aux enseignements de son maître du Châtel, s'intéressait aux sciences, à la médecine (son intérêt pour Paracelse est connu, *cf.* n. 13) et à l'astrologie. Voir la belle dédicace *Illustrissimae Principi Margaretae Valesiae, Biturigum Duci. et Christianissimi Regis Henrici, sorori unicae. Antonius Mizaldus Monlucianus* que le médecin Antoine Mizauld lui adresse en tête de son *Antonii/ Mizaldi Monlucianl,/ De Mundi Sphaera,/ Seu Cosmographia. Libri tres :/ figuris et demonstratio-/nibus illustrati./ Ad Illustrissimam Principem/ Margaretam Valesiam. Biturigum Ducem./ [marque]/ Lutetiae,/ Apud Gulielmum Cavellat. in pingui Gallina./ ex adverso Collegij Cameracensis./M.D.LII./ Cum privilegio Regis.//* (ex. Arsenal 8ᵛ S 13567 (1)). Le *De mundi sphaera* est une mosaïque de passages repris de Manilius, Capece, Pontano mais surtout des parties les plus belles du *Zodiacus Vitae* de Palingenio Stellato, *cf.* F. Bacchelli, « Palingenio e Postel », *Rinascimento*, II série, vol. XXX, 1990, p. 315, n 14. Voir sur Antoine Mizaul : J. Dupebe, *Astrologie. Religion et médecine à Paris : Antoine Mizauld*, Thèse d'Etat, Paris X-Nanterre, 1998, III, 341 (sous presse chez Droz). Sur Pierre du Châtel, voir Mgr Grente, *Dictionnaire des Lettres françaises du XVIᵉ siècle*, sous la direction de Michel Simonin, Paris, Le Livre de Poche, 2001, s.v. et surtout P. du Chatel. *Deux sermons funebres prononcez ès obseques de François Iᵉʳ de ce nom*, Genève, Droz, 1999. Sur les rapports entre Gohory et Marguerite, voir R. Gorris, *L'Hysope et la rose, op. cit.*, et sur la bibliothèque de Marguerite, voir R. Gorris, « Sotto il segno di Paracelso : la Biblioteca di Margherita », dans *Sotto un manto di gigli di Francia, op. cit.*

4   P. de Ronsard, *Œuvres complètes*, Paris, Gallimard, Bibliothèque de la Pléiade, 1993, I, 850.

losophie et ne cesse de « mille fois Platon revoir », nous dit Ronsard, et lit Aristote et son *Éthique* dont elle possède dans sa bibliothèque deux éditions en grec et en latin[1]. Or, cette Minerve combattant « contre vilain monstre Ignorance / qui souloit toute la France » (v. 54-55) et contre « l'Ire que la beste eslance » (v. 57)[2] ne cesse de mener son combat en Savoie.

Nous la voyons ainsi dans sa première demeure, le château de Rivoli, réaménagé en 1560 par le duc pour accueillir Marguerite[3] et magnifiquement gravé dans la première illustration de la *Civitas veri*, commander, un jour d'automne 1565, à son poète Bartolomeo del Bene, éminence grise de sa cour, de « *facilitare, rischiarare, et abbellire con la soavità, et luminosa vaghezza della Poesia* » l'*Éthique à Nicomaque* d'Aristote, « *riducendo in una ode ciascuna virtù, et in una altra i suoi estremi vitiosi, con la via, et modi da poter discernere il bene dal male, et conseguire quello, et fuggir questo*[4] ». De cet ordre ou commandement de la duchesse va donc naître la *Civitas veri* qui a connu comme tous les ouvrages de ce poète qui a voulu, « imitant les Romains, les grecs et le Français » dit le Pyndare français, introduire l'ode horacienne en italien, une genèse et un destin compliqués.

Né sous le signe du Sagittaire, ce poème de l'automne aux couleurs rutilantes et flamboyantes, émaillé de pierres précieuses, de palais et de temples splendides et resplendissants, constitue en effet le « *nono*

---

1   BnF, Ms. fr. 10394, *Compte de la Tresorerie de Madame Marguerite, sœur du Roy pour un quartier fini le dernier jour de mars mil Vᵉ XLIX, avant pasques*, f. ** : X s. pour les *Ethicques d'Aristote en grec*; XX s. pour lesd. *Ethicques en latin avec un commentaire*. Elle fait acheter pour sa bibliothèque d'autres ouvrages : « X sols pour ung texte des offices de Ciceron, de l'impression de Colines ; XX s. pour ung autre texte desd. Offices, de l'impression de Froban avec annotations ; XX s. pour autres offices avec les commentaires […] XL sols pour livres des annotations de Giordamus, Erasme, Ange Politien, et d'autres sur Orace, imprimées à Venise relliez en ung volume ; V s. pour ung texte dudit Orace ».
2   P. de Ronsard, « A Madame Marguerite, sœur du Roy, Duchesse de Savoye », *Le Premier Livre des Odes*, IV, dans *Œuvres complètes*, éd. cit., I, p. 611.
3   Sur le château de Rivoli et son histoire, voir G. Gritella, *Rivoli. Genesi di una residenza sabauda*, Modène, Panini, 1986 ; A. M. Marocco, *Un incompleto Juvarriano. Il castello di Rivoli*, Turin, 1981 ; L. Tamburini, *Il castello di Rivoli*, Lions Club Rivoli Valsusa, s.d. ; G. Papi, *Il castello dei Savoia* in *Rivoli torinese*, « Rassegna Mensile Municipale », Turin, nn. 6-7, juin-juillet 1986 ; B. Faussone, *Rivoli*, Torino, Scarrone, 1965 ; B. Castiglione-D. Tavolada, *Appunti di storia Rivolese*, Rivoli, Seita, 1981 ; L. Antonelli, *Cenni di storia Rivolese*, Rivoli, Dogliani, 1917. Nous remercions chaleureusement Roberto Dapavo, doctorant de l'Université de Milan et piémontais, pour son aide précieuse lors de nos recherches sur Rivoli.
4   München, Bayerische Staatsbibliothek, Ms. it. 161, f. 141v.

libro » d'un ambitieux projet poétique du florentin : *L'Anno*, un vaste poème qui aurait dû compter 12 mois et une ode consacrée à chaque jour de l'année. Or, si les manuscrits des poèmes de Baccio Delbene sont restés pour la plupart inédits jusqu'au XVIIIe siècle, dispersés dans diverses bibliothèques d'Europe : de Florence à Le Mans, de Copenhague à Munich, le mois de *Novembre* a connu un sort très différent. Les 30 journées de novembre furent traduites en raffinés hexamètres latins par l'auteur même après la mort de Marguerite et lors de son service à la cour d'Henri III. Commentées et préfacées par l'humaniste et professeur de rhétorique néerlandais Théodore Marcile[1], les 30 journées de novembre furent publiées à Paris en 1609 sous le titre de *Civitas veri*.

Or, si les mois de décembre, janvier, février sont conservés dans le Ms. 7 de la Bibliothèque du Mans[2], un manuscrit étudié par Couderc

---

1 Théodore Marcile, pseudonyme de Claudius Musambertius, élève de Johannes Noviomagus, étudia à Louvain et à Paris. Il enseigna à Toulouse et vint à Paris en 1578 pour enseigner au collège des Grassins. Il enseigna dans des collèges importants et succéda à Jean Passerat dans la chaire d'éloquence royale au Collège de France, vers 1602. Il commenta : Catulle, Tibulle, Lucain, Properce, Aulu Gelle, Horace, Julien, Libanius, Martial, Justinien, Perse, Porphyre, Suétone, Tertullien. Son intérêt pour l'ésotérisme est bien connu. En 1585, il publia une édition des *Aurea Pythagoreorum Carmina. Latinè conversa, multisque in locis emendata, illustratàque adnotanionibus ; quibus etiam Hieroclis interpretationi non parum luci adfertur. Auctore Th. Marsili*, Paris, 1585, in-12° (BnF, Yb 5050 et autres ex.). Il publia aussi des recueils de poèmes latins : *Historia strenarum, orationibus adversariis explicata et carmine, item Prosopopoeiae sive Martis, Justitiae, Pacis, Minervae et Franciae*, Paris, Prevosteau, 1596 (BnF, G 31759) ; *Hymnus D. Caterinae*, Paris, Prevosteau, 1597 (Yc 1530) ; *Christianissimo et invictissimo Francorum et Navarrae regi Henrico IV... monodia Theodori Marcilii, ... Ejusdem ad poetas novum*, Paris, Libert, 1610. *Cf.* le catalogue de la BnF pour ses très nombreux ouvrages. Casaubon jugea très sévèrement son œuvre, tout comme Scaliger, et le dénonça comme un homme superficiel qui s'intéressait à tout sujet y compris Aristote (*cf.* Jehasse, *La Renaissance*, p. 315, 385 et 389). Voir sur lui K. Meerhoff, *op. cit.*, p. 120, n. 4 ; P. CASTELLI, *op. cit.*, p. XI, n. 44 et p. XII ; *L'Europe des humanistes (XIVe-XVIIe siècles)*, répertoire établi par J.-F. Maillard, J. Kecskeméti et M. Portalier, Turnhout, Brepols, 1998, p. 289.

2 Le Mans, Bib. Municipale, Ms. 7, *Recueil anonyme de poésies italiennes*. Ce Ms. de Del Bene provient de l'abbaye de Saint-Vincent (Le Mans) qui appartenait à la Congrégation de Saint-Maur. Un ex-libris de 1727 se trouve en effet sur le volume mais les moines ignoraient l'auteur de ce Ms. qui figure comme anonyme dans leur catalogue. Nous remercions le Conservateur de la Médiathèque Louis Aragon du Mans, M. Didier Travier qui nous a envoyé un microfilm du Ms. 7. Voir sur le Ms. 7, P. Couderc, *Les poésies d'un Florentin à la cour de France au XVIe siècle (B. D.)*, *op. cit.*, p. 1-45 ; L. A. Colliard, *Un dottore dell'Ateneo Patavino alla corte di Francia : Pierre d'Elbène (1550-1590)*, *op. cit.* et *id.*, *Philippe Desportes in due odi inedite al suo amico italo-francese Barthélemy D'Elbène*, *op. cit.*

qui en a publié plusieurs odes, le mois de novembre paraissait disparu à
jamais, après le terrible incendie de la Bibliothèque Nationale de Turin
qui conservait un *Codex CCLXXXII [282]. N. VI. 7* dont le titre était
*La Città del vero di Bartolomeo Delbene gentilhuomo fiorentino. Al serenissimo
Carlo Emanuele Duca di Savoya* (*Poema filosofico in XVII giornate*)[1]. Au
cours de nos recherches sur Marguerite et sur sa cour en vue de notre
livre *Sotto un manto di gigli di Francia*, nous avons retrouvé à la Bayerische
Staatsbibliothek de München un manuscrit, le Ms. it. 161[2] qui contient
les mois de janvier (ff. 51-91), février (ff. 91-138) et le tant recherché
mois de Novembre (ff. 141-284), alias le Ms. original italien de la *Città
del vero* avec ses 30 journées et un précieux *Proemio. Sopra il nono libro
dell'anno, nel quale si contiene poeticamente trattata la sostanza più necessaria
per la instruttione dell'huomo, acta a farlo ben costumato, et savio* qui évoque
le projet du poème l'*Anno*, « *in dodici libri ciascuno dei quali risponde ad
uno dei mesi dell'Anno* » mais surtout, dans une sorte de dialogue, entre
l'auteur et sa protectrice, les circonstances de la commande, reprises par
Marcile dans le paratexte de l'édition de 1609.

Grâce à ce retrouvement nous avons pu comparer l'édition latine de
1609 et l'original italien de cet ouvrage complexe, enrichi au fur et à
mesure de son passage du manuscrit à l'édition, de la cour de Savoie à la
cour de France, de l'italien au latin de merveilleuses planches gravées par
Thomas de Leu, d'un paratexte important : deux dédicaces à Henri III
et à Henri IV, une préface de Marcile auteur du commentaire érudit
qui remplace, en 1609, le commentaire italien rédigé par l'auteur pour
chaque journée du mois de novembre. Dans son *Proemio* l'auteur déclare
vouloir « *trattare … poeticamente, et succintamente delle virtù morali, et de i
loro estremi vitiosi, secondo la eccellentissima et admirabile dottrina, et ordine di*

---

1   Voir le répertoire latin des *codices* italiens de la Bibliothèque de Turin rédigé par B. Peyron,
     *Codices Italici manu exarati qui in bibliotheca Taurinensis Athenaei ante diem 26 ianuarii 1904
     asservabantur / recensuit, illustravit Bernardinus Peyron; praemittuntur C. Frati Italica praefatio
     et elenchus operum B. Peyroni typis impressorum*, Taurini, *apud* C. Clausen, 1904 (Ex Off.
     Typ. Regia J. B. Paravia Et Soc.), p. 189, qui décrit le Ms. Disparu : « *Chartaceus, ineunte
     saec. XVII exaratus, constat paginis num. notatis 480, in-4°. Uti videtur autographus. Incipit
     proemium : Raggio de l'alma e gloriosa luce./Stella hor del ciel più altero/Mia vita in terra, honor,
     sostegno e Duce, etc. Ethicam Aristotelicam poetica forma reddere studuit auctor. Margherita a
     Francia, mater Caroli Emmanuelis I inducitur in Scenam, veluti princeps poematia persona* ».
2   München, Bayerische Staatsbibliothek, Codex ital. 161, 230 ff. Nous remercions la
     Bayerische Staatsbibliothek qui nous a envoyé un Microfilm du Ms. Ce Ms. est cité aussi
     par R. J. Sealy, *The Palace Academy of Henry III*, Genève, Droz, 1981, p. 161, n. 41.

Aristotele contenuto nei suoi libri della sua Ethica à Nicomaco, non traducendola, ma solo trahendo da quella i precetti, et capi più degni sustantiali et necessarij di essere intesi, et tenuti a memoria da quelle persone che desiderano per la scienza, et più dritta via di pervenire alla vera felicità attiva, o contemplativa tale quale l'huomo la può in questo corso humano acquistare. » (f. 141).

La *Città del vero* veut donc être, dans les intentions de son auteur, une espèce de résumé du traité d'Aristote, un mode d'emploi de la vie heureuse à travers une mise en œuvre du bonheur individuel et collectif avec leur cortège de vertus inaugurant un modèle que Del Bene et les tacitistes et les théoriciens de la Raison d'Etat vont reprendre et cultiver[1]. Charles Paschal, autre protégé de Marguerite[2], qui va traiter l'histoire tacitéenne comme une mine de sentences, avait trouvé son modèle dans les *Più consigli e avertimenti di M. F. Guicciardini in maniera di repubblica e di privata*, une anthologie de 158 maximes tirées de l'historien Guicciardini et réunies par son ami Corbinelli avec la collaboration de Baccio del Bene qui fut (le privilège est daté du 11 juillet 1576) traduite

---

1   Voir R. Gorris, « "La France estoit affamée d'un tel historien" : lectures de Tacite entre France et Italie », dans *Actes du Colloque du Centre Montaigne*, Bordeaux, 19-21 septembre 2002, *Écritures de l'histoire (XIVe-XVIe siècles)*, réunis et édités par D. Bohler et C. Magnien, Genève, Droz, 2005, p. 113-141.

2   Charles Paschal est l'auteur de la *Harangue de Charles Pascal sur la mort de la très-vertueuse princesse Marguerite de Valois, fille de François Ier de ce nom, roy de France, qui fut espouse du très-illustre prince Emmanuel Philibert, duc de Savoye prince de Piedmont, adressée à son Altesse, trad. du latin en françois par Gabriel Chappuys tourangeau.* À Paris, Jean Poupy, rue St. Jacques, à l'image de S. Martin, 1574 et d'une série de poèmes dédiés à Marguerite et à son entourage. Sur Charles Paschal, l'un des protégés de Marguerite qui écrivit, pour défendre les intérêts du piémontais, une lettre de recommandation « Aux Syndics de Genève, de Turin, le 12 novembre 1567 » (publiée par HEYER, *op. cit.*, p. 144) voir G. Le Fevre de La Boderie, *Diverses Meslanges Poetiques*, éd. R. Gorris, Genève, Droz, 1993, p. 254-255. Le sonnet LIII, *Des ages des Animaux, du latin du mesme Autheur. A Monsieur Paschal Gentilhomme Piemontois* des *D.M.P.*, est en effet dédié à Charles Paschal, « gentilhomme pémontois » que l'on retrouve avec Nicolas, Raphelenge et Guy même dans les listes manuscrites des correcteurs de chez Plantin en 1571 et qui cherchera en vain, plus tard (1581), en qualité d'agent de la compagnie des libraires de Turin, de convaincre l'imprimeur à s'installer à Turin pour servir le duc de Savoie. Sur Charles Paschal, chez Plantin, dans les années 1571-72, voir L. Voet, *The Golden Compasses. The History of the House of Plantin-Moretus*, Londres-Amsterdam-New York, Routledge and Kegan, Vangendt-Abner Schram, 1969-1972, p. 91, 177, 182. Paschal, né à Coni (Piémont), en 1547, conseiller aux requêtes, puis avocat général à Caen, fut souvent chargé de missions diplomatiques, en Pologne, en 1576, en Angleterre, en 1589, et en Suisse, en 1604. *Cf.* sur ce personnage, *Fichier Picot*, BnF, Mss. Nouv. Série Fr. 23254, fiches 315-350 et la bibliographie dans *D.M.P.*, éd. cit., p. 354-355.

en français, l'année même de sa parution, par Laval dans *Plusieurs advis et conseils de François Guicciardin, tant pour les affaires d'estat que privées traduits d'italien en françois avec quarante et deux articles concernant ce mesme subject*[1]. C'est ainsi que l'historien latin, souvent cité par Marcile dans son commentaire érudit de la *Civitas*[2], et l'auteur des *Ricordi* commencent un voyage parallèle que nous avons reparcouru dans nos travaux sur le tacitisme à l'automne de la Renaissance.

La *Civitas veri* allie donc à la rhétorique de l'éloge, à l'opération apologétique visant l'illustration des vertus de Marguerite, la réflexion politique et s'insère à plein titre dans ce courant théorique sur le Prince « parfait », en anticipant la floraison de traités moraux et politiques qui trouvera à la Cour de Savoie un terrain fertile où s'épanouira l'œuvre de penseurs tels que Botero, René de Lucinge mais aussi le médecin et précepteur de Charles-Emmanuel, Agostino Bucci.

Giovanbattista Giraldi a d'ailleurs publié, à l'ombre du duc, toujours en 1565, entre la première et la deuxième partie des ses *Hecathommiti*, ses *Dialoghi della vita civile*, dédiés au petit prince Charles-Emmanuel, une sorte de *speculum principis*, fondé sur les théories d'Aristote, qui devrait mener à la perfection morale, au « bonheur [qui est] l'opération parfaite, née de la vertu, dans une vie parfaite[3] ». Il s'agit d'un traité théorico-

---

1   Les *Più consigli e avvertimenti*, publiés par Morel en 1576 et dédiés à Catherine de Médicis, sont traduits, quelques mois après (le privilège de la traduction date du 11 juillet 1576, la dédicace de Corbinelli, par contre, du 31 mars), par Antoine de Laval : *Plusieurs advis et conseils de François Guicciardin, tant pour les affaires d'estat que privées traduits d'italien en françois avec quarante et deux articles concernant ce mesme subject*, Paris, Robert Le Mangnier, 1576. La traduction sera republiée en 1598 (Paris, M. Guillemot, 1598, B.N. *E 3254). Sur l'édition des *Ricordi*, voir l'article de G. Benzoni, « Corbinelli », *DBI* s.v. ; J.-L. Fournel, « Lectures françaises de Guichardin : vérités historiques et ébauches d'une raison d'Etat … à la française » dans *La circulation des hommes et des œuvres entre la France et l'Italie à l'époque de la Renaissance*, Actes du Colloque 1990, « Centre international de la recherche sur la Renaissance italienne », n. 20, Université de la Sorbonne Nouvelle, 1990, p. 165-187 ; V. Luciani, *F. Guicciardini e la fortuna…sua*, Florence, 1949.

2   Par exemple, Marcile cite Tacite, f. 96, J. IX et f. 98, J. X.

3   La « felicità [è] operation perfetta dell'anima, nata da ottima virtù, nella vita perfetta… », *Hecathommiti*, Venise, Scotto, 1566, f. 9. Giraldi écrit d'ailleurs, dans la dédicace des son livre de nouvelles, publié à l'ombre d'Emmanuel-Philibert et de Marguerite, ses maîtres et ses principaux dédicataires : « *questa mia fatica, dirizzata tutta, con molta varietà di essempi, a biasimare le viziose azioni ed a lodare le oneste ; acciò che si conoscesse quanto siano da essere fuggiti i vizii e con quanto animo si debbano abbracciare le virtù, per operar bene e meritarne laude e onore in questa vita, sperandone non pure fra mortali eterna gloria, ma celesti premi doppo la morte.* » (f. 5). Il écrit d'ailleurs à B. Cavalcanti : « *io avrei intitolata tutta l'opera* Andropedia*, tanto apporta*

philosophique, ayant les ambitions d'une « pédagogie intégrale » qui aboutirait à la possibilité de bâtir une société parfaite à travers la formation éthique du citoyen et du Prince[1]. Marguerite, qui est la dédicataire de la Ve « *deca* » des *Hecathommiti*, consacrée à la fidélité conjugale (la réflexion sur le rôle éthique et social du mariage, sur le rapport entre la famille et la société, entre l'éducation et la vie civile est fondamentale dans ce livre du ferrarais et dans la culture de cour), semble donc par sa requête à Del Bene vouloir donner une réponse ou un complément au débat soustendu d' « aristotélisme pieux[2] » qui intéressait alors la cour de Turin. Lelio passe d'ailleurs en revue, comme le fait la *Civitas Veri*, toutes les qualités et les dispositions de l'âme qui peuvent nous approcher de la vertu[3].

Agostino Bucci va écrire, en 1582, un traité réunissant une série de « *precetti della virtù ; per poter meglio e con maggiore autorità esercitare sopra gli altri l'imperi* », s'adressant au fils de Marguerite né à Rivoli en 1562 : *Il Memorial del Prencipe, nel quale sotto un breve trattato di quattro capi si discorre delle virtù piu principali, e necessarie a formare un buono e valoroso Prencipe*[4]. Orateur officiel des Savoie (il célébra aussi bien l'arrivée de

---

ella seco di quello che appartiene alla virtuosa educazione » (*cf.* S. Villari, *Per l'edizione critica degli « Ecatommiti »*, Messina, Sicania, 1988, p. 135). Notre amie, Susanna Villari, qui vient de publier les *Discorsi intorno al comporre* de l'écrivain ferrarais (Messina, Centro Interdipartimentale di Studi Umanistici, 2002), prépare actuellement l'édition critique des *Hecathommiti*.

1   Sur les *Dialoghi* voir : G. Patrizi, *I Dialoghi della vita civile negli* Ecatommiti, « Schifanoia », Ferrare, Istituto di Studi Rinascimentali di Ferrara, n. 12, 1992, p. 51-60 et notamment p. 54 sur les rapports avec la philosophie d'Aristote ; M.-F. Piejus, « Narration et démonstration : le double apparat présentatif dans les Ecatommiti de Giraldi Cinzio », dans *Culture et société en Italie du Moyen Âge à la Renaissance, Hommage à André Rochon*, Paris, Université de la Sorbonne Nouvelle, 1985, p. 293-310 ; D. Maestri, « I "Dialoghi della vita civile" negli "Ecatommiti" di Giambattista Giraldi Cinzio », *Annali dell'Istituto Universitario orientale. Sezione Romanza*, XVII, 1975, n. 2, p. 363-380. Les *Dialogues* seront traduits de façon autonome par Gabriel Chappuys en 1583 : *Dialogues// philosophiques//et tres-utiles// Italiens-François, touchant la vie Civile.// contenans la nourri-// ture de premier âge : l'instruction de la Jeu-// nesse. & de l'homme propre à se* gouverner soy-//mesme : ornez des tres-escellens traitez des// facultez de noz esprits : *du Duel, du Destin,// de la Predestination, & de l'Immortalité de// l'Ame.//* A tres-illustre Charles Monsieur// de Lorraine, Prince de Joinville.//Traduits des trois escellens Dialogues italiens// de M. Jan Baptiste Giraldi Cynthien,//Gentilhomme Ferrarois.//Par Gabriel Chappuys Tourangeau.//*A Paris,*//Pour Abel L'Angelier, au premier Pilier//de la grand'Salle du Palais.//1583.// Avec Privilege du roy.

2   D. Maestri, *op. cit.*, p. 376.

3   *Il terzo dialogo della vita civile*, ed. cit., p. 133.

4   Ce traité est conservé à la B.N. Universitaire de Turin, Ms. N. VI.42, 37 ff. dans un manuscrit, fortement endommagé par l'incendie de la bibliothèque, qui contenait aussi

Henri III que la mort du duc d'Alençon), professeur de philosophie à l'Université de Turin, Bucci avait représenté, pour le Tasse, qui en fit l'un des interlocuteurs de ses trois dialogues « turinois » (*Il Forno o Della Nobiltà, Della dignità, Della precedenza)*, un « trait-d'union » important avec le monde intellectuel subalpin. Dans son ouvrage Bucci, qui tout comme Francesco Cavriana, médecin de Catherine de Médicis, parle politique en exploitant ses connaissances médicales, va aborder un genre étroitement lié au discours sur le Prince, à son exaltation et à celle de ses ancêtres, un genre qui va avoir un immense succès, au moins du point de vue quantitatif, à la cour de Charles : le poème héroïco-dynastique[1.]

LA QUÊTE DE PALLAS

Del Bene, par contre, tout en orchestrant le thème politique, évident dès le *Proemio* où la duchesse évoque le bien que le petit prince (il a 3 ans) pourrait tirer de cet ouvrage, un thème, celui de la formation, déjà fondamental dans l'*Éthique à Nicomaque* selon laquelle l'accomplissement individuel doit se penser non pas abstraitement mais par rapport à un milieu défini, différencié, fait de relations plus ou moins grandes avec l'autre, ce *philos* qui n'est pas seulement l'ami (les livres VIII-IX sont dédiés à l'amitié et Delbene consacre à ce lien les journées XXIII et XXIV) mais aussi celui qui vit dans la même communauté. « Il faut s'efforcer de déterminer, au moins schématiquement, ce que peut bien être ce souverain bien, de laquelle des sciences ou des capacités il est l'objet.

(ff. 13r.-39v.) l'*Amedeide* de Agostino Bucci. Le *Memorial del prencipe* a été publié par M. L. Doglio dans *Un trattato inedito sul principe di Agostino Bucci*, « Il Pensiero Politico », 1968, 1, n. 1, p. 209-224 ; l'*Amedeide* a été publiée par M. Masoero dans « Una "Amedeide" inedita di Agostino Bucci », *Studi piemontesi*, 1974, III, p. 357-368. Sur Agostino Bucci, voir M. L. Doglio, *op. cit.* et P. M. Arcari, *Agostino Bucci medico-politico alla corte dei Savoia attraverso i suoi scritti politici editi ed inediti*, Roma, 1942 et *D.B.I.*, s.v. Sur son importante famille voir G. Vernazza, *I Bucci letterati*, ms. Bibliothèque Royale, « Miscellanea di storia patria », 48-5. Sur Francesco Cavriana, médecin de Catherine de Médicis et théoricien politique voir notre étude : R. Gorris, *Sotto il segno di Tacito : tra Italia e Francia* in *Scrittura dell'impegno, dal Rinascimento all'età barocca*, Fasano, Schena, 1996, p. 1-30 et n. 1-8.

1   Voir R. Gorris, *Sous le signe des deux Amédée : « L'Amedeide » d'Alphonse Del Bene et le poème dynastique à la Cour de Savoie sous Charles-Emmanuel Ier*, art. cit., p. 73-105.

Ce sera, tout le monde en conviendra, de la science maîtresse suprême, c'est-à-dire de celle qui est au maximun science ordonnatrice, or cette science, il saute aux yeux, c'est la politique » (*E.N.*, I, 1, 1094 a 24-27)[1]. La politique constitue donc un point focal de la *Civitas* et Aristote, et Delbene sur ses pas, ne réfléchit pas seulement sur ce lien cosmique mais il cherche aussi et surtout à définir la *philia* parfaite.

Réflexion théorique sur le bonheur, sur les vertus et sur le bien, raisonnant sur la façon dont l'homme agit et sur la façon dont il devrait agir, l'enjeu est évidemment politique et philosophique. Le bien c'est la fin (I, 5) et c'est cette fin souveraine parfaite qui est désirable par soi, c'est là le bonheur. Mais le bonheur est rendu acquis par la possession des vertus. Delbene, dans les trente journées de son traité, réfléchit systématiquement sur la vertu et passe en revue, jour après jour, toutes les vertus éthiques et intellectuelles longuement étudiées par Aristote dans ses livres II-V-VI. Le poète de Marguerite offre ainsi à la nouvelle Pallas, incarnation de toutes les vertus et de la Vertu tout court[2], un bouquet de vertus mises en poésie et magnifiquement illustrées par les gravures de Thomas de Leu. Entreprise rhétorique, politique, philosophique et poétique offerte à cette Minerve qui dit d'elle même « *ego naturae ipsius instinctu, poesi [ducor et delector]* », où la musique des vers s'allie, dans sa forme définitive, à la peinture, en mêlant le vrai et le délectable – « *utile dulci* » – pour conduire le lecteur à travers la *Città del vero*.

Ce voyage en trente journées, de la porte de l'Ouï au temple de la *Sapientia*, la plus haute et excellente des vertus, est non seulement un parcours qui suit le philophose d'assez près et une analyse détailleée des différentes vertus et de leurs dérives vicieuses, mais aussi une mise en scène de la recherche que Marguerite accomplit pour *se connaître* et pour approfondir les secrets de dame Philosophie. En compagnie de ses deux dames, richement habillées et représentant bien probablement la vie active et la vie contemplative, une sorte de Marthe et Marie[3], et portant son émanteau à la royale » émaillé de lys de France (et dans le ms. contenant

---

1   Aristote, *E.N.*, I, 1, 1094 a 24-27, éd. Gauthier, p. **.
2   Sur les rapports entre Marguerite, nouvelle Pallas, et les poètes de son temps, Ronsard, Du Bellay, Peletier, Grévin, etc., voir R. Gorris, *Sotto un manto di gigli di Francia, op. cit.*, *passim*.
3   Sur ce double visage, entre Marthe et Marie, qui appartenait aussi à Marguerite de Navarre, voir le beau livre de R. D. Cottrell, *La Grammaire du silence. Une lecture de la poésie de Marguerite de Navarre*, Paris, Champion, 1995, p. 9 *sq.*

son trousseau nous avons d'ailleurs retrouvé « ung manteau à la Royalle de velours violet foudré d'hermine tout dyapré d'or et la cotte et manchot de mesme »)[1], elle suit Aristote, comme Dante Virgile, sur ces chemins escarpés, dans ces descentes au fond de l'abyme pour comprendre la nature, les conditions d'épanouissement et de déviation de la vertu mais aussi pour acquérir une sorte de conscience de son exercice, une connaissance profonde des vertus mais aussi des abymes de l'âme et de tous leurs enjeux, collectifs, politiques mais aussi profondément individuels. Exercice de la vertu comme disposition, visant le juste milieu, l'équilibre entre excès et défaut, itinéraire vers la perfection, de la terre au ciel, toute vertu représente, dans ce poème-échelle inondé de la lumière des pierres précieuses, de la flamme de la *mens*, des couleurs de l'automne, mais aussi rendu sombre par ces étranges plongées dans les antres souterrains des vices peuplés des monstres, étranges et inquiétants comme le monstre/serpent recouvert d'écailles de l'Avarice et le dragon enflammé de l'Ire, un itinéraire personnel vers la perfection. « Les "disciplines" aristotéliciennes, Physique et Morale, offrent, écrit F. Yates, une préparation adéquate à la sagesse supérieure de Platon », ce Platon lu et relu mille fois par cette princesse qui fait voler les poètes de la Pléiade vers le monde des idées[2].

Illustration poétique et artistique du célèbre tableau de Raphaël, la *Città del vero* est, d'après la définition de l'auteur même dans le Ms. 7 du Mans, « *una Città intera e perfetta delle più compite del mondo e la meno ruinabile dal tempo e dalle incursioni* »(f. 149 vº) et semble la réponse (à chacun ses armes) poétique et philosophique de Marguerite et de son entourage francophile aux projets du duc, plus tourné vers l'Espagne que vers la France, qui dessine, dans les mêmes années (1566), avec ses architectes le projet de la *Cittadella*, citadelle militaire, projetée par Orologi et continué par Francesco Paciotto – Vitozzo Vitozzi modela par la suite Turin sur les dessins au plan radial de Perret[3]. Emmanuel-

---

1   Voir le Ms. BnF fr. 3119, *Mémoire de tous les objects d'ameublement qu'il faut pour Madame. seur du Roy*, f. 51 vº.

2   F. A. Yates, *op. cit.*, p. 147. Sur le vol du poète, *cf.* Du Bellay, *Olive*, éd. cit., *passim*.Voir aussi R. Gorris, «Sous le signe de Pallas : paroles ailées et ascension dans l'*Olive*», dans *L'Olive de Du Bellay*, Actes du Colloque de Lucelle, 1-4 décembre 2005 (sous presse).

3   Sur le projet du duc de la *Cittadella*, *cf.* P. P. Merlin, *Emanuele Filiberto. Un principe tra il Piemonte e l'Europa*, Torino, SEI, 1995, p. 104 et 182-183. L'ingénieur Paciotto venait de Urbino et contribua, avec d'autres architectes et ingénieurs italiens, à l'affirmation d'une nouvelle culture architectonique. Il projeta, entre 1564 et 1567, deux chefs d'œuvre de

Philbert était le promoteur d'une idée d'architecture d'État comme art du gouvernement, un art qui le passionnait et qui l'avait poussé à s'entourer d'architectes et d'ingénieurs militaires, dès son retour à Rivoli[1].

LE SOURIRE DU PETIT PRINCE

La Città del vero conservée dans le Ms. 161 de Munich garde toutefois une dimension intime[2], affectueuse, miroir d'un rapport entre Marguerite

---

l'architecture militaire : la *Cittadella* de Turin et celle d'Anvers, à forme pentagonale, une forme géométrique aux significations hermétiques. Il était passionné d'alchimie et l'ambassadeur Correr écrit que le duc se rendait souvent « *in casa di un architetto, chiamato Paciotto, dove sono altri artefici, i quali lavorano tutti per suo conto ; e ivi colle proprie mani stilla acque ed ogli, disegna, fa modelli di fortezze e d'altri stumenti da guerra. Si diletta d'alchimia e alle volte trapassa molte ore del giorno, soffiando sotto i fornelli di propria mano.* » Sur Paciotto, voir C. Promis, « La vita di Francesco Paciotto da Urbino », dans *Miscellanea di Storia Italiana*, IV, 1853, p. 359-442 *sq*. Sur la transformation et la fortification de Turin, voir M. D. Pollak, *Turin 1564-1680. Urban design, Military Culture and the Creation of the Absolutist Capital*, Chicago, 1991. Dans le Ms. 7, f. 25, le poète évoque la Cittadella qu'il compare aux Pyramides égyptiennes et soutient que le duc préférait bien l'architecture à la poésie. Sur Jacques Perret, voir E. Balmas, *La città ideale di Jacques Perret*, « Protestantesimo », 1958, p. 15-35 et B. Conconi, « Il salmo e il compasso ovvero gli artifci di un inventore riformato », dans AA.VV., *Cinquecento visionario tra Italia e Francia*, Atti del Convegno Internazionale di Gargnano, 17-20 ottobre 1990, Firenze, Olschki, 1992, p. 411-436.

1   Sur les projets architecturaux du duc qui voulait agrandir Turin, voir M. D. Pollak, *op. cit.*, p. 1-34 ; A. Griseri, *La metamorfosi del barocco*, Turin, 1967, p. 37-38 ; V. Comoli Mandracci, *Torino*, Bari, 1983, p. 8-21 ; C. Brayola, *Vitozzo Vitozzi ingegnere militare e alcuni disegni di Torino antica*, Turin, XXIX, 1939, n. 2, p. 15-19 ; C. Promis, « Gli ingegneri militari che operarono e scrissero in Piemonte dal 1300 al 1650 », *Miscellanea di Storia Italiana della Regia Deputazione di Storia Patria*, XII, 1871, p. 584-591 ; P. M. Merlin, *op. cit.*, p. 104 et n. 9-11, p. 316 ; P. CASTELLI, *op. cit.*, p. XII.

2   Voir, par exemple, la *Giornata vigesima quarta. Dell'amicitia infra i dissimili per età. et per dignità*, Ms. it. 161, f. 251, où le poète évoque le château de Saint-Germain-en-Laye où naquit la princesse le 5 juin 1523 : « *Al mio no disse la mia Duce all'hora / Che'l colle io riconosco / La selva, el piano, ond'io la prima Aurora / Scorsi hor riveggio col mio frate al bosco / Veggiola … di bruno manto involta.* » Le Commentaire explique : « *Aristotele mostra a Madama più persone intagliate di basso rilievo nella spaliera del primo quadro per mano di uno scultore… et dicendo Aristotele di non potere bene comprendere che historia fosse essa, fa che Madama veggendola riconosce il Castello di S. Germano in Lais, e'l bosco che è nel parco del qual luogo nacque nel 1523. Madama che mostra riconoscere intagliato il Re Henrico secondo suo fratello che scendeva nel detto arco, tenendo per mano la Regina Caterina de Medici, sua consorte* ». Le poète d'ailleurs n'hésite pas, de façon quelque peu surprenante, à entrer dans des détails intimes concernant les relations conjugales entre Marguerite et le duc, bien connu pour

et son poète que la *Civitas veri* perd presque complètement en devenant
l'hommage officiel du membre de l'Académie du Palais à son nouveau
maître, le roi Henri III et, dans son dernier avatar, à Henri IV auquel
Alphonse, petit-neveu de Bartolomeo offre le livre que son grand-père
n'avait pu publier ainsi qu'il l'espérait (*cf. Ode al suo libro*)[1]. « Le poème des
vertus aristotéliciennes qui avait chanté la princesse et défini l'ambition
philosophique de la royauté d'Henri III, devenait le miroir des actions
du nouveau roi, "*speculum potiusquum, modulum*", l'acte d'allégeance
d'une famille à la Couronne dont elle espérait de nouvelles faveurs[2] ».
Les Delbene par la publication de la *Civitas* révélaient au grand jour la
réussite exemplaire de leur intégration familiale et nobiliaire, une intégration lente, progressive s'étendant sur plus de quatre générations mais
qui les transforme définitivement de marchands et banquiers florentins,
fuorusciti après le retour des Médicis, en nobles français.

La *Città del vero*, par contre, ainsi que les très nombreuses odes qu'il
dédie à Marguerite est marquée, comme les très belles épîtres latines
de Michel de l'Hopital[3], d'une connivence profonde entre la Muse et
le poète, une entente qui naît d'une fréquentation quotidienne et qui
confère à la poésie de la version italienne la mélancolie et le sourire
des yeux de Marguerite. Le sourire de Charles-Emmanuel qui « *vien
saltando come fanciulletto, ancora, e ridendo nelle mie braccia* » illumine le
Proemio ainsi que le sourire condescendant de sa mère qui, en écoutant
les odes du poète, « *fra molte sue dame e Donzelle doppo l'havere udito leggere
da l'authore più odi... a questo sorridendo* », lui lance un défi qui contient
tout un art poétique :

> Io dubito che questo tuo *Anno* doppo una si ben fiorita primavera, si lucida,
> et si ardente estate non habbi a riuscirne alla fine sterilissimo, vano, o di

---

ses intempérances. Il invite par exemple à ne pas chercher Emmanuel-Philibert parmi les
exemples de tempérance (f. 122, « *non cercare il marito* ») et le place parmi les intempérants
(f. 189) : « *non lungi E. Ph.* ». Toutes ces parties « secrètes » disparaissent évidemment dans
la *Civitas Veri*. Sur les rapports entre Marguerite et Emmanuel-Philibert, mari peu fidèle
qui, écrit l'ambassadeur vénitien Badoer, se consacrait « *troppo spesso agli amori e ai piaceri
delle donne* », voir P. Merlin, *op. cit.*, p. 189 et 192-193.

1 *Ode al suo libro*, Ms. 7, f. 132.

2 J. Balsamo, *Les Delbene à la Cour de France*, *op. cit.*, p. 69.

3 Sur ces *Epîtres*, voir note 10 ci-dessus et P. Galand-Hallyn, *Michel de l'Hospital à l'école de
Jean Salmon Macrin dans les* Carmina, *op. cit.*, et L. Petris, *La Plume et la Tribune. Micheld
e l'Hospital et ses discours (1559-1562)*, *op. cit.*, *passim*.

> piccolissima riccolta, poiché essende già avanzato nell'Autunno, non si vede
> che ei produca o dia speranza a i Lettori o Ascoltatori di alcuno buon frutto
> di rara et grave dottrina, ma solo pieno di fiori, frondi, et d'herba, di piaceri,
> et diletti à chi ben lo considera appare. (Ms. 161, f. 141)

en sont le témoignage touchant. Miroir du prince ou mieux du petit prince, né dans ce château au splendide jardin de cèdres et d'orangers, ce même oranger "bellissimo e ben fiorito" au pied duquel s'endort le poète rêvant de sa magnifique *Città del vero* et qui, revenant comme un refrain fleuri[1], orne, « *pianta altera* » et double comme la vertu qu'il traite, le palais d'or et d'argent de la Magnificence et de la Libéralité de la IXe journée *(Giornata nona Della Magnificenza et liberalitate, Ms. 161, f. 192 & Dies nonus, de magnificentia, et liberalitate, f. 87)* :

> *di gir dentro il disir nostro ardea*
> *ove l'alto, et doppio Arancio al Ciel surgea*
> *Che parea di smeraldo haver le fronde*
> *D'oro i pomi2, et d'argento*
> *i vaghi fiori, ch'ei sol piove, et difonde*
> *Su questo hor quel che d'ogni parte in terra*
> *sotto apre, et mostra voto il grembo* (f. 192)

qui semble évoquer le Politien :

> *Raggia davanti all'uscio una gran pianta,*
> *che fronde ha di smeraldo e pomi d'oro :*
> *e pomi ch'arrestar fermo Atalanta,*
> *ch'ad Ippomene dierno il verde alloro[3] ?*

L'oranger aux branches d'émeraude et plein de fruits et de fleurs est le centre de la cour de ce palais que Marcile compare dans son

---

1   Sur l'oranger et ses symboles, arbre qui signifiait, tantôt l'arbre du bien et du mal, tantôt la rédemption, après la passion du Christ, ou encore la chasteté et la pureté, voir Hygin, *Fabulae*, CLXXV ; Ovide, *Mét.*, X, 560-704, 647-648 et VI, 637-638 ; les *Psaumes*, 1, 3 et Alciat, *Emblemata*.Voir aussi L. Impelluso, *La natura e i suoi simboli. Piante fiori e animali*, Milan, Electa, 2003, p. 140-144, et A. Cattabiani, *Florario. Miti, leggende e simboli di fiori e piante*, Milan, Mondadori, 1996, 637-639.

2   Mattioli avait établi que le mot italien *aranci* dériverait de *aurantia poma* ou *pomi d'or*. *Cf.* A. Cattabiani, Florario. *Miti, leggende e simboli di fiori e piante, op. cit.*, p. 637-639.

3   A. Poliziano, *Stanze*, I, octave 94, v. 1-4. Voir aussi L. Ariosto, *Orlando Furioso*, VI, 21.

paratexte, exemple paradigmatique du syncrétisme et de l'érudition de
sa culture, au temple de Salomon et aux secrets des *Aula arcanae* évoqués par Tacite – un auteur que Delbene lit avec Polybe et Machiavel
en compagnie de Corbinelli et Henri III, d'après la célèbre phrase de
Davila[1] – et Juste Lipse (ff. 96-97)[2]. Or, si dans la galerie des hommes
et des femmes magnifiques – « i Magnifici » – de la version manuscrite
qui ouvrent au cortège les chambres les plus secrètes du palais nous
trouvons : Salomon, « *il saggio che il gran tempio fece* », le premier car « *il
maggior atto di Magnificenza*, écrit l'auteur, *che si possa fare è quello che si
fa in onore di Dio* » (f. 193), Artémise et Alexandre, ce dernier pour avoir
permis à Aristote d'écrire ses livres sur les secrets de la nature, le regard
de Marguerite s'arrête « *desioso et pio* » sur l'image de François Ier, son
père, « *primo di nome et di valore* ». On rencontre dans ce palais – « *laeta
domu duplici distincta colore : virent/marmore pars dextra est, venisque interfluit
auri :/ Altera stat niveo de marmore, totque levi/Argento virgata niter. Sublime
comunis/Surgit marmoreis rectum…* » (p. 87) – dessiné d'après les principes
de l'art de la mémoire, des personnags contemporains : Catherine de
Médicis (dessinée au charbon…), Philippe d'Espagne pour l'Escurial
et– dernier hommage à Marguerite – le nom de la duchesse : « *Il nome
di lei era intagliato nel più grosso tronco di esso Arancio, volendo inferire che sua
Altezza era insieme e magnifica, et liberale* » (f. 193 v.). Dans le *Dies nonus,
de magnificentia, et liberalitate*, f. 87, de la *Civitas* toute la partie finale
est omise dans les vers latins où la galerie des Magnifiques s'arrête à
François Ier qui conclut la visite sur un exemple tiré d'Aulu-Gelle (V,13),
pour des raisons aussi bien d'opportunité politique, assez évidentes, que
par une sorte de filtrage des *exempla*, bien plus nombreux en italien et,
par la suite, savamment sélectionnés par le poète de la cour de France[3.]

---

1   Davila, *Dell'istoria delle guerre civili di Francia*, Milan, 1829, vol. II, libro VI, p. 103 : « *E per
    indirizzare più regolatamente il filo del suo disegno aggiungendo la teorica alla pratica, si riduceva ogni
    giorno dopo pranzo con Baccio del Bene e Jacopo Corbinelli fiorentini, uomini di molte lettere greche e
    latine, dai quali si faceva leggere Polibio, Cornelio Tacito, e molto più spesso i Discorsi e il Principe di
    Niccolò Machiavelli, dalle quali letture eccitato, s'era anco maggiormente invaghito del suo segreto.* »
2   Théodore Marcile cite, ainsi que nous l'avons vu, très souvent, l'historien C. Tacite, voir,
    par exemple : f. 96, le temple du livre V de l'*Historia* ; f. 98, Néron, parmi les rois non
    prodigues ; f. 138, l'ire de Tibère. Sur Tacite à la Renaissance, voir notre article qui vient
    de paraître : R. Gorris, « La France estoit affamée d'un tel historien" : lectures de Tacite
    entre France et Italie », *op. cit.*, p. 113-141.
3   Del Bene, par exemple, ainsi qu'on l'a vu, supprime diverses allusions à l'actualité fran-
    çaise et italienne, aux rois de France et à leurs demeures, à Catherine de Médicis et à ses

SOUS LE SIGNE DE DANTE : *DONNA SCENDIAM*
TRA ANNEBBIATA GENTE

Le Palais suivant est celui des prodigues et des vaniteux, doubles vicieux de la magnificence où nous rencontrons les Pharaons et Néron. Des vices, ceux du *Dies Decimus, de prodigalitate, et inani ostentatione magnificentiae*, que Delbene considérait moins graves que ceux incarnés par le monstre de la Journée suivante. Avec la XIᵉ Journée – *Die undecimus, de avaritia et restrictione Magnificentiae*, f. 106 – nous descendons en effet, par une sorte de « *cuniculum* » sombre, à l'Enfer tracé sous le signe de Dante. « *Perdete ogni speranza o voi ch'entrate* » (Ms. 161, f. 199 v.), cet écho intertextuel direct du *Canto III*, v. 9 de l'*Inferno* de Dante annonce la laideur de la grotte souterraine, « *oscuro spelo* », où demeure le « *fero mostro* », « *Monstrum horrendum, informe, ingens, certissima vitae Pestis Avaritia* » (f. 110) :

> Strana la belva smisurata, e brutta
> Di feminile aspetto
> Col ventre enfiato, e con la pelle tutta
> Di brevi carte, che qual scaglie, o bello*
> Inversa* gli copriano il dorso, e'l petto.
>
> Coda ha di serpe e di rapace augello
> Li unghie e le mani, et in questo piede, e in quello
> Il naso ha di elefante, et con le membra
> Sue tutte aduna, e toglie
> En' cavo antro, et terreno ogn' hora assembra
> Del grande Arancio le mature spoglie. (f. 201 v - 202 rᵒ)

La gravure du Labyrinthe des avaricieux[1] et le lexique dantesque que Delbene utilise (« *odiate genti* », « *oscuro spelo* », « *angusto calle* », « *caliginosa, et ima valle* », « *porta* ») plonge encore plus le lecteur dans les « *bolgie* » ou « *giri* » du grand exilé florentin. Les avares y sont en

---

enfants, aux infidélités du duc, etc.

1 *Civitas veri*, f. 11. Sur le labyrinthe, voir P. Castelli, *op. cit.*, p. XXIV-XXV qui écrit que le labyrinthe, dans la *Civitas Veri*, renvoie à un goût typique de la fin du XVIᵉ et représente une allégorie des difficultés de la voie qui conduit à la *Veritas*. *Cf.* aussi K. Kerenyi, *Nel labirinto*, Introduction par C. Bologna, Turin, Bollati Boringhieri, 2004.

effet classés en six catégories et disposés dans les différents cercles du Labyrinhte qui surgit sur des ruines entourant le pré où le monstre Avarice, couvert d'écailles (il ressemble à une sorte de tatou, en latin il est défini « *draco* »). Dans son commentaire italien Delbene le compare, d'après Horace, au malade d'hydropisie, alors que le commentaire latin de Claude Musabert *alias* Théodore Marcile multiplie les sources latines de la bête infernale[1]. Or, ce monstre terrible, dragon ou monstrueux tatou, s'enfuit et se cache ne pouvant supporter la vue de Marguerite, « *liberale et Magnifica donna* » qui, avec son cortège, poursuit son voyage et remonte – « ascendit in collem » – vers la magnifique basilique en marbre noir et blanc de la Magnanimité, « *splendida virtus magnanimi* », « *virtù elevatissima* », un lieu sacré où Socrate demeure en compagnie d' Epaminondas et de Brutus.

ALLA CORTE DEL PRINCIPE

Delbene, poète de cour, liés aux grands, est très attentif aux vertus auliques, à ces qualités indispensables au *Cortegiano* ; sa lecture d'Aristote est sensible à la finesse de l'analyse des qualités comme l'affabilité, l'enjouement (*facezia*) (*E.N.*, 6 et 8) qu'il lit à la lumière des traités de Baldassar Castiglione et de Stefano Guazzo[2].

La scène de cour, évoquée dès le paratexte, qui se passe dans le « *corridore ò galleria de Rivoli*[3] » semble, par un jeu de miroirs, mise en abyme par l'auteur dans l'une des plus belles journées du poème XV *Della Affabilità* (f. 217) qui devient en latin : *Dies quintus Decimus, de comitate sive adfabilitate eiusque extremis*. Delbene, périègète des vertus et du bonheur, dans sa poésie ekphrastique italienne et latine, renforcée par la gravure du « *Palazzo della conversazione* » (f. 218) place au

---

1 Dans son commentaire, l'humaniste Marcile (f. 115-116) évoque Dante mais surtout plusieurs auteurs anciens : Horace, Diogène, Stobée, Polybe, Plaute, Pyndare, Salluste, Aristophane, Pyndare et il cite l'*Egloga* d'Alcméon d'Hérodote.

2 Sur Castiglione en France, voir D. Costa, *Castiglione en France*, Thèse en co-tutelle, dirigée par J. Balsamo et L. Sozzi, Turin-Reims et *id.*, *Castiglione en France au* XVI*e siècle*, dans GRENTE, *op. cit.*, *ad vocem*.

3 Sur la « galleria de Rivoli », voir les ouvrages cités n.[25. ? ? ?]

centre de la cour la statue de l'Affabilité avec le caducée, symbole de l'éloquence, et un magnifique manteau royal (qui semble évoquer le manteau fleurdelysé de Marguerite), parsemé de baisers et d'abeilles. Le socle de la statue écrase les deux vices contraires à la vertu célébrée, par défaut et par excès : le flatteur et l'acariâtre. A gauche, la statue de Protée – « *per le mutazioni frequenti, che vengono nelle Corti* » – et, en face, la statue de Mars. Au fond celle d'Eaque et de Mercure. Elles symbolisent les hommes de cour, les gens d'arme et les gens d'affaire. Toujours liée aux vertus et aux pratiques auliques, la *domus splendida* de la vérité ou mieux de la sincérité (E.N., IV, 7) où l'auteur aborde aussi les dérives de l'arrogance, de la simulation, de la dissimulation et du mensonge (*Dies sextusdecimus, de studio veri sive ut dicitur veracitate, eius que extremis*) des « extrêmes », excès ou insuffisance, familiers aux gens de Cour experts en l'art de la dissimulation. Dans cette journée, *Della verità, o veracità, del suo estremo abondante la bugia, et dissimulatione estremo defettivo* (f. 219), le cortège descend dans un lieu enveloppé par un manteau de brouillard. Le palais de l'arrogance et du mensonge, très beau de loin mais qui n'est en réalité que du brouillard recouvrant des arbres, et que l'auteur compare aux formes illusoires des nuages[1] qui peuvent sembler un palais, un château, un géant ou encore un animal féerique disparaissant toutefois au premier souffle de vent (f. 221). La statue du mensonge [ill. 7] a comme socle un amas de vessies bien gonflées ; à ses côtés se montre l'arrogance dans ses trois espèces. Le palais de la vérité, construit sur un « *alto colle* », est par contre bâti en marbre *candidissimo* et a la même forme, dedans et dehors, comme les hommes sincères. Dehors on trouve la dissimulation, moins grave que l'arrogance, vice par excellence des cours et qui, comme on le sait, possède une ample littérature. Ce vice deviendra, à l'âge de la Contre-Réforme, une espèce de vertu sous le nom de *dissimulazione onesta*[2].

Même climat de joyeuse réjouissance, de *convivio* amical et harmonieux dans le beau jardin (« *bel giardin* », f. 223) de l'*Urbanitas* de la journée XVII, *Giornata Decima settima dell'Urbanità, o Facetia* [ill. 8] qui évoque le jardin du duc de Florence (f. 225). Au centre du palais,

---

1   Voir sur ces formes illusoires le beau livre de E. Zolla, *Archetipi*, Venezia, Marsilio, 1988.
2   *Cf.* le traité de Torquato Accetto, *Della dissimulazione onesta*, éd. par S. Nigro, Gênes, Costa & Nolan, 1983 (et Turin, Einaudi, 1997). Voir sur ce thème R. Villari, *Elogio della dissimulazione : la lotta politica nel Seicento*, Rome, Laterza, 1987.

isolé du reste du monde par des murs de verdure, se trouve le temple
ou fontaine à six colonnes, recouvertes de lierre qui abritent la statue de
l'Urbanité. Cette gravure, tout comme les autres gravures ou *ekphraseis*
de palais, de temples et de basiliques aux précieux matériaux et aux
connotations symboliques[1], démontre une connaissance profonde de
l'architecture italienne de l'époque, et notamment la leçon de Serlio.
Or, ces beaux palais, qui font partie intégrante du texte ont une
fonction symbolique ; ils semblent en effet dessinés pour répondre
au goût aristocratique des milieux auliques auxquels la *Città del vero*
s'adresse[2]. Même la belle page de titre de Thomas de Leu évoque, par
son magnifique cadre aux cariatides, le style Henri II. Les pages de
titre aux encadrements architecturaux se répandirent en France, en
effet, après le retour de Du Cerceau qui, avec P. Lescot et J. Bullant,
fit connaître la première manière de Bramante en France[3]. Le modèle
serlien du livre IV de son *Architecture*, publié à Venise en 1537, chez
Marcolini, et traduit en France par Jean Martin, est bien évident
sur la disposition de ces pages de titre[4]. Les images de la *Civitas
veri* sont donc un élément fondamental du texte. Art de la mémoire
et symbolisme érudit, architecture et morale, poésie et philosophie
s'allient et s'entremêlent harmonieusement dans ces gravures, sous
le signe d'Orphée, pour dire le vrai, pour illustrer ce parcours, d'un
palais l'autre, d'un jardin l'autre, des vertus humaines aux temples
divins des vertus intellectuelles jusqu'aux plafonds étoilés et émaillés

---

1   Sur ces matériaux (marbre, albâtre, diamant, rubis, or, argent…), leur signification sym-
     bolique et leur valeur esthétique, *cf.* R. Gorris, *Concilii celesti e infernali : Blaise de Vigenère
     traduttore della « Gerusalemme Liberata »* dans *Cinquecento visionario tra Italia e Francia*,
     « *Studi di Letteratura Francese* », XIX, 1992, p. 252-268 et Castelli, *op. cit.*, p. XXV qui
     cite des anciens lapidaires.
2   *Cf.* sur l'aspect architectural de la *Civitas*, P. Castelli, *op. cit.*, p. XXIV-XXV.
3   *id.*, *op. cit.*, p. XIX. Voir sur les pages de titre à la Renaissance le manuel en préparation
     La Page de titre, J.-F.Gilmont et A. Vanautgaerden eds., Bruxelles, Musée de la Maison
     d'Erasme, 2006.
4   Voir notre article sur Jean Martin dans « *"Non è lontano a discoprirsi il porto"* : Jean Martin,
     son œuvre et ses rapports avec la ville des Este », dans *Jean Martin, un traducteur au
     temps de François Ier et de Henri II*, Actes du XVIe Colloque international du Centre de
     recherches V.-L. Saulnier, Université de Paris-Sorbonne, *Cahiers Saulnier*, n. 16, Paris,
     PENS, 1999, p. 43-83. *Cf.* aussi W. Bell Dismoo, « *The Literary Remains of S. Serlio* »,
     "Art Bulletin", XXXIV, 1942, p. 140 *sq.*, Deswarte-Rosa dir., *Le traité d'architecture de
     Sebastiano Serlio, une grande entreprise éditoriale au XVIe siècle*, Lyon, éd. Mémoire Active,
     2004, I.

de diamants et de rubis, comme la Jérusalem céleste ou comme le Tabernacle des Hébreux[1].

« L'HEUR DU GRAND BIEN QUI GIST AUX BONNES MŒURS » : L'*ETHIQUE À NICOMAQUE* ENTRE ITALIE ET FRANCE

Dans son commentaire érudit et touffu qui révèle ses connaissances des secrets du monde céleste et terrestre, Marcile cite à plusieurs reprises (souvent pour les critiquer) les savants contemporains qui avaient édité et commenté l'*Éthique à Nicomaque*, notamment Lambin et Zwinger[2]. Delbene et son commentateur ainsi que l'instigatrice de cet ouvrage où la poésie raffinée des odes italiennes et des hexamètres latins participe à un projet rhétorique alliant texte et images, vers et gravures, en une « véritable synergie[3] »· subissent le charme de l'ouvrage d'Aristote qui,

---

1 Voir sur le Tabernacle et ses secrets rayonnants de lumière, R. Gorris, « *"L'Encyclie des secrets de l'Eternité" : poésie et secret à la Renaissance* », dans *Les Secrets : d'un principe philosophique à un genre littéraire*, Actes du Colloque de Chicago, 11-14 septembre 2002, réunis par D. de Courcelles, Paris, Champion, 2005, p. 297-336.

2 C.V., f. 115 (Lambin et Zwinger) et f. 152 (Lambin). Sur les différentes éditions de Denis Lambin, *Aristotelis de moribus ad Nicomachum libri decem. Nunc primum è Graeco et Latinus et fidelius aliquanto quam antes à Dionysio Lambino expressi. Eiusdem Dyonis. Lambini in eosdem libros, annotationes...*, Parisiis, Ex officina Ioannis Foucherii sub Scuta Florentiae dans via D. Jacobi, 1558, in 4°, 160 et 78 ff., (ex. à la Bib. Civica de Vérone, *Cinq. C 350* et à la Bib. de Sélestat, *cf. Index Aureliensis*, I, A/6, n. 108.350). Dans sa deuxième édition, (Lutetiae, Apud viduam Gul. Morelij, MDLIV (BnF *E240)), il affirme avoir publié sa première édition lorsqu'il était à Venise (en effet, la Bib. Civica de Vérone, *Cinq. D 68*, conserve une édition Venise, Valgrisi, 1558). La traduction est souvent accompagnée des notes de Theodorus Zwinger ou de Matthias Berg, *cf.* F. E. Cranz, *A Bibliography of Aristotle Editions, 1501-1600*, Baden-Baden, Verlag, Valentin Koerner, 1971 ; Rossotti, *op. cit.*, p. 403, n 33, qui signale huit éditions et qui affirme que l'édition Lambin est « *il testo della Nicomachea più fedele all'originale greco* », et Gauthier, *op. cit.*, p. 177. L'édition de Th. Zwinger, attiré par les méthodes ramistes, parue à Bâle, chez Oporin, en 1566, est illustrée de diagrammes : *Aristotelis Stagiritae de Moribus ad Nicomachum libri decem : Tabulis perpetuis, quae Comentariorum loco esse queant, explicati a illustrati*, Basileae, S. Oporinum et E. Episcopum, 1566 (ex. à la Bib. Civica de Vérone, *Cinq. A 125*) et *Aristotelis Ethicorum Nicomachiorum libri decem*, ex. *Dion. Lambini interpretatione Graecolatini Theod. Zwingeri argumentis atque scholiis, tabulis quinetiam novis methodice illustrati*, Bâle, 1582. *Cf.* Rigolot, *op. cit.*, p. 53 et Gauthier, *op. cit.*, p. 161, 190, 198, 224, 227.

3 K. Meerhoff, *op. cit.*, p. 130.

dans la seconde moitié du XVIe siècle fut l'objet d'une sorte d'engouement collectif, de mode notamment à la cour d'Henri III et à l'Académie du Palais. Mais, d'après le témoignage de Marguerite, on lisait bien avant, l'*Éthique*, à la cour de France. La duchesse évoque en effet une lecture publique de quelques chapitres de la traduction italienne de Segni, dédiée à Côme de Médicis, à la cour de son frère Henri II. Une version, d'après son opinion, plus difficile et plus obscure que la version grecque et latine qu'elle possédait dans sa bibliothèque. Or, c'est la même traduction que nous trouvons dans l'inventaire de la Bibliothèque de Rivoli : *L'Ethica d'Aristotile tradotta in lingua volgare fiorentina et omentata per Bernardo Segni*[1]. Cette traduction à la belle page de titre aux cariatides avec, au centre, la ville de Florence, est célèbre et très diffusée (la Bib. Civica de Vérone en possède quatre exemplaires). Or, la traduction florentine est enrichie d'un commentaire important et d'un paratexte très touffu qui rend compte de la lecture ou relecture « *di corte* » et florentine d'Aristote, comme modèle idéal pour la définition de l'Idée d'État mais aussi comme doctrine, vérité dont la fin est le bonheur[2]. Segni, après avoir lu tous les commentaires contemporains et notamment celui d'Acciaiuoli, dans sa dédicace à Cosimo, illustre bien cette école de pensée florentine que les « italiens », voire les *fuorusciti* florentins, répandront à la cour de France. Il insiste sur la dialectique fondamentale de l'*Éthique* entre vie active, « *attiva e humana felicità* » et ses vertus (« *la Prudenza* – vertu-clé de la morale pratique – *è ragione, e forma di tutte* »)[3], et vie contemplative (symbolisées par les deux dames de la *Civitas*) :

> *La felicità humana è il fine di questa dottrina, la quale dividendo essa felicità in attiva, e in speculativa ha certamente diversità in questo fine per l'eccellenza ; conciosia chè la speculativa sia dell'attiva tanto più nobile, quanto le cose certe delle men' certe,*

---

1   Voir l'inventaire de la Bibliothèque du château de Rivoli publié in A. Manno, « Alcuni cataloghi di antiche librerie piemontesi », *Miscellanea di Storia Italiana edita per cura della Regia Deputazione di Storia Patria*, XIX, IV.2, Turin, 1880, sous la voix : « *Trattato del governo d'Aristotile* », p. 389.

2   *L'Ethica/d'Aristotile/tradotta in/lingua vulgare/Fiorentina/et comentata/per Bernardo/Segni/in Firenze/MDL/*. La Bib. Civica de Vérone conserve, dans ses fonds XVIe siècle, cinq exemplaires : trois ex. 1550, *Cinq. C 14*, *Cinq. C 25* et *Cinq. C 201* et deux ex. 1551, *Cinq. E 691* et *Cinq. E 250*.

3   Voir la Journée XXVIII dédiée à la prudence, *De prudentia*, représentée par Minerve dont Marguerite est la nouvelle incarnation ainsi qu'on le sait, *cf.* R. Gorris, « Sous le signe de Pallas », art. cit., *passim*.

l'eterne delle corruttibili, et le divine dell'humane. Et di tal felicità bastici saperne
quel tanto, che dal gran Filosofo nel suo luogo è stato descritto... (f. 5)

Long développement sur le libre arbitre ou sur les «*attion virtuose*»
pour savoir si elles «*sien fatte da noi stessi, et col nostro libero arbitrio, ò se*
elleno* ci son cagione di far conseguitare la felicità eterna» pour conclure
que «*le seconde (le attioni dell'huomo christiano)*» dérivent «*della fede di*
Giesù Christo data per gratia a ciaschedun Christiano nel battesimo... ; con la
qual gratia, che in lui infonde la fede, dico, che e' può operare, se è vuole, quelle
medesime attioni morali, le quali in questo modo si fan meritorie». «*All'uomo*»
– et l'on voit l'importance de la greffe néo-platonicienne florentine – de
«*farsi simile à Dio per quanto si puote il più, et se la meditatione della morte*
(che altro non significa in questo detto, che vivere con la mente separata da' sensi,
et dal corpo) è piu nobil fine che qualcun altro, che si proporre, gli huomini, se
finalmente il primo, il supremo grado negli ordini è più eccellente dell'ultimo, et
dell'Inferiore; certamente che la Filosofia, che in se stessa raccoglie suggetto, fine, et
ordine nobilissimo, verrà ad essere non pure cosa sopra tutte l'altre eccellentissima,
anzi divinissima, et suprema di tutte quelle, che gli huomini in questa vita possano
avere» (f. 12). Une réflexion sur la signification de la philosophie, donc,
comme *praeparatio mortis*, permettant à l'âme de l'homme de s'élever à la
contemplation s'alliant à une pratique de la vertu civile qui, reprise du
commentaire de Donato Acciaiuoli, publié à Florence (Florentiae, *apud* J.
de Ripoli 1478) et, dès 1541, à Paris et à Lyon à plusieurs reprises, a sans
doute influencé Baccio del Bene[1]. La philosophie élève l'âme et permet de
s'élever à la contemplation. Une philosophie qui, donnant pleine dignité
à l'homme guidé par raison (Aristote) et sagesse (Marguerite), permet
d'atteindre le bonheur mais qui ne perd pas de vue ce qu'on définit la
«*felicità umana*». «*Alza il tuo volo più che puoi*», a écrit tout récemment
un autre grand florentin, Mario Luzi.

Or, si les ramistes reprochaient à Aristote de faire peu de cas de la
Loi divine dans la recherche du souverain bien (et aussi le concept de

---

1   Le commentaire de ce disciple enthousiaste de Jean Argyropoulos (*cf.* E. Garin, «*La gio-*
vinezza di Donato Acciaiuoli (1429-1456)», *Rinascimento*, 1, 1950), paru à Florence, Ripoli,
en 1478, eut un immense succès en France. Il fut publié à Paris, en 1541 : *Ethicorum ad*
Nichomachum libri decem. Ioanne Argyropylo interprete, ... cum Donati Acciaioli commentariis
castigatissimis, Parisiis, I. de Roigny, 1541 (ex. Bib. Civica de Vérone, Cinq. C 667). *Cf.*
Cranz, *op. cit.*, 108.021 ; Rossotti, *op. cit.*, p. 440, n. 27 qui cite les différentes éditions de
1541 à 1592 et Gauthier, *op. cit.*, p. 150-151, 162-163, 186, 190, 198, 209.

vertu moyenne), les florentins ne se trompent pas. En effet Aristote avait opéré une distinction entre intelligence (*Sunésis*) et la prudence (*Phronésis*) (VI.10.12.1-2). Les commentaires de l'ouvrage d'Aristote se multiplient d'ailleurs dans les années 1560 (Lambin, Zwinger, Vettori, Muret…) et, si d'un côté l'attention au texte est croissante, surtout chez les humanistes du Nord, de l'autre, on assiste à une diffusion dans les milieux universitaires et de cour d'ouvrages divers de synthèse, des manuels d'éthique, des modes d'emploi du bonheur. 1565 (l'année de la commande de Marguerite) est d'ailleurs une année importante pour la fortune de l'*Ethique à Nicomaque*[1] qui voit paraître la traduction latine de Lambin (*Aristotelis De moribus ad Nicomachum libri decem*, Lutetiae, Apud Viduam Gul. Morelij, MDLIV)[2], souvent citée par Marcile, et la traduction et commentaire de Muret au livre V consacré à la justice, publiés à Rome chez Blado[3]. Ces deux ouvrages cherchent, dans l'*EN*, les bases de cette vertu civile et humaine permettant aux hommes de progresser, de se délivrer, par une sorte de sublimation, des forces obscures de l'instinct. Il s'agit d'une lecture qui sous-tend la *Civitas* où ces forces, sous le signe de Pasiphaée et de son enfant monstrueux le Minotaure, sont reléguées dans le sous-sol de la ville mais existent, néanmoins, dans ses grottes et profondeurs.

---

1   Voir sur l'*EN* à la Renaissance, la note ci-dessus. Voir aussi la belle étude de F. Rigolot, « Montaigne et Aristote : la conversion à l'*Éthique à Nicomaque* », dans *Au-delà de la Poétique : Aristote et la littérature de la Renaissance*, études réunies par U. Langer, Genève, Droz, 2002, p. 47-63 et P. Rossotti Pogliano, *op. cit.*

2   *Aristotelis De moribus ad Nicomachum libri decem*, Lutetiae, Apud Viduam Gul. Morelij, MDLIV. F. E. Cranz, *A Bibliography of Aristotle Editions, op. cit., ad vocem* et Rossotti, *op. cit.*, p. 403, n. 33.

3   Marc-Antoine Muret, *Aristotelis Ethicorum ad Nicomachum liber quintus, in quo de justitia et jure accuratissime disputatur*, Romae, apud Antonium Bladum Impressorem Cameralem, anno MDLXV, 17 ff. n.n. (ex. Bib. Mazarine, *143.16*, I⁰ pièce, *cf.* CRANZ, *op. cit.*, 108.498). Cette version fut souvent publiée dans les *Orationes* de Muret en appendice : *In Aristotelis Ethica ad Nichomachum liber quintus. In quo de iustitia et iure accuratissime disputatur. M. commentarius, cf.* ROSSOTTI, *op. cit.*, p. 403, n. 33 qui cite plusieurs éditions vénitiennes et parisiennes. Le commentaire complet de Muret paraîtra, grâce à Adam Sartorius, à Ingolstadt, en 1602, *Commentarii in Aristotelis X libros Ethicorum … omnia nunc primum e ms edita*, Ingolastadii, A. Sartorius qui réunit les notes mss de Muret. Le grand humaniste s'intéresse surtout au livre V traitant de la Justice, fondement du droit civil, moyen de régler la vie civile et du bon Prince, celui qui s'intéresse surtout au bonheur de ses sujets. *Cf. Opera Omnia*, D. Ruhnken éd., Leyde, 1789, III ; ROSSOTTI, *op. cit.*, p. 403, n. 34 ; Rigolot, *op. cit.*, p. 52, n. 15 et Gauthier, *op. cit.*, p. 182, 198, 199, 227. Selon Gauthier l'édition Venise, 1583, est complète.

Les professeurs d'éthique contribuent ainsi au rayonnement de l'*Éthique* : 1563, Pietro Martire Vermigli à Zurich publie son commentaire des trois premiers livres[1] ; en 1566, nouvelle parution de l'édition Grouchy (Paris, J. du Puys, Vérone, Bib. Civica, *Cinq. C 168* mais publiée depuis 1552), professeur au collège de Bordeaux, ami et collègue de Govéa qui enseigne à Turin invité par Marguerite[2]. Toujours en 1566, Zwinger publie, à Bâle, chez Oporin, une longue *expositio* de l'*Éthique*, *De moribus ad Nicomachum libri decem, tabulis perpetuis, quae comentariorum loco esse queant, explicati et illustrati* (Vérone, Bib. Civica, *Cinq. A 125*), véritable jungle de diagrammes de vices et de vertus. D'autre part la vogue en Italie, renforcée par la traduction de Segni, inspire des ouvrages de synthèse comme *Della istitutione morale libri XII* (Venise, Ziletti, 1560) de Alessandro Piccolomini (traduit par Pierre de Larivey, L'Angelier, 1581)[3] et les *Attioni morali* de Giulio Landi, chez Giolito en 1564, un

---

1   Sur le commentaire de Pietro Martire Vermigli, *In primum, secundum et initium tertii libri ethicorum Aristotelis ad Nicomachum, clariss. et doctiss. viri D. Petri Martyris Vermilij. Florentini. Sacrarum literarum schola Tigurina Professoris, Commentarius doctissumus*, Tiguri, Excudebat Christophorus Froschouerus Iunior, mense Augusto, anno MDLXIII, 436 ff. plus Index (BnF, *R 5838*), voir Gauthier, *op. cit.*, p. 175, 186, 190, 196, 198, 225. Sur ce chanoine de Saint-Augustin qui, ayant adhéré à la doctrine de Zwingli, se réfugia en Suisse et devint professeur d'éthique à Strasbourg, à Oxford et à Zurig, voir Ph. Mc Nair, *Peter Martyr in Italy. An Anatomy of Apostasy*, Oxford, Clarendon Press, 1967 et M. Firpo, *Riforma protestante ed eresie nell'Italia del Cinquecento*, Bari, Laterza, 2001, p. 41, 44-45, 81, 119, 124, 190.

2   Sur la version « *correcta et emendata* » de la première édition latine de Périon par Nicolas Grouchy, *Aristotelis ad Nichomachum filium de moribus, quae Ethica nominantur, libri X. Joachimo Perionio interprete, per Nicolaum Grouchium correcti et emendati*, Lutetiae, ex off. M. Vascosani, 1552 (Cranz, *op. cit.*, 108.239). Sur les très nombreuses éditions du travail de Grouchy, voir Rigolot, *op. cit.*, p. 52-53 ; Rossotti, *op. cit.*, p. 399-401, n. 26 ; Gauthier, *op. cit.*, p. 175-176 et surtout n. 260, p. 177, 192, 198, 210 ; Cranz, *op. cit.*, en cite plusieurs. *Cf.* aussi, pour la date qui nous intéresse tout particulièrement, l'édition Paris, J. du Puys, 1566, conservée à la Bib. Civica de Vérone, *Cinq. C 90* [*cf.* page de titre, ill. n. 10] et à la BnF, *Rés. R 789*. Sur Grouchy, ami fidèle des Govéa – Antoine enseigna à Turin, invité par Marguerite – voir R. Gorris « "Toujours il a frayé avec des hommes de cette farine" : André de Gouvéa, principal du Collège de Guyenne et ses "Bordaleses" », dans *La Familia de Montaigne*, études offertes à Michel Simonin, éd. par John O'Brien et Philippe Desan, Chicago, *Montaigne Studies*, vol. XIII, 2001, p. 13-43 et Gauthier, *op. cit.*, p. 174, n. 255.

3   A. Piccolomini, *La istitutione morale*, Venise, 1560, traduction par Pierre de Larivey, *Institution morale*, Paris, Abel L'Angelier, 1581. *Cf.* J. Balsamo-M. Simonin, *Catalogue Abel L'Angelier*, Genève, Droz, p. 166, n. 60 et p. 211, n.°147. Sur Alessandro Piccolomini, voir J. Balsamo, « Larivey traducteur de *L'Institution morale* de Piccolomini : les enjeux de l'italianisme », dans *Pierre de Larivey. Champenois chanoine, traducteur, auteur de comédies et astrologue (1541-1619)*, Actes des sixièmes Journées rémoises et troyennes, Paris, Klincksieck,

dialogue qui, inspiré par la belle préface de Le Fèvre, fait parler Le Fèvre, Clichtove et Bartolini et guide l'homme de cour cherchant à concilier morale et éloquence.

AD BEATAM VITAM : MARGUERITE DAME TOLÉRANCE, « J'AI SECOURU LES MALHEUREUX FRANÇAIS EXILÉS »

Que Marguerite, « *virtuosa reale, angelica natura per infinita atti di cortesia, di liberalità et magnificentia* » (Tasso, libro IV)[1], véritable incarnation de la Vertu (*cf.* Du Bellay, « la vertu luit en moi », s. 176 des *Regrets*)[2], soit l'instigatrice de cet ouvrage sur l'*EN* n'est pas du tout étonnant. Dans cet ouvrage la rhétorique de l'éloge s'enchevêtre et s'unit aux fils rouges de la politique et de la religion. Marguerite, qui gardait soigneusement, dans sa bibliothèque de Turin, sa *Bible* de Le Fèvre et l' *Heptaméron* de M. de Navarre[3], savait très bien que la *renovatio* de la lecture d'Aristote

---

1993, p. 73-81. Rosalba Guerini, de l'Université de Lecce, prépare l'édition critique de cet ouvrage pour la maison d'édition Champion.

1　B. Tasso. *Rime*, Turin, RES, 1995. Les *Salmi* et le livre IV des *Rime* sont offerts *Alla Serenissima Madama Margherita di Vallois*, « *virtusosa, reale, et angelica natura, per infiniti atti di cortesia, di liberalità e di magnificenza* », p. 5.

2　J. Du Bellay, *Les Regrets*, éd. cit., s. 176, p. 252.

3　Sur la bibliothèque de Marguerite, voir R. Gorris, « *Sotto il segno di Paracelso : la Biblioteca di Margherita* », dans *Sotto un manto di gigli di Francia*, *op. cit.* L'un des rares exemplaires complet de la Bible de Le Fèvre d'Etaples, *Le premier volume de l'ancien testament contenant les cinq livres de Moyse*, Anvers, Martin Lempereur, 1528 se trouve à Turin, il porte à l'intérieur : « Le livre est à Madame Marguerite de France ». *Cf.* Van Eys, *Bibliographie des Bibles et des Nouveaux Testaments en langue française au XVᵉ et XVIᵉ siècle*, p. 30. La B.N. de Turin conserve aussi un Ms. L V 4, de l'*Heptameron*, papier, milieu du XVIᵉ siècle, cursive gothique, plusieurs mains. Dans la marge du f. 14 vᵒ, une note d'Adrien de Thou. Le filigrane est proche de Briquet n. 11038-39 (main festonnée surmontée d'une couronne avec P sur le dos de la main) qui proviennent du sud-est de la France, de la première moitié du XVIᵉ siècle. Le Ms., qui réunissait les nouvelles et le *Miroir de Jhesus Christ crucifié* de sa marraine Marguerite de Navarre (B.N. Turin, Ms. L V 4), avait été apporté par la princesse à l'occasion de son mariage avec Emmanuel-Phlibert, *cf.* l'édition du *Miroir* par L. Fontanella, Alessandria, Dall' Orso, 1984, p. 370. Ce ms. a été gravement endommagé lors de l'incendie de 1904 ; environ la moitié de chaque page a été perdue, parfois il ne reste que quelques lambeaux. Des 233 ff. du ms., 219 ff. ont été conservés, il manque 9 ff. au début et 5 ff. à la fin. L'*Heptameron* s'arrête au f. 191 et il est suivi d'une Table des nouvelles et, à partir du f. 195 rᵒ, du Ms. du *Miroir de Jhesus*

était passée par l'esprit éclairé de Le Fèvre d'Etaples qui avait écrit l'un des plus beaux textes sur l'*EN* qu'il considérait le point de départ pour tout croyant, un guide concret pour la vie de tout homme[1].

La princesse n'a d'ailleurs jamais caché ses sympathies pour l'évangélisme et c'est grâce à elle que le duc accorde, par le traité de Cavour de 1561, « premier acte de tolérance religieuse en Europe[2] », la liberté de conscience à ses sujets vaudois[3]. En effet, si les historiens de sa cour les plus récents se sont acharnés à démontrer son orthodoxie[4], à l'époque les nonces du Pape, moins naïfs, avaient dénoncé à plusieurs reprises le « *conclamato calvinismo*[5] » de son entourage et notamment d'un

---

Christ crucifié qui s'achève au f. 219 v⁰. Ces deux ouvrages sont aussi reliés ensemble dans le Ms. BnF fr. 1525. Sur ce Mss. de l'*Heptaméron*, voir l'édition Salminen, Genève, Droz, 1999, p. XXVII-XXVIII et B. Peyron, *Codices Italici Taurinensis Athenaei, op. cit.*, p. 274 : « *quod ab auctore Margaritae Franciae oblatum est, quodque postea una cum aliis compleribus codicibus eximia ista in bibliotheca viri sui Emmanuelis Philiberti transtulit.* ». Voir sur l'*Heptaméron* et les rapports de son auteur avec les milieux hétérodoxes italiens : R. Gorris « Le fleuve et le pré : rhétorique du cœur et de l'esprit dans l'Heptaméron de Marguerite de Navarre », dans *Pratiques de la rhétorique dans la littérature de la fin du Moyen Âge et de la première modernité*, Actes du Colloque de Wolfenbüttel (D), 9-11 octobre 2003, Herzog August Bibliothek, Turnhout, Brepols.

1   *Hec Ars Moralis cum singulos tum civitatem que ex singulis colligitur ad beatam vitam instruit, sequenda fugiendaque monstrat, … et Aristotelis philosophi moralia illustria claraque reddit*, Paris, A. Caillaut, 1494. *Cf.* Rossotti, *op. cit.*, p. 397 qui voit en Jacques Le Fèvre d'Etaples le véritable « *rinnovatore* », dans son *epitomé* « *un anello di congiunzione tra il vecchio e il nuovo* », p. 398. Sur les différentes éditions de l'ouvrage (1499, 1501, 1502, 1511, 1513, 1519, 1527, 1536, 1538, 1543, 1549, 1560) qui fut souvent publié avec des titres différents et accompagné du commentaire de Clichtove (*Artificialis introductio per modum Epitomatis in decem libros Ethicorum Arisoitelis adjectis elucidata [Iudoci Clichtoves] commenariis*, Paris, Wolfang Hopyl et Henri Estienne, 1502 (éds. successives : 1506, 1506-1507, 1511, 1512, 1514, 1517-18, 1528, 1532-33, 1537, 1538, deux éds. en 1542, 1543, 1545, 1559), *cf.* Rice, *op. cit.*, n. LVI-LXX, p. 540-41) ; Rossotti, *op. cit.*, p. 2397-398, n. 16 et E. Rice, *The Prefatory Epistoles of J. Lefèvre d'Etaples*, New York-London, 1972, « Bibliografia », n. XLIII-LV, p. 539-540.

2   A. Armand Hugon, *Storia dei valdesi/2*, p. 30-31 et S. Caponetto, *La Riforma protestante nell'Italia del Cinquecento*, Torino, Claudiana, 1992, p. 162.

3   Sur le traité de Cavour, voir *l'Histoire memorable de la guerre faite par le duc de Savoye contre ses subjectz des Vallées*, éd. E. Balmas, Turin, Claudiana, 1972, *passim* ; T. Pons, *Sulla pace di Cavour del 1561 e i suoi storici*, « Bollettino della società di storia valdese », n. 110, 1961, p. 127-159 et A. Pascal, *Fonti e documenti per la storia della campagna militare conto i Valdesi negli anni 1560-61*, « Bollettino della Società di Studi Valdesi », n. 110, Torre Pellice, 1961.

4   Voir à ce propos R. Gorris, « *"Donne ornate di scienza e di virtù" : donne e francesi alla corte di Renata di Francia* » dans *Olimpia Morata : cultura umanistica e Riforma protestante tra Ferrara e l'Europa*, Actes du Colloque de Ferrare, les 18-20 novembre 2004, G. Fragnito, M. Firpo et S. Peyronel édd., « Schifanoia », Ferrare, ISR, 2006, p. 1-40.

5   S. Caponetto, *op. cit.*, p. 167.

groupe de « sœurs en vérité[1] », à propos desquelles le nonce Vincenzo Lauro écrivait :

> *Et mentre che queste donne staranno qui, io per me non crederò mai, che elle si possano contenere di non fare le lor cene et prediche in segreto ; e come ho ultimamente detto al Duca, il quale si persuadeva che gli fusse da loro osservata la fede, che non si eserciteria qui culto veruno di nuova religione, quando le persone vanno dietro a questa setta, non bisogna crederle cosa alcuna che promettono imperoché il Dimonio le tiene legate in guisa che esse non pure vogliono usar l'esercizio de la loro falsa religione, ma si persuadono « se obsequem praestare Deo », in ingannare e tradire l'Alt.za Sua et in procurare la ruina de la religione cattolica : di che n'habbiamo già innanzi gli occhi l'esempio in Fiandra ma molto più in Francia[2].*

Marguerite, que le Tasse associe à Renée dans un éloge qui semble sorti directement de l'*EN* : « *Chi vorrà anco nelle donne Heroiche non sol la virtù dell'azzione, ma quella della contemplazione, si rammenti di Renata di Ferrara, e di Margherita di Savoia[3]* », est, nouvelle Béatrice, le guide et le *deus ex machina* de cet ouvrage qui soulève la question centrale du bonheur humain et de tous ses enjeux philosophiques, politiques et moraux. Comment l'être humain, cet être si fragile, peut-il être heureux ?

Elle, qui avait à sa cour – « pleine de huguenots, tant hommes que femmes[4] » – en tant que médecin un disciple fidèle de Mélanchthon (*cf.* la lettre de Ph. de Alava à Philippe II : « *la dicha duquesa tiene*

---

1   Voir, sur cet entourage hétérodoxe, A. Pascal, « *La lotta contro la Riforma in Piemonte al tempo di Emanuele Filiberto studiata nelle relazioni diplomatiche tra la Corte Sabauda e la Santa Sede (1559-1580)* », Bulletin de la Société d'Histoire Vaudoise, n. 53, 1929, p. 76 ; S. Caponetto, *op. cit.*, p. 168 ; et T. Heyer, *Marguerite de France, duchesse de Savoie, ses rapports avec Genève, op. cit., passim.*

2   *Cf.* Arch. Vat. Roma, Nunziature Savoia, I, c 12 (lett. n. 17). *Il Lauro al Card.le Alessandrino.* Da Torino, 30 marzo 1569, cit. dans A. Pascal, *La lotta contro la Riforma in Piemonte al tempo di Emanuele Filiberto studiata nelle relazioni diplomatiche tra la Corte Sabauda e la Santa Sede, op. cit.*, doc. n. XLVII, p. 76 et, en partie, par S. Caponetto, *op. cit.*, p. 168.

3   T. Tasso, *Discorso della virtù femminile e donnesca*, Venezia, Giunti, 1582, f. 7 v. Sur les rapports entre Renée et Marguerite, voir la lettre de Calvin (Calvini, *Opera*, XX, c. 279) où le réformateur demande à Renée de convaincre Marguerite « à se déclairer franchement », « à passer plus oultre » car il « estime qu'il n'y a créature en ce monde qui ait plus d'autorité envers elle que vous ». *Cf.* aussi C. H. Patry, *Le protestantisme de Marguerite de Savoie, op. cit.*, p. 24.

4   C. H. Patry, *Le protestantisme de Marguerite de Savoie, op. cit.*, p. 16. Les ambassadeurs vénitiens aussi trouvaient qu'elle protégeait « *fuor di modo* », de façon excessive et, pour eux, incompréhensible, les réformés piémontais et étrangers. Voir les ambassades de Francesco Morosini, 1570, dans *Le relazioni degli ambasciatori veneti al Senato raccolte, annotate ed edite*

un medico, monstruo de chico, corcovado feo, el qual medico es discipulo de Melanthon, recogido en toda la heregia de Alemaña[1] ») ne pouvait pas ignorer que pour le grand réformateur – l'un des exégètes les plus lucides de l'EN, alors que pour Luther Aristote était le maudit païen introduit par le Malin – ce retour aux sources aristotéliciennes « était une libération de la scolastique » et l'Évangile, une fois bien distingué de la philosophie morale, lui donnait sa caution ainsi qu'il l'écrit dans son *Ethicorum Aristotelis enarratio,* publié à Lyon, chez Gryphe, en 1548 :

> *Utilitates philosophiae moralis. 1.Utilis est collatio cum Evangelio et Lege Dei, ac illustrat genera doctrinae. Tenendum enim est discrimen Legis et Evangelij ; et sciendum, Ethicam doctrinam esse partem Legis divinae de civilibus moribus. II. Quia Ethica doctrina pars est legis naturae, et quia Deus vult legem naturae cognosci, naturae congnosci, certe hae disputationes prosunt, quae per signa et demonstrationes colligunt leges naturae et ordinem mostrant. III Cum velit Deus legibus Magistratuum regi civiles mores, etiam hanc doctrinam approbat, quae legum fons est… IV. Etiam in Ecclesia, in disputanionibus de civilibus officiis et moribus, multa sumuntur ex hac doctrina, videlicet ex lege naturae : ut cum de contractibus, de officiis Magistratuum, de virtutibus plerisque, de legibus humanis disseritur. Et maiori dexteritate explicare tales materias possunt, qui recte instituti sunt in hac philosophia*[2]*.*

---

da Eugenio Alberi, Firenze, Tipografia e calcografia all'insegna di Clio-Societ editrice fiorentina, tomo II.

1   25 octobre 1564, Marseille, Fr.de Alava à Philippe I (A.N., K 1502, n. 43). Cf. aussi C. H. Patry, *Le protestantisme de Marguerite de Savoie, op. cit.*, p. 17, n. 2. Voir le portrait du médecin, avec le petit prince Charles-Emmanuel, dans le tableau de Jacopo Vighi nommé l'Argenta (1572 ca) conservé à la Galleria Sabauda de Turin, cf. F. Salvadori, *Galleria Sabauda*, Milan, Electa, 2005, p. 78 qui identifie différemment le nain, pour la critique il s'agirait de Fabio, le nain de la duchesse.

2   *Ethicorum Aristotelis primi, II, III, et V librorum enarratio per Philippum Melanch. Accesserunt eiusdem oratio de Aristotele. Collatio Actionum forensium Atticarum, et Romanorum. In Politico aliquot Aristotelis libros Commentaria*, Lugduni, Apud Seb. Gryphium, 1548, f. 26. Mélanchthon qui trouve dans l'*Éthique,* telle qu'il la lisait, la doctrine du libre arbitre dont il avait besoin pour adoucir la rigueur luthérienne, revient à plusieurs reprises sur l'EN : dès 1529, il publie *In Ethica Aristotelis commentarius* sur les deux premiers livres, en 1545, toujours à Wittemberg, il publie l'édition definitive : *Enarratio aliquot librorum Ethicorum Aristotelis primi, secundi, tertii et quinti. Ad intelligendum Aristotelem utilis*, Wittemberg, édition reproduite, à Lyon, en 1548. Voir sur les diverses éditions du commentaire mélanchthonien Gautier, *éd. cit.*, p. 166-169. Dans le sillage de Mélanchthon l'on retrouve aussi Pierre de la Place qui, en 1562, dédie à Michel de l'Hospital : *Du droict Usage de la philosophie morale avec la doctrine chrestienne,* résumé de l'*EN* mise en harmonie avec la foi chrestienne.

168ROSANNA GORRIS CAMOS

Mélanchthon n'hésitait pas à célébrer l'*EN* comme « un délicieux sermonnaire et une exquise nouvelle Bible[1] » Dans son sillage, Pierre de la Place, premier président de la cour des aides, publie avec une dédicace à l'ami éternel de Marguerite, Michel de l'Hopital : *Du droict usage de la philosophie morale avec la doctrine chrestienne* qui est un résumé de l'*EN* mise en harmonie avec la loi chrétienne[2].

Une tentative de christianisation qui n'est pas étrangère à la *Civitas* où, selon le poète, Jésus est le seul qui vécut d'« *ogni virtute ornato* » – « *Solo la statua di* GESUCHRISTO *nostro signore, che solo visse qui d'ogni virtute ornato, et con tanta grandezza d'animo volle morire per noi, era degno di esser posto nel Tempio* » (Ms. 161, f. 209). Marguerite, dans la dernière page du Ms. 161 de München, invite Aristote, arrivé désormais au point ultime permis à un païen (comme Virgile abandonne Dante avant qu'il entre au Paradis, *Purgatorio*, xxx, 40-59), à prier « *il vero Iddio* » :

> *Comincia qui Aristotele, havendo mostrato à Madama la Città del Vero et il modo di passare per via della vita attiva, et contemplativa da questo esilio terreno, fare ritorno alla patria celeste à pigliar licenza da Madama, dicendo che gli era tempo, doppo si lunga peregrinatione, che ella ritornasse all'usato suo soggiorno, et che ei rimarria quivi fra le statue di quei saggi che entrano nel tempio della sapienza a pregare l'Altissimo Iddio di trarre a lui suo spirito, rompendo il suo giusto decreto che non volendo che alcuno non battezzato si salvi ; alle quali parole Madama rispondendo piena di gratioso, et dolce affetto, lo persuade a pregare il vero Iddio che il Principe di Piamonte Carlo Emanuele al presente Duca di Savoia suo unico figliuolo, che all'hora poteva essere di età..* (Ms. 161, f. 282).

DIRE LE VRAI EN POÉSIE :
LA POESIA PARE ATTA A PALESARE IL VERO

Une lecture donc de l'*EN* ad *usum delphini* où la doctrine est « *facilitata, rischiarata ed abbellita con la soavità et luminosa vaghezza della Poesia* » (Ms. 161, f. 141) et qui insère la *Civitas veri* dans la tradition

---

1 Gauthier, *éd. cit.*, p. 168.
2 Pierre de La Place, *Du droict Usage de la philosophie morale avec la doctrine chrestienne*, Paris, F. Morel, 1562, in-8°, pièces lim. et 103 ff. (BnF *Rés. R 2121* et *R. 20 873* ex. microfilmé).

christianisée de la parole éthique, chère à Michel de l'Hopital[1]. Dans ce poème qui transmet deux vérités, humaine et céleste, l'union de la philosophie et de l'éloquence passe donc par une conception de la poésie très haute, par une réconciliation de la religion avec les belles lettres. Entreprise rhétorique conjuguant poésie et images (« *picturae cum poësi coniugationem* ») ; l'auteur orne et émaille, comme Vigenère, son traité des vertus d'images qui fonctionnent comme des hiéroglyphes (« *miscuit utile dulci, gravissimasque Aristotelis de virtutibus, deque ultimo illo vitae praemio disputationes poetici mellis dulcedine temperavit* », f. 5).

L'auteur suit Aristote dans tous les sens, dans le cortège et dans le plan de ses journées (l'ordre du chapelet des vertus est à peu près le même de l'*EN* III-IV-V[2], bien qu'il déclare : « *l'Author non segue interamente l'ordine che ha tenuto Aristotele ne i suoi libri dell'Ethica* », f. 261). D'ailleurs le rôle de la poésie et le sens de l'entreprise poétique est bien défini dans le paratexte de la *Città del Vero* lorsque la duchesse demande à l'auteur que l'automne de son *Anno* apporte « *buon frutto di rara et grave dottrina* », ces mêmes fruits qui sont d'ailleurs évoqué dans la devise qui orne le fronton de la page de titre : « ANNI MONSTRAT CONTIGERE FRUCTIS ». « *La poesia*, dit le paratexte, *vera finzione e velo favoloso, pare atta a palesare il vero e a rischiarare, et sollevare la profondità e oscurita dei sensi e dello stile di Aristotele* » (Ms. 161, f. 142).

La poésie de la *Civitas*[3] est une Poésie philosophique qui peut révéler les secrets de la philosophie et nous donner des étincelles de la vérité éternelle que les pierres précieuses (saphir, agathe, topace, diamant, rubis, écarboucle...) représentent et que reflètent les plafonds ou les

---

1 Sur Michel de l'Hôpital et les aspects rhétoriques de son œuvre voir : P. Galand, *op. cit.* et L. Petris, *op. cit., passim.*

2 Sur l'ordre des vertus de l'*E.N. cf.* le « Plan de l'*Éthique à Nicomaque* » dans Aristote, *Éthique à Nicomaque, Livres VIII-IX Sur l'amitié*, traduction par R. A. Gauthier, Introduction et notes par J.-F. Balaudé, Paris, Le Livre de Poche, 1970, p. 18. Sur le plan de la *Civitas Veri*, voir Ms. 161, f. 3-4 où l'on trouve la Table des Journées du mois de *Novembre* : « *Alla pagina 141 principia il mese di Novembre sino al fine del presente libro : dipinto questo Mese in 30 giornate ciascuna delle quali ha il suo canto, al quale succede ad ogn'uno il comento, come dal seguente Indice.* »

3 Voir sur Delbene poète philosophe, ses poèmes sur l'âme, *Ad Henrico III Re di Francia. Dell'anima sensitiva ; Dell'anima vegetativa ; Dell'anima razionale ; Dell'origine della vista, cf.* Ms 161, f. 53, 56, 58, 75 et Ms. 7, f. 56 vᵒ où l'on retrouve un discours en prose sur les vertus morales et intellectuelles. Voir sur son rôle à l'Académie du Palais, R. J. Sealy, *The Palace Academy of Henry III, op. cit., passim.*

voûtes émaillés d'étoiles des temples des vertus sapiencielles (science, art, prudence, intelligence, sapience).

La Poésie révèle la vérité, comme celle du grand Orphée que nous rencontrons à des lieux charnières et dont la présence donne au poème une lumière et une complexité typique de la conception ficinienne qui s'efforce de synthétiser et d'englober des éléments différents, platoniciens et chrétiens, ainsi qu'une sorte de jeu poétique d'auto-identification. La statue d'Orphée triomphe dans la journée XXI (*Dies vicesimus primus de virtute heroica eiusque extremo, feritate*), sorte d'*Hymne au soleil*, « *parole al sole* », où l'« *antichissimo, et rarissimo poeta* » chante ses psaumes pour enchanter les bêtes sauvages de la *feritas* et dans l'avant-dernière journée XXIX *(Dies vigesimus nonus, de intelligentia sive mente, sive notitia principiorum)* où Delbene se tait pour laisser la parole « au doux cygne thébain ». Le poète qui est aussi théologien chante dans ce temple de la *mens* ou de l'*intelligentia* par la bouche d'une des dames de Marguerite l'un de ses « *bellissimi Hinni composti in laude di Dio* » [ill. 12].

L'hymne ou « *Canticum* » : « *Cui nube homai di pensier molle* » (f. 273 v.) que Marguerite et son cortège écoutent sous la voûte céleste est en réalité composé par Delbene qui s'inspire toutefois de l'Hymne d'Orphée où le poète grec compare Dieu au jour et à la nuit (*Deum esse diem et noctem*). Le poète invite les âmes à « *salire alla vita contemplativa* » (Ms. 161, f. 275 v.) et les invite à ne pas se retourner, comme lui lorsqu'il alla chercher son Eurydice, c'est-à-dire il les exhorte à délaisser toute passion et intérêt humain et à voler « *fuor del terreno hostello* ».

Une remontée vers la montagne de Dieu qui s'avère difficile, escarpée, pleine de vents rageux et de neiges qui, comme l'eau trouble du fleuve des passions[1], nous repoussent vers la plaine, une remontée difficile comme la marche du Pèlerin qui avance dans le noir de la nuit à la lumière des étoiles mais dont l'objectif ultime est « la vera cognition di Dio », la rencontre avec la lumière de Dieu qui vaut tout ce long et pénible voyage. Dans son commentaire l'érudit Marcile évoque, non seulement une gerbe de sources (Platon, *Rep.* ; Aristote, *EN*, VII,11 ; *De Mysteriis* et *Symbola pythagorica* de Jamblique[2]) mais aussi un fragment pseudo-orphique qui avait connu une vaste fortune et qui est souvent

---

1   Sur cette image voir R. Gorris, *Le fleuve et le pré, op. cit.*
2   Voir l'édition de Pythagore que Marcile publia en 1585 : *Aurea Pythagoreorum Carmina. Latinè conversa, multisque in locis emendata, illustratàque adnotanionibus ; quibus etiam Hieroclis*

cité à l'appui de la conception d'Orphée, précurseur du monothéisme[1]. Cette représentation de Zeus, dont chaque élément a valeur d'allégorie et qu'Eusèbe de Césarée a reproduit dans sa version la plus complète dans sa *Praeparatio Evangelica* (III, 9, 12)[2] témoigne de la complexité des conceptions orphiques du poème évoquant les nombreuses facettes de ce mythe qui se trouve au carrefour de différentes traditions. Disciple de Moïse et des Égyptiens, il voile d'un manteau d'obscurités les vérités qu'il transmet car il fut « d'entre les Sonneurs Grecs tout le premier sonneur » à vouloir « désigner / Le Fils et Saint-Esprit pour les siens enseigner / La Sagesse, dit-il, fut la mere premiere / Avec le dous Amour, ô Bouche de lumiere[3] ! ». Prêtre de la concorde, civilisateur, Orphée est ici considéré comme l'un des premiers qui aient abjuré le polythéisme, la grille à travers laquelle tous les mythes païens peuvent passer. Orphée est le vrai poète divin, le théologien qui a chanté dans ses *Hymnes* la lumière du vrai Dieu. Delbene, dans un syncrétisme qui doit beaucoup à Ficin et à son Académie, célèbre dans le temple de l'Intelligence et dans celui final de la *Sophia*, la « *vera cognitione di Dio* ».

---

interpretationi non parum luci adfertur. Auctore Th. Marsili, Paris, 1585, in-12° (BnF, Yb 5050 et autres ex.).

1 Voir sur les différentes traditions et interprétations de ce fragment orphique (Kern 21, 21 a, 168), D. P. Walker, *The Prisca Theologia. Studies in Christian Platonism from the fifteenth to the eighteenth Century*, Londres, Duckworth, 1972, p. 36-37.Ce fragment a été souvent cité et commenté, entre autres par Ficin (*Opera*, p. 612 et *Epist.* IX, p. 934) et par François Georges de Venise, *Harmonie du monde*, Paris, Chaudière, 1578, f. 289.

2 *Cf.* éd. des Places, Paris, Éd. du Cerf, 1976. Voir aussi *Inni Orfici*, éd. G. Faggin, Rome, 1986, n. 38, p. 114-115. Voir notre édition de G. Le Fevre de la Boderie, *Diverses Meslanges Poetiques*, éd. cit., p. 68, n. 145 et le poème CXXIV, *Vers exprimez des Grecs d'Orfée recitez par Porfyre*, p. 107-108. Sur Orphée, voir D. P. Walker, *The Ancient Theology*, *op. cit.*, p. 25 *sq.* et S. Toussaint, « *Ficino's Orphica Magic or Jewish Astrology and Oriental Philosophy ?* », Accademia, 2, 2000, p. 19-31.

3 Guy Le Fevre de la Boderie, *L'Encyclie des secrets de l'éternité*, Anvers, Plantin, 1571, f. 189.

INTELLIGI VULT SUMMAM FELICITATIS POSITAM ESSE IN
CONTEMPLATIONE (J. XXIX, P. 249)
IL FINE DEL CONTEMPLARE È LA VERITÀ (J. XXVI, F. 261).

Nous sommes désormais arrivés à la fin de notre itinéraire. Le cortège
s'arrête dans le dernier Temple, le plus clair et sublime, le Temple de la
Sapience – « *Regina* », « *Signora di tutte le scienze* », « *Sommo Sole* », « *Vero
Sole* » – où l'homme peut arriver par l'œil de sa spéculation jusqu'au
Thrône de Dieu (Ms. 161, f. 279).

Ultime degré de dématérialisation et point d'arrivée d'un parcours
d'ascèse personnel auquel le poète et sa *Regina* parviennent, après ce long
voyage, en trente journées. Le poète, après nous avoir conduit sur les
routes, les collines et les vallées de la *Civitas Veri*, nous fait abandonner
la réalité physique pour s'approcher et s'unir à la pure immatérialité
et révèle l'« accomplissement » de sa vision, la rencontre avec Dieu, la
seule et unique Vérité. Le poète, périégète de l'Éternité, évoque ainsi
dans son ultime et étincelante *ekphrasis* (J. XXX), tissée des lumières
du soleil et du ciel étoilé, du diamant et du saphir, du rubis et de
l'écarboucle : « *il furore dell'amor di Dio che nel cuore degli huomini accende
la sapienza* » (f. 280). Nous voilà dans le Tabernacle « supernel » (« *Il più
degno e alto tabernacolo del tempio* ») où se dresse la statue d'Anaxagore le
doigt pointant le ciel :

> C'est (tien le caché comme un secret miracle)
> Avecques les humains de Dieu le Tabernacle
> Dedans eus il habite, et seront en tout lieu,
> De Dieu le peuple éleu, luy de ce peuple Dieu. (*Enc.*, f. 139[1])

Le poète suit le vol de l'âme vers les territoires infinis de l'*Ein sof*, va
bien au-delà des territoires des vertus humaines, il vole, nouvel Icare,
après avoir « *rimpennato l'ali al lume d'un più accorto senno, di nuovo comiciò
a vlare con l'ali del pensiero dall'uno all'altro polo, et dall'oriente all'occidente
… per riconoscere Iddio … oscurissima notte e serenissimo giorno.* » (Ms. 161,
f. 276 r°)

---

1   *ibid.*, f. 139.

Magnifique et splendide voyage à l'intérieur des plages secrètes du microcosme et de l'Éternité, ce voyage poétique, en compagnie d'Aristote et de Marguerite, est un itinéraire de l'âme, de la terre au ciel pour dire les vertus de Marguerite, nouvelle Béatrice.

Gerbe en l'honneur de son unique princesse, la *Civitas veri* semble répondre à la question posée par le bouquet des sonnets à Marguerite des *Regrets* :

> Mais puisque la vertu à la louer m'appelle,
> Je veulx de la vertu les honneurs raconter :
> Aveques la vertu je veulx au ciel monter.
> Pourrois-je au ciel monter aveques plus haulte aile ?
> Mais veulx surtout : dire la vérité, l'unique vérité[1].

Rosanna GORRIS CAMOS
Università di Verona

---

1   J. Du Bellay, *Les Regrets*, éd. cit., sonnet 189, p. 265.

TROISIÈME PARTIE

L'ÉCRITURE DE L'HISTOIRE :
ENTRE ESTHÉTIQUE ET DOCTRINE

« ET JE SAIS CE QUI S'EST PASSÉ EN VÉRITÉ »

Dire le vrai chez Diego de Valera.
Le cas de la *Crónica abreviada de España*[12]

> J'écrirai comme à tâtons ce dont je
> me souviens,
>   et je sais ce qui s'est passé en vérité...
> Diego DE VALERA, *Crónica abreviada de
> España*, h X2r

DIEGO DE VALERA ET SON ACTIVITÉ DE CHRONIQUEUR

Mosén Diego de Valera, né à Cuenca, est, sans doute, un des écrivains les plus féconds et intéressants du complexe XVᵉ siècle castillan[3]. Dès qu'en 1427, à l'âge de quinze ans, il entre au service de Jean II de Castille en qualité de damoiseau[4], Valera devient un témoin d'exception de tous les événements politiques qui se sont déroulés pendant les règnes de Jean II, Henri IV et une partie de celui des Rois Catholiques, jusqu'en 1488, année probable de sa mort, à laquelle appartiennent les dernières données que l'on conserve de sa vie.

---

1   Ce travail s'inscrit dans le projet de recherche du Ministère de l'Éducation espagnol HUM2004–02841/FILO. Nous remercions le Prof. Nicasio Salvador Miguel et le Dr. Francisco Bautista de leur précieuse aide.

2   Traduction de l'article : Elisa López et Débora Aracil Alcocer, revue par Dominique de Courcelles.

3   Pour obtenir plus de renseignements sur la biographie de Valera, on peut consulter plusieurs études. Parmi les plus anciennes, il faut citer celles de Gayangos (1855), de Balenchana (1878), et quelques années plus tard, celle de Torre et Franco Romero (1914). Très importants sont les travaux de Carriazo (1927 y 1941). Plus récentes sont les recherches de Salvador Miguel (1977), Rábade Obradó (1990), et Rodríguez Velasco (1996).

4   Valera, *Crónica abreviada*, h. Y6v.

Pendant sa jeunesse, Valera a assisté à la terrible situation du royaume, alors divisé en factions nobiliaires qui se déchiraient, en raison de l'incapacité de Jean II à exercer le pouvoir royal et à contrôler politiquement la Castille. Particulièrement acharnés ont été les affrontements qui se sont produits entre Álvaro de Luna et les infants d'Aragón, desquels Valera n'a jamais reçu aucun salaire, contrairement à ce qui pu être dit parfois, même s'il est vrai que son comportement et ses écrits expriment une certaine sympathie à l'égard des fils de Fernando de Antequera, qui contraste avec l'aversion qu'il ressentait pour Álvaro de Luna, connétable de Castille, qu'il considérait comme le principal coupable de tous les maux de cette période. Sa formation à la cour de Jean II a été complétée par des voyages à l'étranger, expériences qui lui ont valu l'admiration de ses contemporains à l'intérieur et à l'extérieur de la Castille et qui ont marqué son œuvre[1].

Son intervention, en tant que membre de la maison d'Estúñiga, dans l'arrestation d'Álvaro de Luna, a été importante et notable. C'est un événement qui l'a beaucoup touché et qu'il traitera de façon minutieuse et détaillée dans le chapitre qui termine la *Crónica abreviada*. Nous y reviendrons.

Pendant le règne d'Henri IV, que le chroniqueur connaissait depuis qu'il était enfant et pour qui il n'a jamais ressenti aucune sympathie, Valera est resté en retrait et, de cette époque, il faudrait seulement retenir qu'il a exercé la fonction de *corregidor* à Palencia[2].

Dans les dernières années de sa vie, sous le règne des Rois Catholiques, Valera a retrouvé sa confiance dans le pouvoir royal. Il est le fervent défenseur d'Isabel de Castille, lors de sa succession au trône de Castille contre Jeanne de Castille, et il décrit à plusieurs reprises les Rois Catholiques comme étant élus par la Providence divine pour sortir le royaume de la tyrannie qui était le système politique dominant dans les règnes précédents. Il utilise des arguments messianiques, ce qui est alors courant chez les écrivains de l'époque[3].

Valera est devenu tout au long de sa vie un expert de la noblesse et de la chevalerie. Peut-être convaincu par leurs idéaux, et soucieux de paraître comme un sujet parfait des souverains, il n'a jamais osé

---

1   Moya García, en presse A, n. 2.
2   Valera, *Memorial*, p. 71-72.
3   Moya García, en presse B.

se plaindre dans ses lettres aux souverains de tout ce qu'il considérait comme injuste. Ces épîtres constituent des documents très précieux pour connaître la vision que Valera avait des rois et de la situation de la Castille ; elles nous donnent aussi un portrait psychologique de l'écrivain qui écrit par exemple dans une de ses lettres : « *sé esforçarme seruir mi Príncipe, no solamente con las fuerças corporales, más avn con las mentales e yntelletuales*[1] », et elles reflètent bien qu'il est essentiellement soucieux de faire connaître aux rois ce qui se passe vraiment dans leurs royaumes.

L'œuvre littéraire de Valera est longue et variée, mais la critique a plus apprécié sa prose que sa poésie. Dans la dernière décennie de sa vie, notamment de 1479 à 1488, Valera a développé un travail historiographique avec la rédaction de la *Crónica abreviada de España* (*Chronique abrégée d'Espagne*), du *Memorial de diversas hazañas* (*Mémorial des divers exploits*) et de la *Crónica de los Reyes Católicos* (*Chronique des Rois Catholiques*)[2].

La Crónica abreviada de España, que Valera dénomme lui-même *Valeriana* dans le prologue de son *Memorial*, par dérivation de son nom « *Valera* », a été composée entre 1479 et 1481[3]. Même si Valera n'est pas un chroniqueur officiel du royaume de Castille, la rédaction de la *Valeriana* lui a été commandée par la reine Isabel, à laquelle elle est dédiée. Cette chronique, qui a eu le privilège d'être la première qui a été imprimée en Castille, recueille tout le savoir que Valera avait accumulé tout au long de sa vie et c'est l'œuvre la plus ambitieuse de l'auteur. De plus, le fait que Valera fasse référence à elle comme *Valeriana* est une preuve de la prédilection qu'il a eue pour cette œuvre[4].

La chronique est divisée en quatre parties. La première est une description géographique du monde ; la deuxième parle des premiers habitants de la péninsule Ibérique ; la troisième porte sur les Goths, depuis leur arrivée dans la péninsule Ibérique jusqu'au roi Rodrigo ; et

---

1 Valera, *Tratado de las epístolas enbiadas por Mosén Diego de Valera en diversos tiempos e a diversas personas*, p. 16.
2 Moya García, en presse B.
3 Dans le prologue du *Memorial* on lit : « *dexé de escrebir en esta obra las cosas mucho antiguas, porque de aquellas asaz mençión se hizo en la copilación de las Corónicas de España por mí hordenada, que Valeriana se llama* », p. 4.
4 Lucía Megías et Rodríguez Velasco repèrent onze éditions incunables et dix entre 1513 et 1567 (2002, p. 422-423) ; cependant, que Martín Abad explique que l'édition de Salamanca de 1487, recueillie par les spécialistes précédemment cités, est une édition fantôme qui n'a jamais existé (1998, p. 449-450).

la quatrième et dernière partie commence avec don Pelayo et s'achève avec le règne de Jean II[1].

Comme n'importe quel historien qui souhaite être digne de foi, Valera déclare que son écriture est motivée par la conscience qu'il a de l'importance de transmettre la vérité de ce qu'il raconte. Cette préoccupation du chroniqueur apparaît de manière explicite au début de son œuvre, dans la dédicace à la reine Isabel, où il rappelle comment

> *los claros antiguos varones, tanto se dieron a la inquisición de la verdad que, menospreciados los familiares negocios, al estudio de aquélla con gran diligencia se dieron, estimando ser de mayor excelencia aver conocimiento de las cosas divinas y humanas por razón que alcanzar grandes thesoros nin señoríos*[2].

Cette recherche de la vérité ainsi évoquée par Valera, il faut la mettre en relation avec la conception que le chroniqueur a de l'histoire comme *magistra vitae*. Dans quelques-uns de ses écrits, Valera, qui continue ainsi une longue tradition, remarque l'importance pour un gouvernant de connaître l'histoire de ses ancêtres[3]. La lecture des « *corónicas y estorias* » (ou « *chroniques et histoires* ») sera celle qui va apporter aux souverains une vérité exemplaire. À partir de cette conviction, Valera compose sa chronique qui a une fonction de *speculum principis* : grâce à la lecture des vraies histoires des rois qui ont précédé la reine Isabel, cette dernière obtiendra un enseignement qui lui permettra d'imiter leurs faits glorieux et d'éviter les indignes. La connaissance de l'histoire sera un précieux outil politique pour la souveraine ; elle va l'aider à exercer un gouver-

---

1   David Hook, en se basant sur les anotations marginales, signale que cette première partie est celle qui a intéressé le plus les lecteurs du XVIe (1997, p. 135-144). La *Valeriana* sera cité par l'Incunable 1732 de la Bibliothèque Nationale de Madrid, qui est un exemplaire de l'édition prínceps. La première partie de la chronique s'étend du h. Ar au D7r ; la deuxième, la plus courte, va du h. D7r au E8v ; la troisième s'étend du h. E8v au h2v ; la quatrième et dernière partie de la chronique est la plus longue de l'œuvre et elle va du h. h3r au Y6v. L'édition critique et l'étude de la *Valeriana* – de laquelle on ne trouve pas d'édition moderne, même s'il existe une transcription en ADMYTE – est le sujet de la thèse de Cristina Moya García, professeur à l'Université Complutense de Madrid, recherche qu'elle réalise sous la direction du professeur Nicasio Salvador Miguel.

2   Valera, *Crónica abreviada*, h. A2r.

3   Dans le *Doctrinal de príncipes*, une œuvre dédiée au roi Ferdinand, Valera écrit : « *Conviene mucho a los reyes mandar ante sí continuamente leer las corónicas y estorias de los altos ombres pasados, así de los malos como de los buenos, porque la infamia e pena de los malos les faga retraer e apartar de semejantes fechos, e la gloria, fama e galardón de los buenos, los traiga deseo de ser semejantes e parescientes a'quellos* », p. 186a.

nement juste, qui lui apportera le respect de ses sujets et l'approbation de Dieu. Cette idée est bien soulignée dans le prologue, quand Valera s'adresse à la Reine et lui dit :

> *vos plaze aver noticia de las cosas fechas por los ínclitos príncipes que estas Españas ante de vos señorearon después de la general destruyción suya. Porque, por enxenplo de aquellos, mayor conoscimiento podaes aver para el exercicio de la governación y regimiento de tantas provincias y diversidad de gentes quantas Nuestro Señor quiso poner debaxo de vuestro ceptro real. Et con este tan loable y virtuoso deseo mandastes a mí en suma escriviese así las hazañosas y virtuosas obras de aquellos como las contrarias a virtud, porque siguiendo las primeras, las segundas sepaes mejor evitar y fuir, opinando vuestra real magestad en esto servir le pudiese*[1].

Tel est donc le but majeur de Valera, à l'heure de composer son œuvre. Cependant, sa chronique a été lue et interprétée dans les époques postérieures, avec un autre point de vue. Juan de Valdés dans son *Diálogo de la lengua* (*Dialogue de la langue*) qualifie Valera de « bavard » et de « menteur » ; il est bavard parce que, « aimant parler, il écrit des choses hors de propos et desquelles il pourrait se passer » ; et il est menteur,

> *porque entre algunas verdades os mezcla tantas cosas que nunca fueron, y os las quiere vender por averiguadas, que os haze dubdar de las otras ; como será decir que el conduto de agua que sta en Segovia, que llaman Puente, fue hecho por Hispán sobrino de Hércules, aviéndolo hecho los romanos, como consta por algunas letras que el día de oy en ella se veen ; y también que los de la Coruña, mirando en su espejo de la Torre, vían venir el armada de los Almónidas, y que, porque venía enramada, creyendo que fuesse isla nuevamente descubierta, no se apercibieron para defenderse, y assí fueron tomados. Destas cosas dize tantas, que con mucha razón lo he llamado parabolano ; y si lo quisiesse alguno disculpar diziendo que estas cosas no las inventó él de su cabeça, sino las halló assí escritas por otros, en tal caso dexaré de llamarle parabolano, y llamarlo he inconsiderado ; pues es assí que la prudencia del que scrive consiste en saber aprovecharse de lo que ha leído, de tal manera que tome lo que es de tomar y dexe lo que es de dexar ; y el que no haze esto muestra que tiene poco juicio, y, en mi opinión tanto, pierde todo el crédito*[2].

Bien que les exemples allégués ici (« pont de Ségovie » et « tour de La Corogne ») appartiennent à la deuxième partie de la chronique de Valera, on peut penser que l'humaniste Juan de Valdés s'en prend surtout à la première partie de la chronique de Valera, où il y a beaucoup de récits

---

1   Valera, *Crónica abreviada*, h. A2r-v.
2   Voir J. de Valdés, *Diálogo de la lengua*, p. 253-254.

merveilleux, étant donné que Valdés affirme que Valera « de ces choses en parle beaucoup ». Bien plus tard, Menéndez Pelayo a évoqué, comme Juan de Valdés, de façon péjorative, le plaisir pour la fantaisie que l'on trouve dans la chronique de Valera ; il a ainsi contribué à établir des préjugés sur Valera, que les critiques ont durablement conservés[1]. Les mots de Valdés envers Valera démontrent essentiellement un changement radical de mentalité, et ils mettent bien en relief jusqu'à quel point ces deux auteurs appartiennent à des mondes culturels différents. Face à l'écrivain médiéval qui n'hésite pas à se réclamer des autorités, celui de la Renaissance remet en question l'extraordinaire et le merveilleux et il exige que l'on se préoccupe de discerner entre vérité et fausseté des sources employées. Réfléchir à l'attitude de Valera face à ce que l'on pourrait appeler la vérité de ce qui est merveilleux constitue un des buts de notre étude.

Malgré les mots méprisants de Valdés envers Valera, la *Crónica abreviada* présente les trois conditions requises par Pérez de Guzmán dans son célèbre passage de *Generaciones y semblanzas* (*Générations et semblances*) pour considérer un texte historique comme digne de foi :

> *E a mi ver para las estorias se fazer bien e derechamente son neçesarias tres cosas : la primera, que el estoriador sea discreto e sabio e aya buena retórica para poner la estoria en fermoso e alto estilo, porque la buena forma onrra e guarneçe la materia. La segunda, que él sea presente a los principales e notables abtos de guerra e de paz, e porque serie inposible ser él en todos los fechos, a lo menos que él fuese así discreto que non reçibiese informaçión sinon de personas dignas de fe e que oviesen seído presentes a los fechos. E esto guardado sin error de vergüeña puede el coronista usar de informaçión ajena. Ca nunca huvo nin averá actos de tanta manifiçençia e santidad como el nasçimiento, la vida, la pasión e resureçión del Nuestro Salvador Jhesu Christo ; pero de quatro estoriadores suyos, los dos non fueron presentes a ello, mas escrivieron por relaçión de otros. La terçera es que la estoria que non sea publicada biviendo el*

---

1   « … mosén Diego de Valera, muy dado a todo género de patrañas e historias de las cosas pasadas y remotas como prudente y avisado en las próximas y presentes, procuró enriquecer su obra con ficciones tomadas de muy distintos originales, intercalando sin discreción todo lo que había leído en otros centones históricos franceses y latinos, y cuanto había oído en sus peregrinaciones por Europa. La primera parte de su Crónica, que es una especie de cosmografía, puede alternar con los viajes de Mandeville, de los cuales en parte está sacada. Valera admite la existencia de hombres acéfalos, con los ojos en los hombros y narices en los pechos ; diserta largamente sobre el Preste Juan y su corte ; nos enseña que en Inglaterra hay hojas de árboles que se convierten en pescados, y otras aves marinas parecidas a las gaviotas. » ; Voir Marcelino Menéndez Pelayo, 1943, p. 283.

rey o prínçipe en cuyo tienpo e señorío se hordena, por quel estoriador sea libre para
escrivir la verdad sin temor.
E así, porque estas reglas non se guardan son las corónicas sospechosas e caresçen de
la verdad, lo qual no es pequeño daño[1].

Valera respecte bien les trois principes que Pérez de Guzmán expose.
Le premier, qui aurait un lien avec la déclaration de Enrique de Villena
dans sa *Traducción y glosas de la « Eneida »* (*Traduction et glose de « L'Énéide »*)
où il se plaint du manque de préparation des chroniqueurs, est résolu
par Valera, puisqu'il s'agit d'un texte rédigé à la fin de sa vie, alors
qu'il a déjà donné des preuves plus que suffisantes de son érudition et
de son savoir-faire dans le domaine des lettres[2]. La deuxième condition
requise pour garantir la validité d'une chronique est que la personne
qui écrit l'histoire, « assiste aux principaux et plus notables événements
de guerre et de paix, et comme il lui serait impossible assister à tous,
au moins qu'elle dispose de personnes de confiance dont elle pourrait
recevoir l'information, car ils auraient été témoins des faits ». Précisément,
Valera se revendique comme témoin des faits sur lesquels il va écrire,
ce qui garantit la véracité de sa chronique. L'écrivain s'introduit alors
dans sa narration et devient un personnage de plus dans l'histoire qu'il
écrit. Pour tous les événements auxquels il n'a pas pu assister, dans la
majeure partie de sa *Crónica Abreviada*, Valera va avoir recours à des
personnes « dignes de foi », comme Pérez de Guzmán le demandait,
autrement dit, à des autorités. Ainsi, lorsqu'il décrit le monde dans la
première partie de son œuvre, Valera se fonde sur une série d'auteurs et
il signale qu'il écrit « suivant les auteurs qui de ces matières ont parlé[3] »,
et il introduit à plusieurs reprises son avis comme témoin qu'il a été
de certaines merveilles qui se sont produites dans certains pays qu'il a

---

1   Fernán Pérez de Guzmán, *Generaciones y semblanzas*, p. 2-3. Sur les différences d'Enrique de
    Villena et de Pérez de Guzmán à propos du discours historiographique, voir D. C. Carr,
    1986, p. 57-70.
2   Fernán Pérez de Guzmán ainsi que Villena avaient critiqué le labeur des chroniqueurs.
    Même les points de départ de Villena et de Pérez de Guzmán sont divergents et il a été
    signalé une polémique historiographique entre eux (Carr 1986). Nous sommes d'accord
    avec Pedro Cátedra, quand il indique : « *Quizá de esa discusión salga fortalecido el criterio
    historiográfico de la autoridad de la afirmación verdadera unipersonal ; el testimonio individual
    del escritor, pero también el testimonio individual de sus fuentes, que quedan desde entonces aisladas
    o es posible desgajarlas* » (Cátedra 1996 : 44).
3   Valera, *Crónica abreviada*, h. A3r.

visités pendants ses voyages à l'étranger. La position de Valera comme témoin de l'histoire dans le dernier chapitre de sa chronique *Valeriana* est très significative ; ce dernier chapitre est d'ailleurs un des chapitres les plus importants de l'œuvre et le seul qui soit parfaitement original, puisque Valera n'a besoin de se référer à aucune autorité pour raconter les événements du règne de Jean II, étant donné qu'il est lui-même l'autorité, puisque c'est lui qui a assisté et participé à tout ce qui a eu lieu pendant les années du règne du père d'Isabel la Catholique. Ce passage est d'une importance vitale pour l'auteur, car il y donne à connaître des événements compliqués et une situation troublée. L'un des événements les plus remarquables consiste en l'arrestation et la mort d'Álvaro de Luna, dans la mesure où Valera y est intervenu d'une manière active et lui doit, en grande partie, sa renommée.

Valera respecte également la troisième condition requise par Pérez de Guzmán, à savoir : « que l'histoire ne soit pas publiée si le roi ou le prince sont encore vivants, afin que l'historien soit libre d'écrire la vérité sans rien cacher ». Valera, dans son *Abreviada*, ne parlera que d'un roi dont il a été le sujet : Jean II. La chronique sera publiée en 1482 et le roi est mort bien avant la publication, en 1454. Ainsi Valera a eu toute liberté pour raconter son règne. On peut penser, évidemment, que l'écrivain ne s'est pas senti tout à fait libre pour écrire, puisque c'est la fille du roi, la reine Isabel de Castille, qui lui avait elle-même commandé cette chronique. Et pourtant il faut reconnaître que Valera présente, en manifestant une fois de plus son sens de la justice et sa défense de la vérité à travers ses écrits, un règne où le monarque, même si on parle toujours de lui avec respect, n'est pas flatté parce qu'il s'avère incapable d'exercer le pouvoir comme il sied à un souverain de Castille et parce qu'il a délégué ses responsabilités à son favori, Álvaro de Luna, sur lequel Valera force la note.

LA VÉRITÉ DE CE QUI EST MERVEILLEUX
DANS LA PREMIÈRE PARTIE DE LA VALERIANA

La première partie de la *Valeriana* est une description du monde connu à cette époque. En raison du sujet traité, notamment lorsqu'il évoque l'Inde, Valera est amené à mentionner certains éléments merveilleux comme des races humaines prodigieuses ou des animaux fantastiques. Parce que la merveille a quelque chose d'extra-ordinaire, Valera, conscient que ce qu'il est en train d'écrire est peut-être difficile à croire pour les lecteurs, essaie d'étayer « ce qui est vrai » de sa narration à travers les citations de nombreuses autorités, ce qui influera sur le style de sa chronique. Cet attachement à la tradition est nettement perceptible dès les premières lignes de la chronique, dans lesquelles Valera invoque la Bible comme l'autorité par excellence, en soulignant l'authenticité de ce qu'il raconte : « Ici, je ne voudrais écrire que sur les choses dont les Écritures saintes ont fait la mention la plus importante[1] ».

La source principale et la plus utilisée de la première partie de la *Valeriana* est le *De proprietatibus rerum* de Bartholomaeus Anglicus, une œuvre bien connue en Europe et, en particulier, en Castille, à laquelle le chroniqueur a pu accéder facilement[2]. En ce qui concerne les chapitres dédiés à l'Inde, il a recours à une autre encyclopédie médiévale, le *De naturis rerum* de Tomás de Cantimpré[3]. Également Valera utilise le *Libro de los Reyes Magos* (*Le Livre des Rois Mages*) de Juan de Hildesheim, le *Tratado de sesiones de Basilea* (*Traité des sessions de Bâle*) de Alfonso de Carthagène, et deux œuvres du même, l'*Origen de Troya y Roma* (*L'origine de Troie et Rome*) et le *Ceremonial de príncipes* (ou *Cérémonial de princes*)[4].

Tout en étant fidèle au principe d'avoir ses propres sources dans la plupart des cas, Valera préfère mentionner les autorités qui légitiment le contenu de son œuvre. De cette façon, Valera cite le *Livre de la Genèse*, Pline, Basile, saint Jérôme, saint Isidore et Orose, entre beaucoup d'autres, souvent à travers l'ouvrage de Bartholomaeus Anglicus, sans indiquer que cette information a été extraite du *De proprietatibus rerum*. Les sources sont très concrètes et insuffisantes, mais les autorités mentionnées le sont encore plus.

Le cas de Thomas de Cantimpré dans la *Valeriana* pose un problème particulier. Le nom de Cantimpré n'apparaît jamais au long de la *Crónica Abreviada* et, quand Valera cite le texte de Cantimpré, il fait référence à Bède le Vénérable, l'écrivain anglais du VIIIe siècle, également auteur

1   Valera, *Crónica abreviada*, h. A3r
2   Moya García, en presse A.
3   López-Ríos, 2004, p. 217-234.
4   Moya García, en presse A.

d'un traité encyclopédique appelé *De natura rerum*. On ne connaît pas,
avec certitude, le motif de cette occultation. Les écrits de Cantimpré
étaient peut-être attribués à Bède le Vénérable dans le codex que Valera
a utilisé. Il faut se rappeler que l'encyclopédie de Cantimpré s'était
diffusée, en quelques occasions, attribuée à d'autres auteurs et, même
si de nos jours on ne connaît pas d'exemplaire où soit attribué un écrit
de Cantimpré à Bède le Vénérable, cela ne signifie pas qu'à l'époque
de Valera il n'y ait pas eu confusion. Quoi qu'il s'en soit, on n'a pas
d'explication définitive pour cela[1].

Valera, comme d'autres auteurs du Moyen Âge, démontre la vérité
de sa première partie de la chronique en donnant beaucoup de citations.
L'effet stylistique de ce *name dropping* est la lourdeur de l'érudition du
texte comme conséquence de l'enchaînement des références aux autorités. La préoccupation de Valera consiste en fin de compte à préserver
et transmettre la tradition, et non à la réfuter[2]. Face à l'impossibilité
de prouver ou d'infirmer les merveilles avancées par celui qui en parle,
Valera fait un effort pour démontrer qu'il y une tradition des autorités
qui remonte à l'Antiquité et qui raconte exactement la même chose que
ce qu'il écrit[3]. Les citations en se succédant démontrent la cohérence
de la tradition et c'est cette cohérence qui est la garantie de la vérité.
Loffmark signale : « *The medieval tradition was strong because it was coherent.
The authoritative writings were limited in number and usually supported each
other[4]* ». En accumulant les noms des autorités, Valera ajoute au consensus
de la tradition et la fortifie.

Malgré tout, il y a des exceptions. Il y a des passages dans lesquels
Valera n'essaie pas d'étayer par des citations d'autorités ce qu'il est en
train de décrire. C'est le cas, par exemple, d'une longue énumération
des races monstrueuses qui habitent en Inde : des cynocéphales, des
hommes avec la tête dans le torse, des hommes d'un seul pied, etc.
L'absence d'autorités pour confirmer les descriptions est légitimée ici
par la familiarité du public avec ces motifs merveilleux. Valera est en

---

1   López-Ríos, 2004, p. 221-222.
2   Loffmark, 1974, p. 6.
3   De même, Loffmark dit « *While the Middle Ages lacked the instant test of probability which we
can derive from empiricism, they applied instead another test, the evidence of this firmly – established
written tradition, and often it supported fantastic beliefs* », Loffmark, 1974, p. 11.
4   Loffmark, 1974, p. 13.

train de parler de choses si connues et acceptés qu'il n'est pas besoin de recourir aux citations des autorités[1].

À propos de la crédibilité des descriptions de notre chroniqueur, il convient de citer ici ce que Juan Casas Rigall a rappelé récemment dans un précieux travail sur les races monstrueuses chez Nebrija et que l'on peut parfaitement appliquer à Diego de Valera. Casas Rigall explique que l'humaniste « interprète la réalité à travers ses expériences lues » et, par conséquent, « certains éléments de ses écrits démontrent que, en effet, il croyait bel et bien dans ces prodiges[2] ».

Lorsqu'il parle de régions lointaines comme l'Inde, où la « connaissance par l'observation » n'est pas possible[3], Valera ne donne aucun commentaire sur le merveilleux ; il se limite à transmettre les données que lui fournissent les autorités. Mais lorsqu'il parle des pays qu'il a déjà visités, il a la volonté de valider ce qu'il raconte à partir de son expérience.

Afin de rendre plus crédibles les merveilles dont il parle, Valera s'introduit à quelques reprises dans son récit. En y glissant des données autobiographiques il réussit, de plus, à prouver sa profonde préparation au métier de chroniqueur et à présenter de lui l'image d'un homme bien formé à l'étranger[4]. Le chroniqueur apparaît ainsi à côté des grands personnages de son époque qui, par leur présence, donnent une majeure véracité au texte. Un passage illustre bien sa démarche : celui dans lequel il décrit comment, en Angleterre, il y a des arbres dont les feuilles deviennent des poissons, quand elles tombent dans la mer, et

---

1 « *Its familiarity makes it a matter for serious consideration and inhibits instant disbelief.* ». Loffmark, 1974, p. 14. Sur les races prodigieuses du Moyen Âge, l'étude de référence continue d'être celle de Friedman, 2000. Pour le cas hispanique, voir López-Ríos, 1999, et Casas Rigall, 2002, p. 253-290.
2 Casas Rigall, 2004, p. 121-143.
3 Loffmark, 1974, p. 11.
4 Les voyages à l'étranger ont été fondamentaux pour la formation de Valera. Ses succès à l'étranger lui ont apporté la réputation et la notoriété face au roi, Jean II, et à ses contemporains. Le nom de Valera est cité par Fernando del Pulgar dans *Claros varones de Castilla*, quand il écrit : « *Yo por cierto no vi en mis tiempos ni leí que en los pasados viniesen tantos cavalleros de otros reinos e tierras estrañas a estos vuestros reinos de Castilla e de León, por fazer en armas a todo trance como vi que fueron cavalleros de Castilla a las buscar por otras partes de Cristiandad. Conosçí al conde Don Gonzalo de Guzmán e a Juan de Merlo [...] a Gutierre de Quixada e* Mosén Diego de Valera. *E oí dezir de otros castellanos que con ánimo de cavalleros fueron por los reinos estraños a fazer armas con cualquier cavallero que quisiere fazerlas con ellos. E por ellas ganaron honrra para sí, e fama de valientes e esforçados cavalleros para los fijosdalgo de Castilla »*, p. 56. On a souligné.

deviennent des oiseaux, quand elles tombent par terre. Le passage a du particulièrement susciter l'intérêt des lecteurs, à en juger par l'annotation marginale dans un exemplaire de la *Valeriana* de l'édition de Séville de 1482, annotation qui indique « *cosa maravillosa*[1] ». Diego de Valera fait référence à ces arbres dans les termes suivants :

> *A la parte del levante, en la ribera del mar, se afirma por munchos que ay árboles que la foja d'ellos que cae en la mar se convierte en pescado y, la que cae en la tierra, en aves de grandeza de gaviotas. Y por saber la verdad, yo lo pregunté al señor Cardenal de Inglaterra, tío vuestro, hermano de la serenísima reyna doña Catalina, avuela vuestra, el qual me certificó ser así*[2].

Même s'il est très probable que cette information soit parvenue à Valera par tradition orale, il convient de souligner que cette chronique castillane n'est pas la première du XVe siècle dans laquelle on parle des merveilles de l'Angleterre. Quelques années auparavant, Gutierre Díaz de Games s'était étendu sur le sujet dans son *Victorial*, où il affirmait que « *este nombre, Angliaterra, quiere dezir en otra lengua "tierra de maravillas". Esto por muchas cosas maravillosas que en ella solía aver ; e aún agora ay*[3] ».

Mais ce qu'il est important de souligner du passage cité de la *Valeriana* est aussi bien la volonté de l'auteur de deviner ce qu'il y a de vrai dans l'anecdote que le fait qu'il n'allègue pas comme autorité une source écrite mais le témoignage de quelqu'un d'une haute position hiérarchique ecclésiastique. La mention du cardinal d'Angleterre lui sert, par ailleurs, pour impliquer directement la destinataire du livre[4].

Très souvent, Valera introduit des commentaires personnels de ce qu'il a vécu comme fondement de ce qui est raconté. Parfois, le plaisir de parler de ce qu'il a vu lui fait éluder le sujet, mais cela a des conséquences esthétiques : il apporte de la fraîcheur et de la vitalité au récit historique et réussit ainsi à se rapprocher du lecteur. Ainsi, par

---

1   BNM, Ms. 1.341, f. D1r. S. López-Ríos, 2004, p. 230-231.

2   Valera, *Crónica abreviada*, h. D1r. Le chroniqueur de la ville de Cuenca avait visité l'Angleterre en 1442 en qualité de légat du roi.

3   Gutierre Díaz de Games, *El Victorial*, p. 637. Il commente le passage de Catherine Soriano, 1995, p. 351-362.

4   Quelques lignes après le passage cité, on lit, par exemple, dans la *Valeriana* : « *Y, en nuestros tiempos, fue reyna en ellos una hermana de la ya dicha reyna doña Catalina, avuela vuestra, a la qual visitar me enbió el sereníssimo rey don Juan, vuestro padre, de gloriosa memoria, en el año de quarenta y dos* », h. D1r.

exemple, lorsqu'il évoque des fleuves d'Orient dans lesquels on trouve de l'or et des pierres précieuses, il signale quelque chose qui ressemble à ce qu'il a vu en Allemagne : « *En la ribera del Rin, en Alemaña, se falla asaz oro, lo qual muchas vezes yo vi coger a mugeres e onbres*[1] ». Dans d'autres occasions, l'auteur, toujours préoccupé par la vraisemblance de son texte, se met à la place de ses lecteurs, en comprenant la difficulté qu'ils auraient à accepter ce qu'il raconte, puisqu'ils n'ont pas pu le vérifier de leurs propres yeux :

> *[En Franconia] es la tierra muy fértil e muy poblada de tantas villas e castillos que paresce increíble a quien no la ha visto que solamente desde Coloña a Maguncia, que ay veynte y seis millas tudescas – que pueden ser cuarenta leguas castellanas –, ay ciento y cincuenta y siete villas y castillos, que todas parescen yendo por la ribera, las quales yo vi y conté dos vezes. E creo que sea esta la más fermosa población que en ribera de toda la Cristiandad se falle*[2].

Valera se revendique réellement comme témoin dans le chapitre qui termine la *Valeriana*, consacré à Jean II de Castille, un des plus intéressants, sans doute, de toute la chronique. L'analyse de ce passage permet d'approfondir les stratégies de l'écrivain dans le récit de ce qui est vrai.

VALERA FACE À LA VÉRITÉ DE L'HISTOIRE CONTEMPORAINE : LE CAS D'ÁLVARO DE LUNA

Le dernier chapitre de la *Valeriana* est particulièrement précieux pour différentes raisons. Du point de vue historique il constitue une petite chronique du règne de Jean II, dans laquelle se donne à connaître une période très difficile et controversée. De plus, ce chapitre est fondamental pour connaître la biographie de Diego de Valera et il est particulièrement intéressant dans la mesure où il s'agit d'un passage crucial pour étudier la figure de Valera comme témoin de ce qu'il raconte dans sa chronique.

On a déjà signalé comment Pérez de Guzmán considère que, pour écrire « bien et droitement » l'histoire, il faut que le chroniqueur soit le

---

1 Valera, *Crónica abreviada*, A9r.
2 Valera, *Crónica abreviada*, h. C5v.

témoin des événements qu'il raconte. C'est ainsi qu'une série de chroniqueurs du xvᵉ siècle, comme Gutierrez Díaz de Games dans le *Victorial*
ou Enríquez del Castillo dans sa *Crónica de Enrique IV* (ou *Chronique
d'Henri IV*) ont soin de souligner qu'ils ont assisté aux événements
qu'ils vont raconter dans leur chroniques respectives[1]. Est tout à fait
significative la définition qu'un des plus importants chroniqueurs du
xvᵉ siècle, Alfonso de Palencia, donne dans son *Universal vocabulario
en latín y en romance* (ou *Universel vocabulaire en latin et en romance*) de
l'« histoire ». Il écrit :

> *Es narración o cuento de cosas acaesçidas por la qual se saben los fechos passados.
> Dízese historia de historein en griego, que es ver o conosçer, porque ninguno entre los
> antiguos escrivía historia salvo el que avía en aquellos fechos intervenido*[2].

Le récit que fait Valera du règne de Jean II de Castille est donc légi-
timé, car il a été écrit par une personne qui a assisté aux événements
racontés, par un témoin de cette période de l'histoire castillane qui
appartient déjà à un temps révolu. Précisément, parce qu'il a vécu les
faits racontés, ce chapitre est le plus compromettant pour Valera, étant
donné que sa présentation des événements peut s'opposer à la vision qu'ont
de ces mêmes événements d'autres personnes, ce qui s'est effectivement
produit. Ainsi, la *Crónica de Álvaro de Luna*, composée par des personnes
appartenant au cercle du connétable, présente les faits selon une optique
contraire à celle de Valera, qui n'est pas mentionné une seule fois, en
dépit de l'implication directe qu'il a eue dans l'arrestation du favori de

---

1   Gutierre Díaz de Games écrit : « *E yo, Gutierre Díaz de Games, criado de la casa del
conde don Pero Niño, conde de Buelna*, vi deste señor todas las más de las cavallerías e
buenas fazañas que él fizo, e fuy presente a ellas, *porque yo biví en su merçed deste señor
conde desde el tiempo que él hera de edad de veynte e tres años, e yo de él tantos pocos más o
menos* », *El Victorial*, p. 282. Enríquez del Castillo, de son côté, signale : « *Oyan por
ende los presentes e atiendan los que vernán, sepan los ynorantes y noten los que leyeren que del
rrey esclareçido, quarto rrey don Enrrique de Castilla y de León, sus hechos e vida, tratando
su pujança y grandeza, diziendo sus ynfortunios y travajos*, rrecontando con testimonio de
verdad, *prosyguiendo yo el liçenciado Diego Enrríquez de Castilla (sic), capellán y de su Consejo,
como fiel coronista suyo, protesto rrelatando es[crevir] corónica. Y, pues, que a los estoriadores
señaladamente se otrorga, y a ellos solos, como juezes de la fama y pregoneros de la honrra,
dada de la gran prosperidad, rrecontar enteramente y de las adversydades hazer larga rrelaçión*,
diré, syn dubda ninguna, lo que vieron mis ojos propios, *las cosas que subçedieron, las
cabsas de do manaron, y, tanbién, el fin que ovieron ; porque el sobrado señorío a lo más alto y
quanto quería* », *Crónica de Enrique IV*, p. 132.
2   Alfonso de Palencia, *Unviversal vocabulario en latín y en romance*, h. CLXXXXvv.

Jean II[1]. Il convient aussi de rappeler qu'à la cour de Rois Catholiques il y a certains personnages proches de Luna, comme Gonzalo Chacón ou Gutierre de Cárdenas, qui occupent encore des situations importantes. L'image que certains cercles peuvent encore proposer du connétable a pu inquiéter Valera, surtout en ce qui concerne sa propre renommée.

Quand la *Abreviada* est publiée pour la première fois en 1482, à Séville, Valera est déjà âgé de soixante-dix ans[2]. Le chroniqueur, qui fait parfois allusion à son âge avancé, se sent proche de la mort. Il veut laisser par écrit sa version de tout ce qui s'est passé avec Álvaro de Luna et bien souligner qu'il a toujours agi avec le désir d'être un sujet fidèle, uniquement soucieux de servir la Castille et son Roi[3]. Dans la chronique, Valera souligne qu'il va toujours dire la vérité, d'où son affirmation : « *escriviré como a tiento aquello de que me acordare y sé que pasó en verdad*[4] ».

La vérité dans une chronique est fondamentale et, afin qu'elle soit, comme Palencia la définit, « *auténtica escriptura de reynos temporales*[5] », le chroniqueur doit être fidèle à la vérité des événements racontés ; ou, comme le signale Enríquez del Castillo, « *conbiene al coronista y es neçesario que sea zeloso de la verdad, ajeno de afiçión, quito de amor y enemistad, en tal*

---

1   Le fait que Valera ne soit pas nommé dans la *Crónica de Álvaro de Luna* est très significatif puisque, même s'il n'y a aucune référence de lui et si on lui dénie toute importance dans sa participation à la chute du Connétable, il est vrai que l'on ne trouve pas de références négatives à la *Valeriana*, une chronique que, sans aucun doute, les auteurs de la *Crónica de Álvaro de Luna* devaient connaître et qu'ils auraient pu critiquer. Si cela ne s'est pas passé ainsi, c'est peut-être parce qu'il a paru préférable de ne faire aucun cas du texte où l'on trouve beaucoup de données et où l'on distingue bien tous les protagonistes principaux de l'arrestation et de la mort du Connétable. En plus, la *Valeriana* a eu sa validation, car elle a été écrite par une personne qui a assisté aux événements. Il est probable que les auteurs de la *Crónica de Álvaro de Luna* ont voulu éviter des problèmes qu'ils auraient eus, s'ils s'étaient attaqués frontalement à Valera.

2   Valera a fini de rédiger cette chronique un an avant son édition en 1481. Il écrit à la fin de la *Crónica abreviada* qu'il l'a terminée « *en la villa del Puerto de Santa María, víspera de san Juan de junio del año del Señor de mill e quatrocientos e ochenta e un años seyendo el abreviador d'ella en hedad de sesenta y nueve años* », h. Y6r.

3   Valera cherche la bienveillance de la Reine en faisant allusion aux problèmes de santé dont il souffre, apparemment dus à son âge avancé : « *E ya sea, muy illustre señora, me podieran escusar, non solamente la inorancia mía y general adversidad de los tienpos, más los trabajos interiores y domésticas fatigas, el entrañable deseo que ove a conplir vuestro mandado, me fizo offrecer allende lo que mis fuerças bastavan* », *Crónica abreviada*, h. A2v. On a souligné.

4   Valera, *Crónica abreviada*, h. X2r.

5   Palencia, *Universal vocabulario en latín y en romance*, h. lxxxxviijr.

manera que, rreprehendiendo los culpados y alabando los buenos, escriva syn pasyón y proçeda como juez en las cosas de la fama[1] »

Valera a, certes, toutes les conditions requises pour être témoin de ce qu'il raconte, mais il écrit en étant conditionné par une série de circonstances qui ne le laissent pas toujours « étranger au plaisir, libre d'amour et d'inimitié ». Dans sa chronique, Valera se montre opposé à Luna, car il n'est pas en accord avec la politique menée par le connétable. C'est du moins ce qu'il explique dans la *Abreviada*, mais il est vrai également qu'à l'époque dont il parle Álvaro de Luna l'a empêché à plusieurs reprises de parfaire quelques entreprises qui auraient pu lui apporter de la réputation et lui gagner les faveurs du roi et de la cour. Ainsi Valera commence ce chapitre en racontant comment Jean II a attribué de nombreux titres et des richesses à Álvaro de Luna et il signale que, en raison du pouvoir dont a joui le connétable, « *ovo tantas discordias y guerras y ayuntamientos de gentes y prisiones de grandes, que a mí sería imposible poderlo escrevir ordenadamente cómo cada cosa pasó sin ver su corónica, la qual munchas vezes a vuestra alteza demandé, y aunque me dixo que me la mandaría dar, jamás se me dio*[2] ». Ici, Valera demande à la reine Isabel de Castille de lui permettre de consulter la chronique officielle de son père, mais la souveraine ne va pas le lui permettre. La chronique officielle est celle qui transmet la vérité officielle d'un royaume, celle qui garde la vraie histoire du monarque et de tous les événements arrivés pendant son règne. Comme la reine n'a pas permis à Valera de lire la chronique de son père, Valera, après avoir expliqué que « *munchas vezes a vuestra alteza demandé* », lui déclare qu'il écrira « comme à tâtons » : « *Así, muy poderosa princesa, escriviré como a tiento aquello de que me acordare y sé que pasó en verdad desde que fuy en hedad de quinze años, en que a su servicio vine, fasta su fallecimiento*[3] ».

Le chroniqueur critique ouvertement le connétable qu'il considère coupable de la désastreuse situation politique de l'époque. Ainsi, quand il raconte l'inexplicable retrait de Jean II en Castille après le triomphe de la bataille de la Higueruela contre les Maures de Grenade, il assure : « *Algunos dizen que fue la cabsa gran discordia que entre los cavalleros ovo, otros dizen que porque los moros dieron gran suma de oro y*

---

1 Enríquez del Castillo, *Crónica de Enrique IV*, p. 133.
2 Valera, *Crónica abreviada*, h. X2r.
3 Valera, *Crónica abreviada*, h. X2r.

joyas al condestable don Álvaro de Luna[1] ». L'insinuation est une façon
de maintenir la vraisemblance de ce qui est raconté, puisque, pour
faire allusion à un fait que l'on ne peut pas prouver, on va se référer
à d'autres personnes qui ne sont pas bien définies : « il y en a qui
disent…d'autres disent ».

Par ailleurs, Valera fait état dans sa chronique de deux lettres qu'il a
envoyées à Jean II, la première datée de 1441 et la seconde de 1448. Par
ces documents, il souhaite se présenter comme un sujet fidèle du Roi.
L'inclusion dans la chronique de ces lettres qui ont été très commentées
à leur époque est une autre manière pour Valera de certifier ce qu'il
raconte[2]. Dans la première lettre, où Alvaro de Luna n'est pas attaqué
directement, Valera supplie le monarque d'être clément et miséricor-
dieux et de chercher à pacifier les différentes factions affrontées. Dans
la seconde lettre se révèle un Valera beaucoup plus exalté, qui demande
à Jean II de remédier aux maux de la Castille : « *Para lo qual, señor,
conseguir conviene consejo y deliberación de onbres discretos y de buena vida,
agenos de toda parcialidad y afición ; que los que deven consejar, según Salustio
dize, de odio y temor y amistança y codicia deven ser vazíos, y, sin duda, de
otros no se puede aver buen consejo*[3] ».

---

1   Valera, *Crónica abreviada*, h. X2r. Également la *Crónica de Juan II* fait un sort à cette
rumeur que Valera recueille (*Crónica de Juan II*, cap. XXI p. 499b-500a). Dans la *Crónica
del Halconero* il est seulement signalé que les désaccords qui se produisirent entre les
chevaliers et le connétable auraient été le motif du retour du roi Jean et de ses troupes
en Castille. En aucun cas il n'est dit qu'Álvaro de Luna reçût un hommage des Maures
(*Crónica del Halconero*, p. 107). La *Refundición del la crónica del halconero* dit la même chose
(p. 123). La *Crónica de don Álvaro de Luna* donne une vision différente des faits et explique
qu'une série de nobles, « *don Pedro de Velasco, conde de Haro, Íñigo López de Mendoça, señor de
la Vega, don Gutierre, obispo de Palençia, e Fernán Álvarez, señor de Valdecorneja, su sobrino,
e otros* », jaloux de l'honneur et de la gloire du connétable, avaient fait un pacte pour
en finir avec lui. Devant le tour catastrophique que prenaient les événements : « *fue al
Rey forçado levantar el real, e derramar sus gentes, dando a ello otras cahsas, y non apuntando
descobiertamente en aquella. E fue muy grand daño e grand cargo de los que fueron cahsa de lo
tal ; ca en poco tienpo que el Rey estubiera en el reyno de Granada, tomara la mayor parte dél por
fuerça o pleytesía, según el estrecho en que avía puesto a los moros, e la grand vitoria que dellos
avía avido* » (*Crónica de don Álvaro de Luna*, p. 141-142). Ce qui est vrai, c'est que le roi
Jean a perdu une opportunité magnifique d'achever ici la reconquête. Avec la retraite de
ses troupes, comme Suárez Fernández l'indique, cette bataille de la Higueruela, d'une
grande importance stratégique, « *se redujo al choque de líneas de caballeros, brillantemente
engalanados, como se recoge en el fresco que decora la sala de las batallas de El Escorial. Los frutos
que se obtuvieron de este éxito espectacular fueron bien escasos* », (Suárez Fernández, 1954, p. 21).
2   La *Crónica de Juan II* recueille aussi ces épîtres. Moya García, en presse A.
3   Valera, *Crónica abreviada*, h. X8r.

Entre les deux lettres sept ans se sont écoulés, temps durant lequel la position de Valera s'est radicalisée, en conséquence de la situation politique de la Castille, contre Álvaro de Luna. En 1445, il a été le témoin stupéfait de la bataille d'Olmedo, où le connétable a vaincu les infants d'Aragón. La chronique s'arrête sur cet important événement militaire et Valera apporte des détails précis. Même s'il ne paraît pas se souvenir des noms de certains officiers[1], il est capable de signaler le moment exact où Jean II a reçu la sommation : « *lo qual se fizo acabando el Rey de comer*[2] ». La bataille d'Olmedo, « *el último e más criminoso acto* » du connétable, comme le dit Pérez de Gúzman[3], a supposé la victoire de sa faction, même si ce triomphe n'a pas réglé la difficile situation politique[4]. Après cette bataille victorieuse, dans laquelle il s'est affronté à une grand partie de la noblesse (les Quiñones, les Enríquez, les Cerda de Medinaceli, les Ponce de León, les Pimentel, les Gómez de Sandoval), le déclin d'Álvaro de Luna s'est accéléré.

Mais avant cet événement important, Valera avait déjà des motifs personnels de s'opposer au connétable. Ainsi Álvaro de Luna, contre le désir de Jean II, était intervenu directement pour empêcher que Valera ne négociât la libération du comte d'Armagnac et le mariage du roi de Castille avec la fille du monarque français. Le connétable voulait en effet l'union du souverain avec Isabel de Portugal, mère de la future Reine Catholique. Dans *la Crónica abreviada*, Valera fait des insinuations osées, et il va jusqu'à reprocher à la mère de doña Isabel d'être la cause de la mort du connétable. Mais il se protège en répétant que tout ce qu'il raconte est vrai. Il sait bien qu'il lui est impossible de mentir parce que, même si ce qu'il raconte appartient à un temps révolu, ce temps demeure relativement proche et il y a encore des personnes qui ont vécu ces événements et se trouvent à la cour. Personne, en effet, n'a contredit Valera. Mais le chroniqueur ne fait jamais allusion dans la *Valeriana* à son inimitié personnelle avec Álvaro de Luna, et c'est Palencia qui va écrire ce que Valera n'a pas

---

1   « *Los quales, fecho el requerimiento, lo dieron al Rey en la mano. Y su alteza lo tomó. Y ellos lo tomaron por testimonio por dos escrivanos y siete o ocho escuderos que consigo trayan, estando presentes Pedro de Tapia y Pedro de Solís, maestresalas, y yo, que servía entonce el plato, y otros algunos oficiales, cuyos nonbres no me acuerdo* », Valera, Crónica abreviada, h. X5v.

2   Valera, *Crónica abreviada*, h. X5v.

3   Fernán Pérez de Guzmán, *Generaciones y semblanzas*, p. 52.

4   Olivera Serrano, 1986, p. 25.

eu le courage d'écrire dans sa chronique. Palencia explique en effet qu'Álvaro de Luna haïssait Valera car ce dernier « *había ganado el afecto del rey por su gran valentía*[1] ». Il est important ici de se rappeler que, comme membre de la maison d'Estúñiga, Valera a participé à l'arrestation d'Álvaro de Luna. De façon très intéressante, Valera reproduit dans un vif style direct son entretien avec Jean II. Face au doute exprimé par le monarque par rapport à ce qu'il devait faire du connétable arrêté, qui finalement a été exécuté le 2 juillet 1453 à Valladolid, l'écrivain a osé déclarer au Roi :

> *Señor, bien creo vuestra altezá averá memoria que, así por palabra como por escrito, ante de agora yo le dixe algunas cosas que muncho le cunplían. Y si yo fuera creýdo no ovieran llegado las cosas en el punto que llegaron. Así, señor, deves creer que quien vos osó dezir verdad en tienpo del maestre, mejor la osará dezir agora*[2].

Valera se revendique ici comme un conseiller fidèle à son Roi qui n'a jamais douté de lui dire la vérité ; il rappelle qu'il a eu le courage de dire au monarque que, s'il avait fait ce que lui, Valera, lui avait proposé, la situation n'aurait pas été aussi critique. Ce passage est fondamental pour comprendre jusqu'à quel point Valera veut souligner qu'il a toujours été, à travers sa chronique, la voix de la vérité. Et c'est pour cela aussi qu'il recourt de manière frappante au style direct, qui permet de présenter une vérité brute

Valera raconte toute l'arrestation de Luna en tant que témoin et acteur des faits. Néanmoins, il faut tenir compte de que son récit ne laisse pas d'être conditionné, comme nous l'avons déjà signalé, par une série de facteurs. Saint Isidore disait : « *Quae enim videntur, sine mendacio*

1　Alfonso de Palencia, *Gesta Hispaniensia ex annalibvs svorvm dіervm collecta*, p. 64. Il faut remarquer que Palencia, pour raconter ce qui s'est passé avec Álvaro de Luna, prend comme source Valera. Robert Tate et Jeremy Lawrance indiquent : « *Para ciertos pasajes de Dec I sobre la caída de Álvaro de Luna puso a contribución el pago dedicado al reinado de Juan II en la* Crónica valeriana *de Diego de Valera, testigo de los sucesos* », (voir Palencia, Alfonso *Gesta Hispaniensia ex annalibvs svorvm diervm collecta*, lxvi n. 79). Il faut tenir compte de qu'il a fini sa *Década* avant que la *Valeriana* ne fût imprimée. Tate et Lawrance signalent : « *Palencia no pudo emplear sus versiones finales, pero vio los borradores de ambas antes de terminar* Dec I », (véase Palencia, Alfonso *Gesta Hispaniensia ex annalibvs svorvm diervm collecta*, lxvi n. 79). Il est possible que Valera ait recueilli celui qui sera le dernier chapitre de sa *Valeriana* dans une sorte de mémorial, écrit avant que la reine Isabel ne commande la composition de la *Crónica Abreviada de España*.

2　Valera, *Crónica abreviada*, h. Y5v.

proferuntur », mais l'historienne Jeanette Beer signale : « *Isidore's asser-tion of the reliability of eyewitness history ignored such complicating factors as personality, background, and political motive. It subordinated style to content, for the "res gesta" and not the manner of its "narratio" now defined history*[1] ».

Toutes les chroniques sont conditionnées, mais toutes transmettent *une* vérité. De la lecture de la *Valeriana* on peut tirer une vérité exem-plaire qui fait de la chronique un outil politique pour la reine Isabel de Castille, sa destinataire immédiate. On ne doit pas oublier que cette œuvre est élaborée alors que la guerre avec le Portugal a pris fin et alors que s'est réalisée l'union dynastique rêvée. Une nouvelle étape commence pour la monarchie castillane qui, comme Valera l'a toujours soutenu, doit exercer le pouvoir en toute plénitude pour assurer la paix interne.

Mais il est clair que cette œuvre ambitieuse, cette œuvre d'un temps passé, est une œuvre de fin de vie. Si, sous le règne de Jean II, Diego de Valera a joué un rôle remarquable, en dépit des obstacles qu'Àlvaro de Luna lui a opposés et qui l'ont empêché d'avoir une brillante destinée, ensuite avec Henri IV, il s'est tenu éloigné de la politique et, sous le règne des Rois Catholiques, il est déjà trop âgé. En rappelant l'époque de Jean II avec la distance et la sagesse d'un ancien, Valera sait que sa chronique ne peut pas le dédommager de toutes les injustices qui, selon lui, se sont commises contre sa personne. « *Do serví más sin error/resçebí pena y desagrado* », écrira-t-il dans un de ses poèmes. Mais ce qui lui reste possible, c'est de contribuer à transmettre sa vérité des événements et à faire que sa renommée demeure intacte.

Santiago LOPEZ-RIOS
et Cristina MOYA GARCIA
Université Complutense de Madrid

---

1   Jeanette M. A Beer, 1981, p. 10.

BIBLIOGRAPHIE

BALENCHANA, José Antonio de, 1878. Voir Valera, Diego, *Tratado de las epístolas enbiadas por Mosen Diego de Valera en diversos tiempos é á diversas personas.*

BARRIENTOS, Lope de, *Refundición de la Crónica del Halconero, por el Obispo don Lope de Barrientos, hasta ahora inédita*, ed. Juan de Mata Carriazo, Collection de Crónicas Españolas, 9, Madrid, Espasa-Calpe, 1946.

BEER, Jeanette M. A., Narrative Conventions of Truth in the Middle Ages, Genève, Librairie Droz, 1981.

CARR, D. C., « Pérez de Guzmán and Villena : A Polemic on Historiography ? », dans *Hispanic Studies in Honor of Alan D. Deyermond. A North American Tribute*, ed. J. S. Miletich, Madison, HSMS, 1986, p. 57-70.

CARRIAZO, Juan de Mata, 1927. Voir Valera, Diego, Crónica de los Reyes Católicos ; 1941. Voir Valera, Diego, *Memorial de diversas hazañas : Crónica de Enrique IV, ordenada por Mosén Diego de Valera.*

CARRILLO DE HUETE, Pedro, *Crónica del Halconero de Juan II de Pedro Carrillo de Huete, hasta ahora inédita*, ed. Juan de Mata Carriazo, Collection de Crónicas Españolas, 8, Madrid, Espasa-Calpe, 1946.

CASAS RIGALL, Juan, « Razas humanas portentosas en las partidas remotas del mundo (de Benjamín de Tudela a Cristóbal Colón) », dans *Maravillas, peregrinaciones y utopías. Literatura de viajes en el mundo románico*, ed. Rafael Beltrán, Valencia, Universitat de València, 2002, p. 253-290 ; « Las razas monstruosas según Nebrija », dans *Fantasía y literatura en la Edad Media y los Siglos de Oro*, eds. Nicasio Salvador Miguel, Santiago López-Ríos y Esther Borrego Gutiérrez, Madrid, Iberoamericana-Vervuert, 2004, p. 121-143.

CÁTEDRA, Pedro, « En los orígenes de las Epístolas de relación », dans *Las relaciones de sucesos en España (1500-1750)*, Actas del primer coloquio internacional, Alcalá de Henares, 8, 9, y 10 de junio de 1995, eds. María Cruz García de Enterría, Henry Ettinghausen, et *alii*, Madrid, Publications de la Sorbonne, Servicio de Publicaciones de la Universidad de Alcalá, 1996, p. 33-64.

Crónica de don Álvaro de Luna, Condestable de Castilla, Maestre de Santiago, ed. Juan de Mata Carriazo, Colección de Crónicas Españolas, 2, Madrid, Espasa-Calpe, 1940.

Crónica de Juan II, en Crónicas de los Reyes de Castilla, desde don Alfonso el Sabio hasta los Católicos don Fernando y doña Isabel, II, ed. Cayetano Rossell, Biblioteca de Autores Españoles, 68, Madrid, Rivadeneyra, 1953, p. 273-695.

DÍAZ DE GAMES, Gutierre, *El Victorial*, ed. Rafael Beltrán Llavador, Salamanca, Ediciones de la Universidad de Salamanca, 1997.

ENRÍQUEZ DEL CASTILLO, Diego, *Crónica de Enrique IV de Diego Enríquez del Castillo*, ed. Aureliano Sánchez Martín, Valladolid, Universidad de Valladolid, 1994.

FRIEDMAN, John B., *The Monstrous Races in Medieval Art and Thought*, Syracuse (NY), Syracuse UP, 2000.

GAYANGOS, Pascual de, « Mossén Diego de Valera », *Revista Española de Ambos Mundos*, 3, 1855, p. 294-312.

HOOK, David, « Method in the Margins : An Archaeology of Annotation », dans *Proceedings of the Eighth Colloquium*, eds. A. M. Beresford y Alan Deyermond, Londres, Queen Mary and Westfield College Dept. of Hispanic Studies, 1997, p. 135-144.

LOFFMARK, Carl, « On Medieval Credulity », dans *Erfahrung und Überlieferung. Festschrift für C. P. Magill*, eds. H. Siefieln y A. Robinson, Cardiff, The University of Wales Press, 1974, p. 5-21.

LÓPEZ-RÍOS, Santiago, *Salvajes y razas monstruosas en la literatura castellana medieval*, Madrid, Fundación Universitaria Española, 1999 ; « Diego de Valera y la literatura de mirabilia. El Liber de natura rerum de Tomás de Cantimpré como fuente de la Crónica abreviada », dans *Fantasía y literatura en la Edad Media y los Siglos de Oro*, eds. Nicasio Salvador Miguel, Santiago López-Ríos y Esther Borrego Gutiérrez, Madrid, Iberoamericana-Vervuert, 2004, p. 217-234.

LUCÍA MEGÍAS, José Manuel y Jesús RODRÍGUEZ VELASCO, « Diego de Valera », dans *Diccionario filológico de literatura medieval española : textos y transmisión*, eds. Carlos Alvar y José Manuel Lucía Megías, Madrid, Castalia, Nueva Biblioteca de Erudición y Crítica, 21, 2002, p. 403-431.

MARTÍN ABAD, Julián, « La primera imprenta anónima salmantina (c. 1480-1494) : últimos hallazgos y algunas precisiones », dans *Calligraphia et tipographia. Arithmetica et numerica. Chronologia*, Rvbrica, VII, Barcelona : Universitat de Barcelona, 1998.

MENÉNDEZ PELAYO, Marcelino, *Poetas en la corte de Juan II*, Madrid, Espasa Calpe, 1943.

MOYA GARCÍA, Cristina, « Diego de Valera en el reinado de Juan II de Castilla : los primeros años en la corte », dans *Líneas actuales de investigación literaria. Estudios de literatura hispánica*, ed. Verónica Arenas Lozano et alii, Valencia, ALEPH-Asociación de Jóvenes Investigadores de la Literatura Hispánica-Universitat de València, 2004, p. 81-92 ; « Aproximación a la Valeriana (*Crónica abreviada de España de Mosén Diego de Valera*) », communication présentée dans le *Seminario de Estudios Hispánicos Medievales*. Queen Mary, University of London, 1ᵉʳ octobre 2004. En presse A ; « Diego de Valera, cronista de la Reina Católica », dans *The Spain of the Catholic Monarchs : Papers from a Quincentenary Conference (Bristol, 2004)*, ed. David Hook, en presse B ; « Mosén Diego de Valera y Álvaro de Luna », dans *Proceedings of the Sixteenth Colloquium of Medieval Hispanic Research Seminar (London, Queen Mary, University of London, June 2004)*, Londres, Queen Mary, en presse C.

OLIVERA SERRANO, César, *Las Cortes de Castilla y León y la crisis del reino (1445-1474)*. El Registro de Cortes, Burgos, Cortes de Castilla y León, Instituto de Estudios Castellanos, 1986.

PALENCIA, Alfonso de, *Universal vocabulario en latín y en romance* (reproducción facsimilar de la edición de Sevilla de 1490), Madrid, Comisión permanente de la Asociación de Academias de la Lengua Española, Madrid, 1967, vol. I. PALENCIA, Alfonso de, *Gesta Hispaniensia ex annalibvs svorvm dand*ervm collecta, eds. Brian Tate y Jeremy Lawrance, Madrid, Real Academia de la Historia, 1998, Tome I.

PÉREZ DE GUZMÁN, Fernán, *Generaciones y semblanzas*, ed. R. B. Tate, London, Tamesis Books Limited, 1965.

PULGAR, Fernando de, *Claros varones de Castilla*, ed. R. B. Tate, Oxford, Clarendon Press, 1971.

RÁBADE OBRADÓ, María del Pilar, *Los judeoconversos en la Corte y en la época de los Reyes Católicos*, Madrid, Editorial de la Universidad Complutense de Madrid, 1990.

RODRÍGUEZ VELASCO, Jesús, *El debate sobre la caballería en el siglo* XV : *la tratadística caballeresca castellana en su marco europeo*, Salamanca, Consejería de Educación y Ciencia, Junta de Castilla y León, 1996.

SALVADOR MIGUEL, Nicasio, *La poesía cancioneril : el « Cancionero de Estúñiga »*, Madrid, Alhambra, 1977.

SORIANO, Catherine, « "Angliaterra, tierra de maravillas" en el Victorial », dans *Medioevo y Literatura. Actas del V Congreso de la Asociación Hispánica de Literatura Medieval (Granada, 27 de septiembre-1 de octubre de 1993)*, ed. Juan Paredes, Granada, Universidad de Granada, 1995, vol. IV, p. 351-362.

SUÁREZ FERNÁNDEZ, Luis, *Juan II y la frontera de Granada*, Valladolid, Universidad de Valladolid, Consejo Superior de Investigaciones Científicas, 1954.

TATE, R. B. et LAWRANCE J., 1998. *Véase Palencia, Alfonso de, Gesta Hispaniensia ex annalibvs svorvm dand*ervm collecta.

TORRE Y FRANCO ROMERO, Lucas de, *Mosén Diego de Valera, apuntaciones biográficas*, Madrid, Establecimiento Tipográfico Fortanet, 1914.

VALDÉS, Juan, *Diálogo de la lengua*, ed. Cristina Barbolani, Madrid, Cátedra, 1990.

VALERA, Diego de, *Crónica abreviada de España*, Sevilla, Alonso del Puerto, 1482, BNM I-1731 ; *Crónica de los Reyes Católicos*, ed. Juan de Mata Carriazo, Anejos de la Revista de Filología Española, 8, Madrid, Centro de Estudios Históricos, 1927 ; « Doctrinal de príncipes », ed. Mario Penna, dans *Prosistas castellanos del siglo XV*, Biblioteca de Autores Españoles, 116, Madrid, Editions Atlas, 1959, vol. I, p. 173-202 ; *Memorial de diversas hazañas : Crónica de Enrique IV, ordenada por Mosén Diego de Valera*, ed. Juan de Mata Carriazo, Colección de Crónicas Españolas, 4, Madrid, Espasa-Calpe, 1941 ; « Tratado de las epístolas enbiadas por Mosen Diego de Valera en diversos tiempos é á diversas personas », dans *Epístolas de Mosen Diego de Valera enbiadas en diversos tiempos é á diversas personas : publícalas juntamente con otros cinco tratados del mismo autor sobre diversas materias la Sociedad de Bibliófilos Españoles*, Sociedad de Bibliófilos Españoles, 16, Madrid, Sociedad de Bibliófilos españoles, 1878.

VÉRITÉ ET AMBIGUÏTÉ
D'UN CHRONIQUEUR CRÉOLE

Le mexicain Juan Suárez de Peralta (vers 1537-1612/13)[1]

Les chroniques de la découverte et conquête de l'Amérique ont toujours fasciné d'innombrables lecteurs tout au long d'environ cinq siècles, mais les interprétations qui en ont été faites en différents lieux et en différentes époques ont des caractéristiques très différentes. Au XIXᵉ siècle et dans une grande partie du XXᵉ siècle, a prédominé la tendance positiviste à les étudier comme s'il s'agissait de simples répertoires de *données* objectives, d'*informations historiques*. Par conséquent, tout ce que chaque auteur a de personnel, ses procédés narratifs et analytiques sont ignorés, voire même dénigrés. De plus, si les auteurs osent se prévaloir de leurs prédécesseurs, ils sont qualifiés de « simples » compilateurs, d'importance plus que douteuse. De là vient la propension à classer les auteurs en *majeurs* et *mineurs*. Dans cette perspective, le *Traité de la découverte des Indes et de leur conquête* (1589) du créole nouveau-hispanique Juan Suárez de Peralta a souvent été réduit à un rang plus que modeste, sauf en ce qui concerne la délicieuse histoire de la conjuration du Marquis del Valle et de l'exécution des meneurs.

Cependant, les chroniques, et en général toute la littérature relative à la conquête, se situent aux antipodes d'une histoire neutre et désintéressée. Les auteurs offrent une vérité, la leur propre, sur des faits aussi violents que polémiques, et ils prétendent la justifier. Les données consignées dans ces œuvres sont donc d'un très grand intérêt. Il est d'autant plus important de découvrir la façon dont chacun des auteurs a élaboré son œuvre en vue d'appuyer ses objectifs particuliers. Ces intérêts ne sont pas forcément explicités mais ils se laissent toujours entrevoir d'une façon ou d'une autre, et parfois, ils peuvent configurer la trame de l'œuvre.

---

1   Traduction de l'article : Dominique de Courcelles.

Uniquement si l'on explore les différents niveaux d'intentionnalité sous-jacents dans ces œuvres, il serait possible de s'aventurer à de nouvelles interprétations de textes comme celui de Suárez de Peralta, un auteur fascinant et imprévisible.

Le *Traité* fut découvert au XIXe siècle par Justo Zaragoza, qui le publia à Madrid, en 1878, sous le titre significatif, inventé par l'éditeur, *Noticias históricas de la Nueva España*. En 1949, le Secrétariat d'Éducation Publique le publia pour la première fois à Mexico, restituant en partie l'original avec des annotations de Federico Gómez de Orozco, puis en 1990 il fut publié à nouveau. Cette même année, à Madrid, Giorgio Perissinotto en donna une nouvelle édition, avec une retranscription détaillée du manuscrit, accompagnée d'une excellente étude introductive.

Pour bien comprendre le contexte dans lequel fut écrite l'œuvre de Suárez de Peralta, on doit se rappeler que l'année 1542 constitue un tournant dans l'histoire de la conquête et la colonisation des Indes. C'est la date de publication des *Leyes Nuevas* « Lois nouvelles ». En à peine huit pages on y ordonne des mesures capitales pour assurer le contrôle royal du traitement des indiens. On y confirme, tout d'abord, ce qui est déjà une pratique : seul le roi pourrait accorder de nouvelles *encomiendas*[1]. Celles-ci, désormais, se limiteraient au droit de percevoir une quantité précise de tributs qui, dans chaque cas, serait fixée par les fonctionnaires du roi. Comme il est également interdit que les indiens puissent fournir des services non rémunérés, on ordonne la libération des nombreux esclaves au pouvoir des *encomenderos* et il est décidé que tout travail accompli par les indigènes pour les espagnols se fera moyennant un salaire dont les autorités fixeront le montant. Tous ceux qui voudront se servir des indiens à n'importe quelle fin devront en demander l'autorisation et se soumettre à la taxe. En même temps, toute juridiction sur les indiens émane désormais de la Couronne et non plus des *encomenderos*. Afin que

---

1   L'*encomienda* est un système appliqué par les Espagnols lors de la conquête du Nouveau Monde et appliqué dans tout l'empire espagnol à des fins économiques. Il s'agit du regroupement sur un territoire de centaines d'indiens que l'on oblige à travailler sans rétribution, en particulier dans des mines ou aux champs ; le statut des indiens correspond à une sorte de servage. Les indiens sont sous les ordres d'un *encomendero* ou maître d'indiens, espagnol à qui la Couronne d'Espagne les a confiés. Les *encomenderos* disposent librement des terres des indiens, bien qu'elles appartiennent toujours à la Couronne. Les premières répartitions ou distributions d'indiens eurent lieu en l'absence de Christophe Colomb, qui en accepta cependant le principe dès 1498. La Couronne ratifia l'état de fait en 1503.

l'application de la nouvelle loi soit bien respectée, chaque *encomendero* est tenu de résider en dehors du territoire de son *encomienda*.

La mesure qui a provoqué le plus d'opposition est l'interdiction absolue de se répartir ou distribuer les indiens à perpétuité. Tout au long du XVIᵉ siècle, la principale demande des *conquistadores* à la Couronne a porté sur le fait que le service des indiens soit sans limite temporelle, c'est pour cela qu'ils demandaient la « répartition perpétuelle ». Au contraire, le roi déclare que chaque *encomienda* ne restera en vigueur que jusqu'à la mort de l'*encomendero*, s'il meurt sans descendance ; s'il a des héritiers directs, l'*encomienda* ne pourra être transmise qu'une seule fois. Par la suite, les indiens reviendront à la Couronne. Si chacune de ces *ordenanzas* porte un coup à l'élite, dans leur ensemble elles aboutissent à ce que le roi la prive du contrôle sur ce qui est sa principale source de richesse et de pouvoir, le travail indigène. En 1542, trente ans se sont écoulés depuis la chute de Tenochtitlan. Les premiers descendants des conquérants jouissent déjà de l'héritage paternel mais ils sont désormais privés du droit de transmettre *leurs* indiens. Les *Leyes Nuevas* abolissent leur rêve de se perpétuer dans le Nouveau Monde comme des nobles authentiques, comme des seigneurs de vassaux. C'est pour cela que l'année 1542 marque un changement crucial, puisque le roi prend avec la plus grande fermeté le contrôle des Indes, au moins dans le domaine juridique. Et de façon progressive, au fur et à mesure que l'application de la nouvelle norme se traduit dans les faits (malgré les tempêtes, rebellions et pauses tactiques), le tribut indigène est transféré des *encomenderos* aux finances de l'Etat.

On peut ainsi comprendre le violent refus suscité par les Lois dans tout le continent. Sur le plan juridique, les allégations contre sa légitimité sont fréquentes, afin de défendre la perpétuité de l'*encomienda*. A Mexico, le vice-roi Mendoza, par peur d'un soulèvement (de plus, lui-même et sa famille se trouvent affectés par les mesures drastiques des *Leyes Nuevas*), suspend l'application des articles les plus polémiques. En même temps, il fait décapiter quelques conjurés qui préparent une insurrection armée, comme au Pérou. Ce châtiment est évoqué par Suárez de Peralta dans son œuvre. C'est ainsi que le manque d'habileté politique des autorités provoque l'insurrection contre le roi de tous les opposants. Selon Gómara, lorsqu'ils ont appris la promulgation des Nouvelles Lois, les *encomenderos* « poussaient des hurlements…, d'autres étaient accablés…, d'autres se rebellaient, et tous maudissaient Fray Bartolomé de las Casas qui les avait obtenues ».

En résumé, il n'y a pas de chroniques ni de traités neutres sur la conquête, et leur importance et leur originalité ne dérivent en aucune façon de nouvelles « données » qu'ils pourraient ajouter, mais de leur structure interne et de leur façon de percevoir et développer leurs thèmes. Il ne faut pas les lire frontalement, mais du coin de l'œil, tout en scrutant les motifs les plus apparents et les motifs les moins évidents qui ne sont pas pourtant les moins importants. Quant à l'utilisation d'autres sources, ce fait en soit ne réduit pas la qualité ou l'intérêt qu'un auteur mérite. Ainsi, les lectures utilisées par un auteur constituent un guide très important pour s'orienter sur ses tendances, disons idéologiques. Lorsqu'il s'agit d'auteurs de la deuxième moitié du XVIe siècle, il est très utile de déterminer le point de vue adopté face aux deux versions antagonistes de la conquête, celle de Francisco López de Gómara, d'un côté, et celle de Fray Bartolomé de las Casas, de l'autre. En d'autres termes, il est essentiel de savoir si l'auteur d'une chronique ou d'un traité analogue, face au fait consommé de la conquête, se déclare pour ou contre le fait que les peuples vaincus servent les vainqueurs à travers l'*encomienda* ou sous une autre forme de servitude.

LE CRÉOLE JUAN SUÁREZ DE PERALTA

Dans ses trois œuvres connues, Juan Suárez de Peralta a manifesté être originaire de la ville de Mexico. Au début de son seul livre imprimé durant sa vie, le *Tratado sobre la caballería de la gineta y brida* (Séville, 1580), il se déclare « habitant et originaire de Mexico dans les Indes ». Il fait de même dans son *Tratado del descubrimiento* (écrit en 1589), et dans son *Libro de albeitería* (postérieur à 1580). Il ne précise pas la date exacte de sa naissance mais donne quelques indices qui permettent de supposer qu'il a vu le jour en 1535 ou un peu plus tard. Il est le fils cadet d'un des *encomenderos* les plus puissants, qui avait également le monopole des moulins à pains de la ville de Mexico. Luis, le frère aîné du narrateur, a hérité des indiens de leur père. Malgré ce trait particulier, Suárez de

Peralta est membre du groupe des prétentieux fils des soldats qui ont gagné la terre. Le fait de ne pas avoir hérité peut expliquer le fait que son père l'envoie étudier la grammaire, c'est-à-dire le latin.

Même si elles sont alors peu approfondies, les études latines permettent l'accès à de nombreux auteurs, aussi bien en latin qu'en langue vernaculaire, selon ce qu'en a déclaré Suárez de Peralta lui-même dans son livre *Libro de albeitería*. À l'époque, un enfant peut commencer entre 9 et 12 ans à suivre le cours triennal de grammaire. Juan aurait appris le latin entre 6 et 9 ans, avant l'ouverture de l'université en 1553, à laquelle il n'a jamais fait allusion. Ce qui explique peut-être qu'il n'a pas suivi le cursus d'un homme de lettres, malgré sa passion pour la lecture. D'autre part, sa passion bien attestée pour les chevaux – « du cheval naît le nom et la valeur des chevaliers » – explique son choix de voies plus mondaines.

Suárez fait grand cas de sa condition de « naturel » de la Nouvelle Espagne. Bien qu'il ne soit ni indien, ni métis, et sans aucune ascendance de conquistadors, il se sent espagnol. Plus qu'une anecdote, il fait de son origine une donnée importante, sans doute parce qu'elle lui permet d'assumer, en tant que sien, le vaste espace géographique et social américain. Dès le premier chapitre de son *Traité sur les Indes* et dans plusieurs passages de ses autres œuvres, il en vante déjà la singularité, et plus particulièrement la fertilité de la terre. Il assure aussi, non sans une certaine emphase rhétorique, que son origine lui a permis d'obtenir des connaissances inaccessibles aux péninsulaires. Dans son *Libro de albeitería*, il affirme avoir appris des indiens, « grands spécialistes des pierres et herboristes », beaucoup de méthodes de guérisons et les avoir consignées. Il s'agit de secrets qu'ils « ne révèlent pas aux espagnols, même si ces derniers menacent de les tuer, mais uniquement à nous qui sommes nés là-bas, parce qu'ils nous considèrent comme des fils de la même terre et de la même naturalité qu'eux. Ils nous confient beaucoup de choses et, en plus, quand nous parlons leur langue, nous nous trouvons en grande conformité et amitié avec eux ». Dans une autre œuvre, il répète que les indiens considèrent comme leurs enfants ceux qui sont nés à Mexico, et il ajoute : « Leurs femmes les ont allaités ». La cohabitation avec les indiens, christianisés et « espagnolisés » s'avère proche d'un métissage biologique, sans doute linguistique et même social. Mais toutes ces considérations n'empêchent pas le créole Suárez de Peralta d'adhérer aux points de vue et aux prétentions nobiliaires des *encomenderos*. Son *Traité sur les Indes* contient aussi des critiques à l'égard du roi qui a aboli la servitude et le service personnel des indiens et qui a refusé de perpétuer les *encomiendas*. De plus, il partage la thèse de Gómara et autres auteurs qui ont justifié la conquête comme une punition divine à cause des pêchés contre nature des populations primitives.

Une contradiction notable entre la vie et l'œuvre de l'auteur du *Traité* consiste en ce qu'il fait de Cortés la figure capitale de ses écrits, sans jamais faire allusion aux détestables relations entre Cortés et la famille Suárez. On sait que la première femme de Cortés, Catalina Suárez, était la sœur du père du chroniqueur. Or, elle est retrouvée morte dans la chambre conjugale en 1522, sans aucun autre signe de maladie que l'hystérie (« mal de mère »). Ses parents n'ont pas voulu porter plainte contre la plus haute autorité du territoire récemment conquis. De plus, si l'on en croit le fils, les deux beaux-frères étaient liés d'intense amitié. Mais cette amitié n'existe plus en 1529, puisque, pendant le jugement à résidence de Cortés, sa belle-mère et son beau-frère l'accusent d'avoir tué son épouse. Le cas n'avance pas, cependant que le litige contre le marquisat pour la succession se prolonge pendant des décennies. Ce n'est qu'en 1596 qu'un arrêt définitif de justice est rendu en faveur des Suárez Peralta.

L'image que Suárez Peralta transmet de Cortés est une légende vivante, exaltée par « tous ceux qui ont écrit ici sur son temps ». Le plus important, c'est qu'il fait de lui la pièce maîtresse de son apologie de la conquête. De la même façon, malgré l'implication de Juan dans les procès contre Cortés et son intérêt à les gagner, dans son Traité il qualifie l'accusation d'uxoricide comme « une très grande méchanceté inventée par de méchants hommes ». L'affaire a intrigué les analystes de son œuvre, mais il est évident qu'il ne peut pas dévoiler les procès de justice de sa famille contre l'héroïque *conquistador* et sa descendance. Les procès personnels n'ont rien à voir avec ses intérêts et ses exigences d'écrivain.

La vie de Juan n'aurait pas été exceptionnelle. Le visiteur royal Jerónimo Valderrama a envoyé au roi une liste des *corregidors* nommés par le vice-roi Velasco, das laquelle Juan est qualifié d'« homme de mauvaises habitudes et de faibles capacités ». Malgré cette disqualification, ses livres démontrent qu'il est un bon connaisseur de la géographie de la vice-royauté. De plus, il manifeste une notable passion pour les chevaux et la chevalerie, auxquels il a consacré deux de ses œuvres les plus connues. Il affirme de façon récurrente que l'« expérience » lui a appris la façon de ferrer les chevaux, de faire des emplâtres curatifs et de pratiquer la chirurgie, si nécessaire. Tout cela peut prouver qu'il a exercé le métier de vétérinaire, au moins en Espagne. Le cheval, à l'époque, est un moyen irremplaçable de transport et de chargement, une redoutable arme de guerre et, avant tout, l'emblème par excellence du chevalier. Cependant, l'éclat social de celui qui dresse et soigne les chevaux n'est pas comparable à celui du chevalier qui emploie un vétérinaire. Pour quel motif Juan, dont les frère et sœur Luis et Catalina jouissaient d'une importante renommée et d'énormes richesses en Nouvelle Espagne, s'est-t-il exilé en Castille, où il aurait exercé une profession « mécanique » en connaissant une certaine pauvreté ? Certains soupçonnent que son passage dans le vieux continent, alors qu'il avait plus de 40 ans, a eu pour but de fuir quelque persécution. Des papiers retrouvés par les chercheurs montrent que Juan et ses proches ont fréquenté plusieurs tribunaux, y compris celui de l'Inquisition, ce qui confirme la mauvaise opinion exprimée par Valderrama à l'égard de Juan Suárez de Peralta.

Une fois à Séville, la protection de son parent l'attendait : le duc de Medina Sidonia et comte de Niebla, don Alonso Pérez de Guzmán el Bueno (1550-1619). On garde encore le souvenir de ce noble personnage à cause de son rôle désastreux à la tête de l'Invincible Armada en 1558 et à cause du sonnet satirique de Cervantès. Suárez, en l'une de ses habituelles références elliptiques, qualifie ses ancêtres de « hidalgos de la maison de Niebla » sans entrer dans les détails, et il fait référence à un échange épistolaire avec le duc, qui apparemment comportait des aspects commerciaux. Selon Domínguez Ortíz, il y avait alors à Séville trois familles célèbres pour leur ancienneté, leur pouvoir et leur richesse : Medina Sidonia, Arcos et Medinaceli. C'est à partir de la conquête que les énormes capitaux qui circulent à Séville amènent la noblesse locale à s'impliquer dans le commerce et les affaires des Indes.

À Séville, Suárez demeure « quelques jours » chez le duc. S'il réussit à imprimer son *Traité de cavalerie* en 1580, alors qu'il est à peine arrivé dans ville, c'est grâce à son protecteur à qui il le dédie. Les archives des Indes conservent une *consulta* de 1612 qui apporte quelques informations sur les années espagnoles de Juan et ses liens avec Medina Sidonia. Il prend part à la « journée du Portugal, comme capitaine de chevaux et d'infanterie, et à celle d'Alarache ».

Larrache est un port du Maroc que le gouverneur turc d'Alger offre à Philippe II en 1579, afin de punir la révolte d'un prince maghrébin. Le roi demande alors au duc de préparer une armée pour qu'elle occupe le port, mais cette occupation n'a pas lieu. Quant au Portugal, lorsque Philippe II est couronné roi en 1579, il conçoit un plan d'occupation du royaume par plusieurs côtés. A Medina Sidonia il revient alors de réunir des troupes qui renforceront la frontière sud, cependant que le gros de l'armée occupera le territoire. La conquête dure de juin à octobre 1580, lorsque Philippe II s'empare de Lisbonne. Aucune de ses actions n'a été particulièrement spectaculaire. Le document de 1612 ne montre pas la présence de Juan dans des faits d'armes postérieurs, tout au long des 32 années qu'il a vécues en Castille, et ne lui accorde pas d'autres mérites. Il se sera sans doute éloigné du duc, puisqu'il ne figure plus dans ses entreprises.

Les minces services d'ordre militaire déclarés par le créole semblent confirmer le fait qu'il exerce comme vétérinaire à Séville et qu'il y rédige ses deux derniers livres dont il n'a pas vu la publication. En contraste avec sa vie si sédentaire, Juan a demandé à l'Audience de Mexico en 1612 une *relación de méritos* des hauts faits militaires de son père en compagnie de Cortés et dans des batailles telles que la guerre du Mixtón ; dans ce récit, il est signalé que l'*encomienda* du père est passé à son fils aîné Luis, puis au roi à la mort de Luis. Quant à Juan, le document ne lui attribue pas un seul mérite pendant ses quarante ans de vie à Mexico et se limite à indiquer qu'il a épousé Leonor de Andrada, fille du conquistador Alonso de Villanueva.

La déclaration est surprenante puisqu'il est bien établi que la femme de Juan est Ana de Cervantès. Il existe des indices qui mènent à croire qu'il s'agit d'un mensonge intentionnel. Dans la conjoncture de l'époque, la mention du prestigieux patronyme Andrada constitue une des clés biographiques du *Tratado del descubrimiento*. Le conquistador Alonso de Villanueva a marié trois de ses enfants avec les trois enfants Suárez de Peralta. L'héritier, Alonso Villanueva Cervantes, a épousé Catalina de Peralta. Leonor de Andrada a épousé Luis, l'*encomendero*. Enfin Ana de Cervantes s'est mariée avec Juan. Pourquoi est-ce que le document désigne Juan comme l'époux de Leonor de Andrada, alors qu'elle est en réalité la femme de son frère défunt ? La réponse pourrait être qu'Alonso de Villanueva, beau-père des trois enfants Suárez, avait une sœur, Beatriz de Andrada, marié avec Francisco de Velasco, frère du vice-roi Luis, le *vieux*. C'est ainsi que par leurs conjoints la famille Suárez se trouve apparentée au premier degré avec la puissante famille des Velasco.

Ce n'est pas tout. Lors de la mort du vice-roi Velasco, en 1564, son jeune fils Luis n'a pas réuni les deux-mille pesos nécessaires pour épouser une très riche créole. Le vice-roi, qui ne veut pas mourir endetté, demande alors dans son testament à son frère Francisco, qui n'a pas d'enfants, de protéger Luis. Ce dernier peut donc se marier avec sa prétendante. On sait que Luis est né en Castille en 1537 et qu'il est arrivé en Nouvelle Espagne avec son père en 1550, où il a vécu jusqu'en 1587, date de son passage à la cour. En 1589 (date de l'achèvement du *Tratado del descubrimiento*) il est nommé vice-roi de Nouvelle Espagne et occupe cette fonction jusqu'en 1595, puis il est nommé vice-roi au Pérou. En 1603, il rentre en Nouvelle Espagne. En 1607, il est de nouveau nommé vice-roi de Nouvelle Espagne. En juin 1611, il retourne en Castille pour y présider le Conseil des Indes. Il meurt en 1617. Suárez a évoqué Beatriz de Andrada comme la femme remarquable qui a intercédé pour un condamné à mort, lors de la répression de la conjuration de Martín Cortés. Elle était, dit-il, la femme de Francisco de Velasco et elle est la tante « de l'actuel vice-roi de la Nouvelle Espagne ».

Le 17 mars 1612, le Conseil des Indes tient une « *consulta* » (session plénière) au cours de laquelle on accorde une faveur au septuagénaire Suárez de Peralta. Le sollicitant a présenté le document, cité plus haut, émané de l'Audience de Mexico, accompagné d'un mémoire. Seul le sommaire des deux documents, tel qu'il a été préparé pour la session plénière, se trouve conservé. Y sont mentionnés les mérites du père, l'encomienda de Luis, perdue à sa mort, et l'affirmation selon laquelle Leonor de Andrada a été mariée avec Juan. Ce dernier, dans le mémoire, a déclaré ses actions militaires de Larache et du Portugal, et se dit pauvre et en charge d'enfants. Il demande un don d'argent « conforme à ses qualités », en raison des services exposés. Le Conseil lui accorde une *encomienda* avec une rente annuelle de cinq cents pesos et, en attendant que cette faveur prenne effet, il recevra cette somme sous forme de remise de dettes et vacations.

En mai 1613, doña Isabel Hurtado de Mendoza, veuve de Juan, se rend au Conseil pour expliquer que son mari a laissé « un fils » et qu'elle est dans « la plus grande pauvreté », puisqu'il est mort avant d'avoir pu percevoir l'*encomienda* qui lui avait été accordée. Elle demande donc que cette *encomienda* soit transférée à elle et à son rejeton, ainsi qu'une aide pour retourner à Mexico. Le Conseil accepte, en précisant que c'est le fils qui recevra l'argent, même s'il donne à sa mère la moitié de la rente. Il faut signaler ici que, six mois avant cet accord, la présidence du Conseil des Indes était passée à don Luis de Velasco, fils du vice-roi du même nom et neveu de Beatriz de Andrada.

LE TRAITÉ

Le titre original du *Tratado del descubrimiento de las Yndias y su conquista* est important. Il n'est ni *chronique* ni *histoire*. Il n'est pas non plus *Nouvelles historiques*, comme l'a prétendu son éditeur du dix-neuvième siècle. Si Juan Suárez de Peralta intitule son ouvrage « traité », c'est parce qu'il veut non pas recommencer à raconter ce qui a déjà été écrit mais défendre certaines thèses sur la découverte et la conquête. Fils de conquistador, *don* Juan a des points de vue et des intérêts clairs sur ce tumultueux processus historique et il veut justifier certains faits et en condamner d'autres.

Certains chercheurs ne trouvent pas très clairs les motifs qui ont poussé le créole à écrire son *Tratado del descubrimiento*. Jusqu'à il y a peu de temps, on se contentait d'extraire des *Nouvelles historiques* de ses pages. La première partie de la « chronique » était considéré comme négligeable, alors que le reste était perçu comme fascinant. C'est récemment que l'on a essayé de l'apprécier dans sa totalité. Bon écrivain, Suárez construit un véritable casse-tête en sélectionnant, en écartant ou en abrégeant ses morceaux : « Je fais référence à ce qui a été écrit à ce sujet. Je veux seulement dire… ». Il annonce aussi : « Je vais juste dire certaines (choses) qui me semblent justifier mon propos ». Mais comment découvrir précisément quel est son propos ? Il serait naïf de le réduire à une seule clé, même si ses différentes finalités ont un caractère de revendication. Parfois il met en valeur les intérêts de son groupe social, celui des *encomenderos* créoles, mais il recherche aussi son profit personnel.

Suárez n'est sans doute pas un professionnel des lettres mais, en aucune façon, il n'est un écrivain innocent, « naïf », et peut-être a-t-on sous-estimé la richesse de ses lectures et la complexité de ses méthodes narratives. Elles sont bien loin de se réduire à des « badinages et excès », à un ton « familier et bavard », à un fil narratif « chancelant ». Le nombre et la qualité des autorités à partir desquelles il fonde ses arguments et ses références historiques sont tout à fait remarquables. Dans son œuvre défilent le *Pseudo* Aristote – peut-être à travers Motolinia –, Diodore de Sicile, Flavius Josèphe, saint Augustin, saint Isidore. Les canonistes Diego de Simancas et Martín de Azpilcueta. Le poète Marcantonio Sabellico, auteur d'une histoire du monde en vers, qui, déjà en 1504, incluait Colomb et les nouvelles îles. Ortelius, sur les cartes de qui il cherche le possible point de passage dans le Nouveau Monde des premiers habitants. Il suit beaucoup Gómara, sans le citer. Il fait référence à Las Casas, contre qui il polémique. De Vitoria il mentionne le *De Indis insulanis*, imprimé en 1557 et 1565. Il utilise aussi des inédits, comme la lettre de Motolinía à Charles Quint contre Las Casas et son *Histoire des indiens* qu'il a vue. Il est encore plus surprenant de trouver quatre références à Sahagún, dont l'œuvre a été récupérée par le roi en 1578 à peine. Peut-être le duc de Medina Sidonia, son protecteur initial, en avait-il une copie dans sa bibliothèque. Il cite un P. Yépez qui traite du Pérou. En plus, il compile de nombreux manuscrits, pas toujours à des fins scientifiques. Il possède la copie des procès contre Martín Cortés et les conjurés, et il les utilise à fond pour raconter la conspiration. Il est également intéressant qu'il donne des passages de la Bible en espagnol, c'est-à-dire qu'il se risque à donner ses propres versions, ce qui est interdit. Mais avant tout, il est un lecteur attentif et réfléchi qui utilise ses lectures pour des discussions géographiques, historiques et politiques. Il travaille avec un *corpus* bien assimilé, remarquable en quantité et en qualité.

Il ne faut donc pas considérer son « peu de grammaire » au sens littéral du terme. Par une telle déclaration Suárez s'excuse d'aborder de risqués débats juridico-théologiques, « pour nous qui ne sommes pas lettrés et pour moi en particulier, qui n'ai qu'*un peu de grammaire*, même si j'aime beaucoup lire des histoires et m'entretenir avec des personnes savantes ». C'est là le typique alibi de fausse modestie et d'ingénuité. Dans son *Libro de albeitería* il remarque : « *L'albéitar (vétérinaire), pour…* *bien guérir, doit tout d'abord savoir lire, écrire et avoir étudié, afin que, grâce* *à l'étude et à la manière latine, il puisse profiter des nombreux auteurs latins* *qui ont écrit* » dans son domaine. Il exprime d'audacieuses idées en anatomie. Il demande à l'*albéitar* de connaître « l'anatomie du cheval, et même de bien la maîtriser, comme le bon médecin maîtrise celle de l'homme ». Alors que certains rejettent et que d'autres acceptent les théories de Vésale (*De humani corporis fabrica* date de 1543), Suárez exige déjà du médecin des hommes et du médecin des chevaux une maîtrise à la théorique et pratique de l'anatomie.

Il est certain qu'apparemment Suárez dilue ses arguments et les perd dans la masse d'un discours qui est enclin aux digressions et aux anecdotes. Malgré tout – et je reviendrai là-dessus pour explorer ses critères de vérité –, son habileté en tant qu'expositeur et narrateur lui permet d'aborder les sujets les plus brûlants sans trop s'impliquer, et d'insinuer sans dire, sauf quand il veut être très clair. Ses récits montrent qu'il est un maître de la conversation, ils mettent bien en évidence une habile utilisation de l'ambigüité, qui est au cœur de son style propre et constitue sa caractéristique, comme l'ont remarqué les spécialistes de son œuvre. L'ambivalence lui donne en effet une protection sûre. Il occulte ses données, les sous-entend, laisse la conclusion au lecteur. C'est là une vertu qui est très agaçante pour ces lecteurs impatients de faits sonnants et trébuchants.

Suárez de Peralta combine l'ambivalence volontaire et stylistique avec une autre, fruit de la perspective que lui donne sa condition de créole américain, ni espagnol ni indien. En plus, d'un créole qui fait appel à sa patrie depuis l'exil. Nostalgique du paysage, de la fertilité du Nouveau Monde et de ses troupeaux, sa mémoire d'observateur attentif lui permet de s'exprimer avec vivacité. Il vante les excellences de sa patrie aux lecteurs qui ne savent presque rien de la Nouvelle Espagne. Ses indiens de l'époque païenne sont des pécheurs et leurs vices contre nature ont justifié la conquête et l'évangélisation. Dans cette disqualification, ce sont des passages entiers de Gómara qui apparaissent. Mais il voit les conquis avec sympathie et attention. Il détaille leur manière de filer et de tisser, en signalant les similitudes et les différences par rapport au style européen.

L'évidente fierté pour la géographie de la patrie l'amène à commencer son traité par une émouvante et nostalgique peinture de ce très vaste territoire riche en agriculture, troupeaux, or et argent. Un monde que les européens ont trouvé habité par une multitude de peuples dont ils n'avaient jamais entendu parler. Et comme tous les hommes proviennent d'Adam, il est important de savoir comment ils sont passés à cette terre. Pour un créole la question surpasse la curiosité érudite. Elle implique de savoir de quelle façon les peuples natifs de *sa* terre sont liés à l'histoire universelle ; quand et comment ils ont honoré le commandement divin de peupler le monde. Ainsi, dans le premier chapitre, il cherche répondre cette question. Il conjecture à partir de la Bible, des livres d'histoire et de philosophie, des cartes. Il soupçonne qu'ils proviennent de Cham, le fils maudit de Noé.

Pour Suárez il est important d'expliquer l'origine des peuples natifs de la Nouvelle Espagne, mais il porte plus d'intérêt à la légitimation de leur conquête par les espagnols. Tel est le motif de ses premiers chapitres dans le plan général de son *Tratado*. Il intitule le quatrième chapitre « De la conquête en général » : il y esquisse à peine les étapes qui vont du découvreur Colomb au héros Cortés. En revanche, il veut bien faire comprendre qu'il s'agit là d'un travail légitime avec des résultats optimaux. Il se soumet donc à l'argument traditionnel. La conquête des Indes a été œuvre divine pour que

> les indiens fussent punis de leurs péchés et idolâtries, et les chrétiens y jouissent des richesses et de la fertilité des Indes, et en récompense qu'ils plantassent la foi de notre Seigneur Jésus-Christ, avec d'autres façons de vivre plus conformes à la nature humaine que celles qu'ils avaient.

Il trouve admirable l'enracinement de la foi parmi les naturels, en particulier parmi les habitants de Mexico, qui sont aussi très « espagnolisés » dans leur mode de vie. Les natifs n'ont donc pas perdu avec la conquête ; au contraire, elle les a rendus « plus seigneurs de leur terre qu'ils ne l'ont jamais été au temps de leurs rois, et ils sont plus libres et favorisés ». En somme, loin de dire que l'irruption espagnole dans le nouveau monde a apporté des guerres, des épidémies et la mortalité, Suárez garantit qu'elle a pleinement accompli ses finalités bénéfiques.

Cependant, la conquête n'a pas uniquement permis aux indiens de mener une vie chrétienne et « plus conforme à la nature humaine », elle a aussi bien profité aux espagnols. Mexico à peine « gagné », Cortés a « commencé à distribuer la terre, confiant aux espagnols conquistadors des peuples d'indiens, afin qu'ils puissent se servir d'eux et en tirer profit ». Suárez, avant de mettre en question la légitimité de cette action, s'oppose avec fermeté aux mesures des *Nouvelles Lois* de 1542. Il considère que tout allait bien jusqu'à ce que ces mesures aient apporté des maux à la Nouvelle Espagne, c'est-à-dire à la caste des *encomenderos*. L'interdiction du « service personnel est très regrettable, explique-t-il, parce qu'avec celui-ci les habitants indiens avaient des approvisionnements de pain et de légumes, de poules, le bénéfice de leurs exploitations agricoles, le service de la maison ». Depuis l'abolition, on a commencé à « éprouver la pauvreté », puisqu'il faut tout acheter et que les maisons n'ont plus jamais été pleines de « tout ce que l'on récoltait de la terre ». Les Lois ont provoqué un autre grand dommage lorsqu'on a « libéré les esclaves indiens…, car ce sont eux qui travaillaient dans les mines d'or et d'argent » et qui semaient et récoltaient. Il ajoute que « ce sont eux qui entretenaient la terre ». Cela fait peine de les voir sortir par groupes de cinquante ou cent, avec la marque « LIBRE » sur le bras. Cela fait « pitié » de voir comment les haciendas se vident ; il faut désormais payer les indiens « à la journée » et prendre des noirs puisqu'on ne trouve plus « personne pour vouloir servir ».

Malgré cela, Suárez considère que la plus grande calamité consiste en l'interdiction définitive, à partir des années 1560, pour la troisième génération de créoles d'hériter des *encomiendas*. Cette date a coïncidé avec l'arrivée à Mexico du deuxième maquis del Valle, Martín Cortés, à qui il a été proposé de diriger la rébellion des *encomenderos* en échange d'être couronné roi. Mais les *encomenderos* se sont divisés en deux camps, ce qui a provoqué une féroce répression qui occupe la plus longue et la plus importante partie de l'œuvre mais qui ne constitue pas en tant que telle le sujet d'un récit à part. Dans l'ensemble, le *Tratado* contient autant la description de la conquête du paradisiaque nouveau monde par Cortés et ses hommes que la narration pleine de rancœur de la manière dont le roi a extorqué à l'élite des privilèges qu'elle prétendait consolider, puisqu'elle était certaine de les posséder en toute légitimité.

L'œuvre de Suárez exprime son dégoût pour le désintérêt de la Couronne à récompenser les présumés mérites et la fidélité des créoles. Cette aigreur deviendra l'un des motifs récurrents de la littérature coloniale. Les hommes de la Nouvelle Espagne, c'est-à-dire les *encomenderos*, ont toujours été « de très fidèles vassaux, non par manque de courage » et en dépit du fait qu'il leur a été très difficile de ne plus pouvoir disposer du service personnel des indiens et d'indiens esclaves. Suárez ajoute : « Ces faits rendaient furieux tout le monde, mais personne n'en parlait ».

Dans une autre perspective, le *Traité*, apologie des plaintes des *encomenderos*, a peut-être eu un destinataire caché, don Luis de Velasco, le *jeune*, nommé vice-roi de Mexico en juillet 1589. Sur les 44 chapitres du livre, à partir du chapitre 22, Velasco apparait déjà en possession de sa charge. Dans la seconde moitié de l'œuvre, il est mentionné au moins six fois. Le *Traité* s'achève par une sorte d'envoi, invoquant l'aide de la grâce divine « pour que (le nouveau vice-roi) gouverne comme son père et favorise la terre ». Velasco « peut la considérer comme sa patrie », puisqu'il y a vécu depuis l'âge de 18 ans, s'y est marié et y a marié ses enfants, et il a servi le roi en « beaucoup de choses ». Il a donc « l'obligation » de la favoriser.

La récurrente mention de sa nomination implique l'une de deux options : soit, lorsqu'il a appris la nouvelle, Suárez avait déjà écrit la moitié de son livre et il s'est pressé de l'achever dans la deuxième moitié de 1589 ; soit il a commencé son œuvre juste après avoir appris la nouvelle. Faute d'éléments pour une réponse ferme, il existe en tout cas dans le texte une claire intention de célébrer Velasco père, au Mexique de 1550 jusqu'à sa mort en juillet 1564, lui qui, en presque quinze ans de gouvernement, a su marier ses enfants, son frères et autres parents « au meilleur de la terre ». C'est pour cela que le visiteur Valderrama a informé le roi que don Luis était « très apparenté ». Il s'est ainsi créé trop d'intérêts en alliant sa famille aux familles les plus considérables du royaume.

Au moins à quatre reprises, Suárez qualifie le vieux vice-roi de « père de tout ce royaume ». Surtout, il le présente comme l'archétype du chevalier. « Il n'avait qu'une volonté : dépenser ses revenus comme un seigneur ». Sa maison était pleine de serviteurs. Il servait des repas chaque jour à plus de trente ou quarante personnes qui lui paraissaient le mériter. Il dépensait des fortunes en « tous genres de chasse aux oiseaux », en chasse à l'arquebuse, en entretien de la meilleure écurie. « Il avait belle allure à cheval, il organisait des joutes par lesquelles il honorait la ville ». En effet, le tempérament ludique de ce vice-roi chevalier n'était jamais épuisé par les fêtes. Pour honorer les fils des *encomenderos*, il les faisait chevaliers. Tous voulaient participer aux réjouissances de don Luis. Pour lui, gouverner était une fête, puisque les chevaliers, au lieu de penser aux rebellions, s'occupaient « de chevaux, lances, furets, joutes ».

Le seul manuscrit du *Tratado*, apparemment autographe, a été écrit clairement, avec une élégante page de titre, et il a pu arriver dans les mains du nouveau vice-roi, fils d'un père si remarquable, témoin et acteur de ces années de « réjouissances et fêtes ». Velasco *fils* a appartenu à la génération qui a vécu l'époque dorée de l'*encomienda*, avant la brutale répression de la conspiration, après quoi la Nouvelle Espagne n'a plus jamais été la même. Au-delà des flatteries, Suárez avait-il l'espoir que les années heureuses pourraient revenir avec le jeune Luis ? En tout cas, prenant en compte que le nouveau vice-roi était le neveu de Beatriz de Andrada, le *Traité* rappelait les liens familiaux qui l'unissaient à son auteur, sans doute avec l'espoir pour ce dernier de pouvoir être favorisé de quelque prébende ; ce qui ne s'est concrétisé, pour autant qu'on le sache, que vingt-cinq ans plus tard, en 1612.

DIRE LA VÉRITÉ, L'INSINUER

Dans plusieurs extraits de son livre sur les Indes, l'auteur explique son idée de la vérité en tant que narrateur et auteur. Pour convaincre ses lecteurs, il en appelle avant tout à sa condition de témoin immédiat et attentif : « Tout ce que je vais dire est vérité, puisque je me trouvais à Mexico et présent dans plusieurs événements, et je les sais ». Pareillement, il assure : « Je l'ai entendu moi-même, parce que je me trouvais si proche de la scène, et j'ai tout vu et tout entendu ». En somme, il privilégie les témoignages primaires : « J'ai parlé avec lui et je l'ai vu, il était avec ses serviteurs », ou bien : « J'étais moi-même à ses côtés ».

Lorsqu'il expose des thèses essentielles pour ses propres fins, il ne cherche pas tant à être original qu'à convaincre. Pour cela, il n'y a rien de mieux que de se donner des airs de témoin direct. Son apologie de la conquête est fondée sur le fait que les indiens commettaient des sacrifices humains et pratiquaient l'anthropophagie, de si graves péchés qu'ils légitiment toute intervention justicière des conquistadors chrétiens. Mais de telles imputations ont besoin de preuves. Étant donné que pour lui la preuve des preuves est le témoignage direct, comment est-il possible de persuader de la véracité d'un fait qui n'a pas été vu, puisqu'il est né lorsque ces sanglants rituels appartenaient désormais à l'histoire ? Il fait alors référence à l'expérience propre, aussi bien directe qu'indirecte. Il assure qu'il a constaté l'idolâtrie a travers ses signes matériels : « J'ai vu moi-même les instruments qu'ils utilisaient ». Il décrit avec une précision de *reporter* une adoration clandestine dans la Mixteca, en 1573. Il a lui-même pris quelques idoles qu'il a rapportées en Espagne. Les apparentes digressions lui servent d'appui pour raconter sans transition, comme choses vues, les rites « diaboliques » qu'il a lus ou qu'il a entendus par la rumeur populaire. Lorsqu'il doit répéter ce qui a été dit par d'autres auteurs, il préfère être concis et renvoyer à ses sources, mais ce qu'il affirme il a soin de le rendre vraisemblable.

De fait, il ne peut pas toujours alléguer sa présence. Il indique alors l'origine de son information. Cela va du simple : « On dit » ou : « J'ai entendu un vieil indien dire », au plus catégorique : « Je le sais de qui le savait ». Ou il nomme son informateur, à propos de Cortés : « Je sais beaucoup [de choses] parce que je les ai entendu dire par mon père, qui a été l'un des meilleurs amis » du conquistador. Ou bien il recourt à des documents écrits, imprimées ou non : « Il est arrivé ce qui se trouve dans ce dossier, auquel je renvoie ». Il ne craint pas non plus l'autorité d'un Sahagún, de Vitoria ou de la Bible, surtout pour soutenir ses arguments sur la légitimité de la conquête ou sur l'origine de l'homme du nouveau monde.

Si Suárez s'était limité à prouver ses affirmations à partir de ce qu'il a vu, écouté ou lu, il se distinguerait à peine de nombreux autres narrateurs, et pas toujours « en bien ». Mais son *Tratado del descubrimento* est très complexe et n'est absolument pas réductible à un recueil d'anecdotes qui se succèderaient de façon linéaire. Il utilise une large gamme stylistique pour persuader son lecteur ou, au moins, remettre en question ses certitudes. Il maîtrise à la perfection l'art de juxtaposer opinions et jugements, en obligeant le lecteur à en tirer ses propres conclusions. Dans un premier temps, il fournit données et arguments en faveur d'une thèse, pour ensuite en énoncer d'autres qui viennent à l'encontre des premiers. Ce qui lui permet de laisser dans l'ombre sa *véritable* opinion. Il se met ainsi à l'abri de possibles accusations pour avoir dit des choses hors de propos.

Comme je l'ai déjà dit, les *Leyes Nuevas* de 1542 ont provoqué la colère des *encomenderos* dans tout l'empire des Indes, et au Pérou il y eut une grave rébellion. Suárez évoque ensuite le sort de « sis ou sept » conjurés à Mexico. Beaucoup de soldats se rendaient dans une célèbre maison de jeux – « *lugar de nuebas* » –. Là-dedans « on ne parlait que de la guerre des péruviens ». Avec l'excitation du « vin », au cours de cette *tertulia*, on a entendu « certains mots, selon lesquels il serait bien de se soulever, de tuer le vice-roi et les auditeurs ». Et alors que cela se disait « en riant et en se moquant », les autorités « ne l'ont pas pris à la légère ». Les conspirateurs ont été condamnés « à être pendus, écartelés, traînés à terre ». Il ajoute : « Je les ai vus, alors que j'étais un petit garçon, et je me souviens qu'ils m'ont fait beaucoup de peine. Et j'ai entendu dire qu'ils mouraient sans avoir commis de faute ». Il ajoute encore : « En considérant bien ce qui a été dit et ce qu'ils étaient et ce qu'ils pouvaient, la punition était rigoureuse ». Il s'agissait « de pauvres hommes », sans amis ni relations, qui gagnaient en général leur vie en travaillant pour les éleveurs de troupeaux. Une fois que le narrateur a dénié toute importance à l'affaire jusqu'à la transformer en tragique fait-divers d'ivrognes, il assène de façon lapidaire dans le sens opposé : « Puisqu'on les a justiciés, c'est ce qui devait convenir ».

L'émouvant récit de l'emprisonnement et de l'exil de Martín Cortés, avec la condamnation et l'exécution des frères complices Dávila, suit la même règle narrative à base d'évidences juxtaposées. Au 1563, l'arrivé au Mexique du marquis *del Valle* déchaîne une frénésie de fêtes. Les créoles rivalisent de luxe ostentatoire pour s'attirer ses grâces. Plus de trois cents chevaliers organisent une fête « à la campagne, en livrées de riche soie et des tissus d'or et d'argent, qui a été très couteuse ». Banquets, mascarades, toasts où se dévoilent « beaucoup de fautes qu'on savait de certains », tournois. Mais en montrant des préférences pour certains, le marquis a irrité les autres. Alors se constituent deux factions si ennemies que les chevaliers en viennent aux armes et que Cortés lui-même est attaqué. Cette ambiance d'agressivité et de haine est renforcée par le fait que le roi d'Espagne vient de refuser la transmission des *encomiendas* à la troisième génération des descendants des conquistadors *encomenderos*, ce qui signifie l'appauvrissement de tout un ensemble de familles.

« On se réunit… et on tint des propos très mauvais ». Alonso Dávila, par exemple, à qui ses *encomiendas* fournissent plus de vingt-mille pesos annuels, s'évanouit. Son frère Gil et de nombreux autres *encomendores* décident de se révolter contre les autorités vice-reinales et de couronner Martin Cortés. Néanmoins les ennemis de Martín Cortés sont décidés à le perdre et ils préfèrent révéler la conspiration aux autorités, alors que, parmi les conspirateurs, il y a aussi bien des amis que des ennemis du marquis.

Selon Suárez, ce sont les frères Villanueva et leurs parents qui ont voulu en finir avec Cortés. Ils étaient cousins de Baltasar de Aguilar, « que [les rebelles] avait nommé *maese de campo* » pour diriger le soulève-ment. Baltasar a été convoqué par ses cousins Villanueva, qui l'ont traîné « comme par les cheveux » pour le forcer à dénoncer la conspiration à l'Audience. En même temps, les Villanueva ont informé Luis de Velasco, fils du défunt vice-roi. Les frères étaient aussi les neveux de Beatriz de Andrada, la femme de Francisco de Velasco. Celui-ci a été nommé capitaine général par l'Audience et il a gardé les prisonniers, Cortés y compris ; il a coordonné la répression pendant les mois où le pays n'a pas eu de vice-roi. Il va sans dire que le narrateur garde ici le silence, mais Ana de Cervantes, sa femme, et Leonor de Andrada, l'épouse de son frère, étaient aussi les sœurs des Villanueva et, par conséquent, les nièces de la femme de Velasco.

Suárez donne une description dramatique de la rancune mortelle entre les deux factions et de la féroce répression que la dénonciation a provoquée, en tuant aussi bien les amis que les ennemis de Cortés. Mais il glisse dans son récit quelques éléments de disculpation. Le marquis a été aveuglé par une femme appelée Marina, et à cause d'elle il s'est brouillé avec des gens qui auraient du rester ses amis : la guerre de pouvoir entre les groupes de l'oligarchie est réduite à une histoire de femmes. Et de même que, dans le récit de la répression de 1543, la faute a été celle de l'alcool, cette fois-ci c'est Satan qui est intervenu : « Le démon a trouvé la porte ouverte pour faire des siennes », dans une ambiance enflammée par les mascarades, les banquets, les toasts bavards, les factions.

Particulièrement, c'est dans le vibrant récit de la passion et de la mort des Dávila que Suárez expose le mieux son style narratif à base de contrapuntos. Premièrement, Suárez dit qu'Alonso « tomba » à la perspective de perdre sa rente de vingt-mille pesos. Quelques pages avant, il a assuré : « S'il y a quelque chose qui a causé sa perte, ou au moins y a aidé, ce fut qu'il était plein de vanité ». Il raconte aussi que, dans une assemblée, Alonso Davila a déclaré : « On espère bien qu'il n'arrivera pas au Roi ce qu'on dit "qui veut tout perd tout", et d'autres sottises ». Suárez admet qu'il a payé trop cher cette audace, mais il atténue la faute avec le mot de « sottises ». Ici encore, il s'agit de plaisanteries que l'autorité prend au sérieux. Les Dávila, loin d'être des scélérats, étaient très aimés et ne faisaient de mal à personne.

Avec ces nuances, Suárez passe au chapitre où il décrit l'exécution des frères sur la grand place de Mexico, remplie de « plus de cent-mille âmes, et tous en pleurs ». Il commence avec solennité : « On n'a jamais vu un jour de telle confusion et qui ait suscité plus grande tristesse en tous, hommes et femmes ». Puis il raconte ce qui s'est passé sur l'échafaud et l'impact de cette scène sur la multitude. Des milliers de cierges illuminent la place. Il y a des cris d'horreur à chaque coup de hache du bourreau maladroit. Tout prend fin au milieu de la nuit, avec « la terre très blessée et incapable de décider s'ils étaient morts coupables ou non ».

Suárez donne un grande place aux expressions de condamnation, aux doutes, aux promesses de vengeance, et il montre que les factions demeurent irréconciliables – « et on m'a pris le meilleur ami que j'avais ». Surtout, Suárez apporte un témoignage personnel : il s'est trouvé si près de l'échafaud que la tête de son cheval pouvait le toucher, et il a entendu le confesseur demander au public une prière pour ces condamnés « qui disent qu'ils meurent justement ». Ensuite le religieux a interpellé les condamnés pour leur demander s'ils avaient reconnu leur faute. Ils ont acquiescé au moment même où le premier frère s'est agenouillé pour être décapité. *Ergo*, les victimes elles-mêmes ont admis que leur exécution était légitime.

CE QUI EST VÉRITABLE ET CE QUI EST CRÉDIBLE

Auteur ambigu, Juan Suárez de Peralta a fait de son *Tratado del descubrimiento* un écrit très éloigné de la linéaire *relación de méritos* (récit des mérites) et du *memorial* (mémoire) qui lui était adjoint. Nous avons pu vérifier qu'il est logique que le mot *crónica* (chronique) n'apparaisse pas dans le titre, mais nous pouvons également considérer que le titre de *tratado* (traité) est peut-être un peu étroit. Les lectures unilatérales d'une œuvre si complexe la sous-estiment fréquemment, soit parce qu'elle répète d'autres auteurs soit parce qu'elle est considérée comme un recueil d'anecdotes. Au contraire, nous avons montré qu'il s'agit d'un écrit qui a des buts très définis, parfois énoncés grâce à des déclarations catégoriques, mais aussi à travers des allusions, suggestions et arguments juxtaposés autour d'un même fait. Fréquemment l'auteur dit plus quand il est allusif que quand il est catégorique. C'est ainsi que pour découvrir la complexité et la singularité du *Tratado* il faut s'en approcher avec des yeux capables de valoriser son dense tissu de subterfuges et d'ambigüités.

En écrivant son œuvre, Suárez de Peralta a su dissimuler l'individu de chair et d'os qu'il a été, ses liens familiaux, ses particulières prises de position et même ses passions et bassesses personnelles, telles qu'elles ont été découvertes par ses biographes. S'il utilise le *yo* (moi), il le fait communément à titre de témoin qui prétend être digne de foi, puisqu'il s'est trouvé là, l'a vu, l'a lu ou l'a entendu. Ainsi il se présente comme l'ami de tous ou, du moins, en certaine sympathie avec tous ses protagonistes à qui il laisse exposer leurs points de vue. C'est pourquoi, en tant qu'auteur, il fait l'éloge des Cortés et, en tant qu'individu, il les combat.

Grâce à ce jeu de contrastes, l'actuel lecteur de son *Tratado* trouve crédible qu'en effet les *encomenderos* se soient conjurés contre le roi. Mais, en plus, Martín Cortés, deuxième marquis del Valle, au lieu de rassembler le mécontentement de l'élite à l'égard de la Couronne, a catalysé de vieux conflits d'intérêts. Et ce faisant, il a favorisé le choc entre deux factions ennemies et, très vite, une féroce répression qui a touché à tous et lui a pratiquement coûté la vie.

Il a montré comment ce groupe, toujours sur la défensive et en apparence lié par les mêmes intérêts, a vécu profondément scindé. Raison pour laquelle, au moment décisif, avant de se soulever contre le roi, il a opté pour une sorte de sourde guerre civile, situation dont la Couronne a su profiter pour établir définitivement sa totale souveraineté sur la terre.

Tout cela fait du *Tratado* de Suárez de Peralta une source irremplaçable pour l'étude du XVIe siècle novo-hispanique. Suárez ne réduit pas l'histoire à des exploits militaires ni à des exercices catéchétiques. Il présente avec vraisemblance une élite créole aussi joyeuse qu'adonnée aux intrigues et aux déloyautés, laïque, étrangère à toute préoccupation religieuse, avide d'éclat social et de pouvoir. Un groupe rancunier, sinon violent, qui court à sa ruine entre ses querelles internes et la croissante pression royale.

En racontant son histoire, quelques années après la féroce répression et depuis l'observatoire éloigné de la péninsule, Suárez a aussi découvert que le temps avait effacé la Nouvelle Espagne de sa jeunesse, pleine de « réjouissances et de fêtes ». L'âge d'or des *encomenderos* s'en est allé. Et la véracité de son récit nous convainc autant lorsqu'il témoigne en toute simplicité que lorsqu'il se cache derrière l'ambigüité.

Enrique GONZÁLEZ GONZÁLEZ
Université nationale autonome
du Mexique

QUATRIÈME PARTIE

DOCTRINE

LA DOCTRINE DE JEAN DE LA CROIX

L'épreuve poétique de la *Noche oscura*

Lorsque Jean de la Croix, mort en 1591, est canonisé en 1729, il rejoint enfin dans le ciel catholique des saints Thérèse de Jésus, morte en 1582 et canonisée en 1622, qui disait de lui *« que era una de las Almas más puras, que Dios tenía en su Iglesia, y que le avía infundido Su Magestad grandes thesoros de luz, pureza, y sabiduría »*, comme les dévots de Jean de la Croix se plaisent alors à le rappeler. Et dans les nombreuses vies du saint imprimées à l'occasion des fêtes de sa canonisation dans tout l'empire espagnol, il est clairement établi que le nouveau saint fut un maître de doctrine.

UNE *DOCTRINA CELESTIAL* CONFORME AUX *DIVINAS LETRAS* ET À LA *DOCTRINA CONCORDE DE LOS SANTOS*
La Apología mýstica de Quiroga

C'est ainsi que, dans une *Vie* du saint publiée à Mexico, en 1730, avec le récit des fêtes de sa canonisation, on peut lire par exemple : *« Con vida tan santa se calificó Principal Fundador de tan Esclarecida Reforma después de la Santa Madre, pour cuya causa en los Conventos que en adelante se fundaron en Mansera, Almodovar, Alcalá, Pastrana, y otros, plantó la observancia del primitivo instituto, y los crió como Padre primero a los pechos de su celestial doctrina, y exemplo*[1]*... »*. Et plus loin : *« En los Mysterios de*

---

1 *El Segundo Quinze de Enero de la Corte Mexicana. Solemnes fiestas, que a la canonización del Mýstico Doctor San Juan de la Cruz celebró la Provincia de San Alberto de Carmelitas Descalzos de esta Nueva España : Breve Epítomé de la Vida del Mýstico Doctor San Juan de la Cruz*, Mexico, Por Joseph Bernardo de Hogal, 1730, p. 5 (Edición facsímilar de la obra original de 1730, Sociedad Mexicana de Bibliófilos, A.C., Ciudad de México, 2000).

la Beatíssima Trinidad, y Santíssimo Sacramento era tanta la viveza de su Fe, que más parecía verlos que creerlos, como se infiere de ilustrísimos exemplos de su Vida, y de la celestial doctrina de sus escritos[1]... ». Le témoignage d'un religieux de la Compagnie de Jésus, Juan de Vicuña, « *muy acredito en la Andaluzia* », est cité, parce qu'il a joué un rôle important dans le procès de canonisation : « *Con aver leído yo muchos Authores que han escrito de Theología Mýstica, me parece no he encontrado doctrina más sólida que la que escrive el Santo Padre Fray Juan de la Cruz, y sé que los que los leen sienten en su alma grande luz en el cámino espiritual, y yo aunque poco aprovechado confiesso de mí que siento esto quando los leo, y assí mismo un gran calor, que me alienta al amor de Dios, y por esso los estimo, y venero*[2]... ».

La doctrine du nouveau saint, par laquelle il a formé ses Frères de la Réforme, est donc qualifiée de « céleste ». Elle est étroitement associée aux « *exemplos* » de sa vie, qui consistent en épisodes édifiants, souvent merveilleux, c'est-à-dire en *exempla* au sens médiéval du terme, par lesquels le saint est essentiellement représenté comme le vainqueur des ruses du diable ; elle fait « voir » les « mystères » de la foi. Mais rien n'est dit du contenu même de la doctrine et de l'enseignement de Jean de la Croix. S'il est fait allusion au *Cántico espiritual* ou à la *Noche oscura* ou à la *Llama de amor viva*, également à la *Subida del Monte Carmelo*, et aussi à son dessin célèbre du Christ en croix, il n'est rien dit de sa pratique ni de sa théorie de la contemplation. Le témoignage du religieux jésuite porte seulement sur les effets de la « *doctrina más sólida* » de Jean : il ressent « luz » et « calor », lumière et chaleur. Ces effets sont à la fois de l'ordre du sensible et de l'ordre de l'intelligible. La doctrine du Docteur mystique Jean de la Croix aurait donc des modalités de compréhension que l'on peut catégoriser en empirique et en théologique.

Or, précisément, si Jean de la Croix a été si tardivement canonisé, c'est au terme d'une âpre querelle entre contemplatifs portant sur sa « doctrine » de la contemplation mystique. Dans les dernières décades du XVIᵉ siècle, les adeptes d'une conception nouvelle, à la fois anthropologique et théologique, du surnaturel s'opposent aux tenants de la tradition médiévale qui se réclament de Denys l'Aréopagite interprété selon les Victorins, saint Thomas et saint Bonaventure (qui est

---

1   ouvr. cit., p. 14.
2   ouvr. cit., p. 26-27.

couramment confondu avec le chartreux Hugues de Balma et le franciscain Raoul de Bibrach). La laïcisation de l'intelligence de la foi connaît alors un grand développement. La notion de contemplation mystique change radicalement. Là où la contemplation signifiait l'opération de l'intelligence pure, qui met en œuvre par la foi l'affection, c'est-à-dire « l'attention simple et amoureuse à Dieu », selon l'expression même de Jean de la Croix, à l'exclusion des actes propres de l'entendement spéculatif, les modernes introduisent une variété ambiguë de contemplation intellectuelle, non mystique, affaire de l'intelligence recourant, dans l'oraison, à une pratique de la théologie négative, afin de parvenir à une connaissance obscure des vérités de la foi, supérieure à la spéculation des scolastiques. La contemplation mystique cesse d'être la connaissance simple que la foi surnaturelle communique à l'intelligence pure, dans le silence et l'extinction des puissances de la mémoire, de l'entendement et de la volonté ; elle cesse d'être la connaissance proprement surnaturelle infuse, mais élective en même temps, dans la mesure où tout homme peut se disposer à la recevoir, librement, en réponse à l'Alliance conclue par Dieu avec les hommes comme un don gratuit ; elle est désormais exceptionnelle et réservée à des personnalités d'exception.

C'est dans ces circonstances que le Carme José de Jesús María Quiroga (1562-1629), premier historiographe de la Réforme de Thérèse de Jésus, compose entre 1615 et 1625 une *Apología Mística* de la doctrine de Jean de la Croix qui a été dénoncée à l'Inquisition par un certain maître en théologie, qui n'est pas nommé, sans doute un Jésuite, comme favorisant l'illuminisme[1]. Examinons ici le prologue du défenseur de « *tan alta luz de oración y espíritu* » de Jean de la Croix :

> *No sólo las personas ignorantes, mas también muchos de los que se tienen por maestros en la teología escolástica, alcanzan tan poca noticia de la mística, que hacen poca diferencia entre la verdadera contemplación enseñada por Dios a sus fieles, y la falsa y engañosa que ha introducido el demonio en gente vana y soberbia, con notable daño*

---

1   Le titre est : *Apología mística en defensa de la contemplación divina contra algunos maestros escolásticos que se oponen a ella. Pruébase con la autoridad de las divinas letras y doctrina concorde de los santos que esta contemplación fue dada por Dios, desde el principio del mundo a sus grandes siervos, enseñada por Cristo a sus apóstoles y predicada por ellos como sabiduría del cielo, a sus discípulos para que la comunicasen a toda la Iglesia* : ms 4478 de la Biblioteca Nacional de Madrid. Il s'agit d'un manuscrit autographe. À partir de 1628, Quiroga, défenseur de Jean de la Croix, connaîtra les mêmes épreuves que lui et la même disgrâce au sein de l'Ordre du Carmel. Il meurt, isolé, au couvent de Cuenca le 13 décembre 1628.

de la gente sencilla y devota. Y como nuestro venerable Padre Fray Juan de la Cruz ilustró tanto nuestro siglo con las verdaderas noticias de la contemplación de Dios, enseñándola en su pureza y cerrando con ella la puerta a los engaños del demonio, ha procurado este enemigo por diversos caminos oscurecer esta purísima luz, y uno es despertar a algunos maestros escolásticos pocos versados en materias de espíritu, para que la contradigan pareciéndoles que es contraria a la buena filosofía y teología escolástica, siendo en todo tan conforme a ellas. Y habiendo yo trabajado algo para sacar de este engaño a uno de estos maestros con lugares de las divinas letras y doctrina concorde de los santos… ha parecido que conviene comunicar este trabajo a la gente sencilla, para que en el hallen reparo de las malas doctrinas que en materia de contemplación intelectual corren en nuestra era… he acomodado esta respuesta… a modo de declaración llana y cierta de la verdad apurada, como lo ha menester la gente sencilla[1].

Quiroga démontre tout au long de son ouvrage que la doctrine de Jean de la Croix – sa « verdad apurada » – est à la fois conforme à la « bonne philosophie et théologie scolastique » et fondée sur l'Écriture et la doctrine des saints, c'est-à-dire sur toute la tradition spirituelle et savante des scolastiques et des mystiques, en particulier la doctrine de Denys l'Aréopagite, telle que l'interprète saint Thomas d'Aquin ; le mode de contemplation qu'il décrit – « verdadera contemplación » – correspond à l'expérience de la fondatrice du Carmel réformé, Thérèse d'Avila. La méthode d'exposition de Jean de la Croix est parfaite : « *Todo lo cual declaró excelentemente nuestro venerable Padre Fray Juan de la Cruz en uno de sus tratados místicos; y lo pudo decir de su experiencia, que llegó a este felicísimo estado y a gozar de estas comunicaciones divinas tan altas*[2] ». Les poèmes de Jean et les commentaires qu'il en donne constituent le fruit de son intime connaissance de la tradition jointe à sa propre expérience. À la vérité de la doctrine est donc liée son excellente « déclaration » ou exposition.

---

1   José de Jesús María Quiroga, *Apologie mystique en défense de la contemplation (Apología mística)*, texte espagnol et français, introduction, traduction et notes par Max Huot de Longchamp, Paris, Fac-Éditions, 1990, p. 20. L'édition espagnole s'appuie sur le texte du ms 4478 de la Biblioteca Nacional de Madrid.

2   José de Jesús María Quiroga, ouvr. cit., chap. 17, p. 134.

LA DOCTRINE : LA *PALABRA SUSTANCIAL*

Doctrine céleste ou doctrine suspecte, ce qui est certain c'est que, dans l'histoire de la théologie chrétienne, l'œuvre de Jean de la Croix occupe une place singulière, originale. Jean utilise en effet pour présenter sa doctrine en langue vernaculaire une méthode complètement nouvelle. Il est avant tout un poète qui écrit avec une grande maturité à la fois poétique, théologique et spirituelle. Comme le remarque Collin Thompson, « *si se destaca entre sus coetáneos es porque representa la cima de una larga tradición, no porque sea un ser excepcional que aparece sin tradición*[1] ». Dans son œuvre, trois sources principales d'inspiration se rejoignent pour exprimer poétiquement sa doctrine : la poésie biblique du Cantique des Cantiques, la tradition de la poésie castillane savante et italianisée et la tradition de la poésie populaire des *cancioneros*. Il aime utiliser l'allégorie, et donc les mots mêmes des Écritures, pour créer son propre système mystique et sa propre terminologie, ce qui constitue aussi une garantie de vérité de sa doctrine. C'est dans son premier et dense traité didactique, la *Subida del Monte Carmelo*, composé vers 1579, alors qu'il achève le *Cántico espiritual*, qu'il a cherché à donner l'expression la plus complète et la plus juste, ou la moins équivoque possible, de sa doctrine.

Après l'intitulé du traité, *La Subida del Monte Carmelo*, vient son sommaire : « *Trata de cómo podrá una alma disponerse para llegar en breve a la divina unión. Da avisos y doctrina, así a los principiantes como a los aprovechados, muy provechosa para que sepan desembarazarse de todo lo temporal y no embarazarse con lo espiritual y quedar en la suma desnudez y libertad de espíritu, cual se requiere para la divina unión. Compuesta por el padre Fr. Juan de la Cruz, carmelita descalzo*[2] ». Les « avis » et la « doctrine » de Jean s'adressent donc à tous les hommes sans exception, puisque l'union à Dieu est la finalité de toute âme ; il y a donc une visée universalisante de son discours.

---

1   Collin Thompson, « Liturgia, teología y experiencia en San Juan de la Cruz », *Presencia de San Juan de la Cruz*, ed. J. Paredes, Granada, Universidad de Granada, 1993, p. 98.
2   San Juan de la Cruz, *Obras completas, Subida del Monte Carmelo*, Madrid, Biblioteca de Autores Cristianos, 1989, p. 87.

Puis vient ce que Jean dénomme *argumento* et qui consiste en la présentation de la forme qu'il a donnée à sa doctrine : « *Toda la doctrina que entiendo tratar en esta Subida del Monte Carmelo está incluida en las siguientes canciones, y en ellas se contiene el modo de subir hasta la cumbre del monte, que es el alto estado de la perfección que aquí llamamos unión del alma con Dios. Y porque tengo de ir fundando sobre ellas lo que dijere, las he querido poner aquí juntas para que se entienda y vea junta toda la sustancia de lo que se ha de escribir*[1]… » La doctrine de Jean de la Croix est en effet enfermée, enveloppée en totalité – « *toda* » – dans les *siguientes canciones*, c'est-à-dire les strophes d'un poème ; la forme poétique donnée à la doctrine de théologie mystique est ici, paradoxalement, sa structure profonde, sa cohérence qui n'est pas forcément apparente en surface ; la doctrine est ici le poème « *sustancial* », la parole substantielle.

Ensuite, Jean précise la méthode qu'il a suivie pour « déclarer » sa doctrine, c'est-à-dire l'exposer clairement : « … *aunque al tiempo de la declaración convendrá poner cada canción de por sí, y ni más ni menos los versos de cada una, según lo pidiera la materia y declaración*[2] ». Chaque *canción* et, à l'intérieur de chaque *canción*, chaque vers donne lieu à un commentaire ou *declaración*.

Au terme de l'argument, vient enfin, en exergue, le texte même du poème qui se compose de huit strophes et fera donc l'objet – la substance – du traité proprement dit. On se rappellera ici que la tradition monastique de la *lectio divina* consiste précisément en commentaires intimes du texte biblique qui supporte, soutient la méditation ou contemplation. La *lectio*, en tant que telle, est la lente lecture du texte biblique, effectuée à plusieurs reprises, à voix haute ou *sottovoce*, ce qui permet la mémorisation du fragment et la capacité d'associer des passages variés du texte. Cette méthode trouve aux XVe et XVIe siècles son prolongement dans les universités, parmi lesquelles l'Université de Salamanque, si renommée pour la qualité de ses études bibliques[3]. Le commentaire par Jean de sa propre poésie rappelle donc les commentaires médiévaux sur la Bible.

---

1   *ibid.*, p. 87, « argumento ».
2   *ibid.*, p. 87, « argumento ».
3   *Cf.* Terence O'Reilly, « San Juan de la Cruz y la lectura de la Biblia : El romance "Encima de las corrientes" », *Actas del Congreso Internacional Sanjuanista*, Valladolid, Junta de Castilla y León-Consejería de Cultura y Turismo, 1993, p. 222. Guido II, moine écrivain du XIIe siècle, est un pionnier en matière d'analyse du processus d'union à Dieu par la lecture de l'Écriture.

Alors commence le traité didactique proprement dit, avec un prologue et trois livres.

Le plan général de l'ouvrage est ainsi défini : « *La primera noche o purgación es de la parte sensitiva del alma, de la cual se trata en la presente canción, y se tratará en la primera parte de este libro, y la segunda es la de la parte espiritual, de la cual habla la segunda canción que se sigue, y désta también trataremos en la segunda y tercera parte cuanto a lo activo, porque cuanto a lo pasivo será en la cuarta*[1] ». L'ouvrage paraît inachevé, puisqu'il ne comporte que trois livres ; le manuscrit d'Alba de Tormes, le plus autorisé, sur lequel est fondée l'édition princeps de 1618, s'arrête après le chapitre 45 du livre 3. Les trois livres qui composent la *Subida* consistent en l'interprétation des dix premiers vers, c'est-à-dire des deux premières strophes, du poème de la *Noche oscura*. Nous ne traiterons pas ici du lien entre le *Monte de perfección*, la *Subida del Monte Carmelo* et la *Noche oscura*, qui a été amplement démontré.

Dans ce prologue, comme dans chaque prologue de ses livres, Jean de la Croix ne manque pas de situer sa doctrine par rapport à la doctrine de l'Église et par rapport aux autres maîtres et directeurs spirituels, imitant en cela, très exactement, l'attitude de Thérèse d'Avila. Il écrit : « *No es mi intención apartarme del santo sentido y doctrina de la Santa Madre Iglesia Católica, porque en tal caso totalmente me sujeto y resigno no sólo a su mandado, sino a cualquiera que en mejor razón de ello juzgare*[2] ». C'est la médiation institutionnelle qui est la condition de possibilité de l'enseignement doctrinal d'un maître spirituel de la Contre Réforme. Après cette déclaration préliminaire, Jean de la Croix peut rappeler l'autorité souveraine de l'Écriture ; il annonce alors avec assurance, sans se fier « *ni de experiencia ni de ciencia, porque lo uno y lo otro puede faltar y engañar* », mais en se servant « *de la divina Escritura – a lo menos para lo más importante y oscuro de entender*[3] », qu'il va donner « *con la ayuda de Dios* » « *doctrina y avisos*[4] ». Et il n'hésite pas à critiquer « *algunos padres espirituales* », totalement dépourvus de « *luz y experiencia destos caminos* », au point de « *dañar* » les âmes[5]. Ce qu'il définit comme « *doctrina de*

1   San Juan de la Cruz, ouvr. cit., *Subida del Monte Carmelo*, I, 1, 2, p. 92-93.
2   San Juan de la Cruz, ouvr. cit., *Subida del Monte Carmelo*, « prólogo », p. 89.
3   *ibid.*, p. 89.
4   *ibid.*, p. 90.
5   *ibid.*, p. 90.

la noche oscura », – et la *noche oscura*, c'est le poème – «*por donde el alma ha de ir a Dios*», n'est pas facile, et le lecteur doit être patient : «*No se maraville el lector si le pareciere algo oscuro. Lo cual entiendo yo que será al principio que la comenzaré a leer, mas, como pase adelante, irá entendiendo mejor lo primero, porque con lo uno se va declarando lo otro, y después, si lo leyere la segunda vez, entiendo le parecerá más claro, y la doctrina más sana. Y si algunas personas con esta doctrina no se hallaren bien, hacerlo ha mi poco saber y bajo estilo, porque la materia de suyo buena es y harto necesaria*[1] ».
La doctrine en tant que telle, si difficile soit-elle, est salutaire, belle et bonne et nécessaire, en dépit des insuffisances du langage de l'auteur. C'est une «*doctrina sustancial y sólida*», destinée à ceux qui «*quisieren pasar a la desnudez de espíritu que aquí se escribe*[2] ». Ainsi la doctrine de Jean est seulement due à l'aide de Dieu et de l'Écriture, il convient de la lire plusieurs fois, elle est absolument nécessaire. Substantielle et solide, elle est à l'image et à la ressemblance du corps eucharistique, présence réelle du divin par transsubstantiation. Le poème en langue vulgaire est bel et bien cette substantielle et solide doctrine.

Il est connu que Thérèse d'Avila, dans ses lettres, se plaisait à dénommer Jean de la Croix, qu'elle admirait profondément, « *Séneca* », et même « *mi Senequita* ». L'importance de la réception de Sénèque en Espagne à la fin de la Renaissance et à l'âge baroque a été bien soulignée par Karl Alfred Blüher[3]. La Contre Réforme, d'une part, et l'humanisme de la fin de la Renaissance, d'autre part, se sont attachés aux vertus naturelles de la philosophie antique et à la création d'une morale autonome, fondée sur la loi naturelle et la raison humaine. Pour sa part, Ambrosio de Morales, dans sa *Coronica General de España*, publiée à Alcalá de Henares en 1574, rappelle qu'il existe dans l'Espagne de son temps un « *proverbio antiguo y muy usado diziendo : es un Séneca, a un hombre que queremos llamar muy sabio*[4] », ce qui correspond à l'interprétation médiévale de Sénèque. Jean Baruzi[5], comme Karl Alfred Blüher, se sont interrogés sur la signification de ce surnom thérésien, estimant que l'œuvre de Jean ne permet pas

1   *ibid.*.p. 91.
2   *ibid.*, p. 91.
3   Karl Alfred Blüher, *Séneca en España*, Madrid, Ed. Gredos, 1983.
4   Ambrosio de Morales, *Coronica de España*, Alcalá de Henares, 1574, f. 254. L'expression « *Es un Séneca* » figure dans l'une des premières collections de proverbes espagnols par Francisco de Espinosa, *Refranero (1527-1547)*, ed. E. S. O'Kane, Madrid, 1968, p. 218.
5   *Saint Jean de la Croix et le problème de l'expérience mystique*, Paris, Éd. Alcan, 1931, p. 102.

que l'on déduise chez lui une particulière prédilection pour Sénèque[1]. Il est évident que, pour la fondatrice du Carmel réformé, Jean de la Croix est un sage, mais, surtout, en tant qu'écrivain elle-même et soucieuse de l'expression juste de la sagesse mystique, elle est particulièrement sensible à la forme de l'expression littéraire dans le domaine de la doctrine mystique. Or Jean, poète, sait inclure, comme Sénèque, sa pensée et sa doctrine dans des formes à la fois concises et bien propres à frapper les sens et l'intelligence de ses auditeurs et lecteurs, ici les strophes poétiques et chacun de leurs vers. C'est ainsi que l'on peut estimer que chaque *canción* a la fonction d'une *sentencia*, que glose et développe une *declaración* qui lui est propre. Tout au long de son œuvre didactique, Jean ne cessera de suivre cette méthode.

LA DÉSIGNATION POÉTIQUE, LE POÈME DE LA *NOCHE OSCURA*

Immédiatement après le prologue commence la « déclaration » de la doctrine.

Le *Libro primero* est présenté ainsi : « *En que se trata qué sea "noche oscura" y cuán necesaria sea para pasar por ella a la divina unión ; y en particular trata de la "Noche oscura del sentido" y apetito, y de los daños que hacen en el alma*[2] ». Il débute ensuite :

> *Pone la primera canción. Dice dos diferencias de noches por que pasan los espirituales según las dos partes del hombre inferior y superior y declara la canción siguiente*
> *En una noche oscura,*
> *Con ansias, en amores inflamada,*
> *¡oh dichosa ventura !,*
> *salí sin ser notada,*
> *estando ya mi casa sosegada.*
> *En esta primera canción canta el alma la dichosa suerte y ventura que tuvo en salir de todas las cosas afuera… Para cuya inteligencia es de saber que, para que un alma llegue al estado de perfección, ordinariamente ha de pasar primero por dos maneras*

---

1   Karl Alfred Blüher, ouvr. cit., p. 357, écrit : « *Los escritos místicos de Santa Teresa de Jesús (1515-1582) y San Juan de la Cruz (1542-1591) tienen poco en común con el mundo espiritual de Séneca* ».

2   San Juan de la Cruz, ouvr. cit., *Subida del Monte Carmelo*, I, 1, p. 92.

principales de noches, que los espirituales llaman purgaciones o purificaciones del alma. Y aquí las llamamos noches, porque el alma, así en la una como en la otra, camina como de noche, a oscuras[1].

Paradoxalement, la compréhension ne se situe pas du côté de la raison théologique mais du côté de la désignation poétique : « *aquí las llamamos noches* ». Et Jean prend soin, à nouveau, de bien indiquer la démarche suivie : « *Esta es, en suma, la declaración de la canción. Y ahora nos habremos de ir por cada verso escribiendo sobre cada uno y declarando lo que pertenece a nuestro propósito. Y el mismo estilo se lleva en las demás canciones, como en el prólogo dije, que primero se pondrá cada canción y se declarará, y después cada verso*[2] ».

Le concept de « nuit », par lequel Jean analyse et décrit la psychologie humaine et, plus particulièrement, le cheminement de l'âme sous les influences purificatrice et illuminatrice de la grâce, est une création symbolique et poétique, extrêmement originale, en laquelle se joignent poésie, théologie et anthropologie. L'esthétique de Jean serait ici très proche de celle des créations poétiques arabes, en particulier celle d'Ibn-Arabí[3]. Surtout, elle porte la marque du néoplatonisme de la Renaissance, qu'il s'agisse du commentaire du *Banquet* de Platon par Marsile Ficin et de *Gli Asolani* de Pietro Bembo, vulgarisateur des idées de Ficin et de l'amour comme désir de la beauté, des *Dialoghi d'amore* de Léon l'Hébreu, où l'amour, de caractère cosmique, est décrit comme le double mouvement de Dieu vers les créatures et des créatures vers Dieu, cependant que l'homme est le centre de l'univers. La « *furor platónico* » de Giordano Bruno est bien présente dans l'âme, « *en amores inflamada* », qui se précipite hors de sa demeure en quête nocturne et éperdue de l'Époux. Pour Jean de la Croix, l'amour est ce qui assure la cohésion du cosmos ; il est le centre autour duquel gravitent tous les êtres créés. La beauté est liée à la vérité et à l'amour. La lumière est l'image de la beauté de l'intelligible et la musique est une émanation de l'harmonie cosmique. C'est ainsi que vérité, beauté et bonté se rejoignent dans la *Subida del Monte Carmelo* de Jean de la Croix, dans cette disposition de

---

1 *ibid.*, p. 92.
2 *ibid.*, I, 1, 6, p. 93.
3 *Cf.* Henri Corbin, *La imaginación creadora en el sufismo de Ibn'Arabi*, Barcelona, Ed. Destino, 1993. Et surtout : Luce López-Baralt, *San Juan de la Cruz y el Islam*, México, El Colegio de México, 1985. Reimpresión en Hiperión, Madrid, 1990.

l'âme à accéder à l'union divine, comme elles se rejoignent dans l'acte créateur de Dieu dans la Genèse : le mot hébreu « *tof* » ayant les trois connotations de vérité, beauté et bonté. Telle est la « *ciencia tan sabrosa de Dios* », chiffre de l'expérience mystique et non science de l'esthétique en tant que telle.

Si le poème est la forme même de la doctrine de Jean de la Croix, la nuit en constitue ici le centre, le symbole unique : « *…es necesario al alma para llegar a la divina unión de Dios pasar esta noche oscura de mortificación de apetitos y negación de los gustos en todas las cosas*[1]*…* ». La nuit est le non savoir : « *De manera que, para venir el alma a unirse con la sabiduría de Dios, antes ha de ir no sabiendo que por saber*[2] ». La nuit, espace du non savoir, est la condition du savoir. Telle est la doctrine de Jean. Tel est le poème, forme et condition de la doctrine, docte ignorance[3]. Ainsi s'exprime la relation entre l'expérience et la doctrine, entre le poème et la prose.

Le *Libro Segundo* est présenté en ces termes :

> *En que se trata del medio próximo para subir a la unión de Dios, que es la fe ; y así se trata de la segunda parte de esta Noche, que decíamos pertenecer al espíritu, contenida en la segunda canción, que es la que se sigue. Canción segunda :*
> *A escuras y segura,*
> *Por la secreta escala, disfrazada,*
> *¡Oh dichosa ventura !,*
> *A oscuras y encelada,*
> *Estando ya mi casa sosegada.*
> *En esta segunda canción canta el alma la dichosa ventura que tuvo en desnudar el espíritu*[4]*… Y esto se irá bien declarando por extenso en este segundo libro, en el cual será necesario que el devoto lector vaya con atención, porque en él se han de decir cosas bien importantes para el verdadero espíritu ; y aunque ellas son algo oscuras, de tal manera se abre camino de unas para otras, que entiendo se entenderá todo muy bien*[5].

La doctrine requiert toute l'attention du lecteur, parce qu'il s'agit ici d'amener au discernement qui précède le choix de la vérité. Le lecteur

---

1   San Juan de la Cruz, ouvr. cit., *Subida del Monte Carmelo*, I, 4, 1, p. 97.
2   *ibid.*, I, 4, 5, p. 99.
3   Colin Thompson dans « Liturgia, teología y experiencia en San Juan de la Cruz », *Presencia de San Juan de la Cruz*, ed. Juan Paredes Núñez, Granada, Universidad de Granada, 1993, p. 97-165, discerne quatre niveaux de paradoxe dans l'œuvre de saint Jean de la Croix, le paradoxe de l'expérience mystique, le paradoxe de l'expression qui ressortit à l'ineffabilité, le paradoxe métaphysique et le paradoxe doctrinal de la tradition chrétienne.
4   San Juan de la Cruz, ouvr. cit., *Subida del Monte Carmelo*, II, 1, p. 127.
5   San Juan de la Cruz, ouvr. cit., *Subida del Monte Carmelo*, II, 1, 3, p. 128-129.

doit apprendre « *a estarse con atención y advertencia amorosa en Dios*[1] ». Jean a conscience de la difficulté de sa doctrine. Par exemple :

> *Pues está claro que, según dice Aristóteles y los teólogos, cuanto más alta es la luz divina y más subida, más oscura es para nuestro entendimiento.*
> *Desta divina noticia hay mucho que decir… Todo lo dejamos para su lugar, porque aun lo que habemos dicho en éste no había para qué alargarnos tanto, si no fuera por no dejar esta doctrina algo más confusa de lo que queda, porque es cierto, yo confieso, lo queda mucho*[2].

La philosophie et la théologie s'accordent ici sur « l'obscurité » de toute doctrine de la contemplation. La doctrine, cette « divine connaissance », va de pair avec le poème. Le poème de la nuit, qui ne peut être compris ni à la lettre ni par l'intelligence des philosophes et des théologiens, est évidemment parfait : « *Por lo cual se ha de renunciar la letra en este caso del sentido y quedarse a oscuras en fe, que es el espíritu, al cual no puede comprehender el sentido… A quién enseñará Dios ciencia ? Solamente a aquellos que están ya apartados de la leche y desarraigados de los pechos*[3] ». Telle est la doctrine de Jean de la Croix, ni littérale ni intelligible. « *No podemos correr con la prisa que querríamos adelante… estamos obligados a allanar las dudas necesariamente, para que la verdad de la doctrina siempre quede llana y en su fuerza. Pero este bien hay en estas dudas siempre, que, aunque nos impiden el paso un poco, todavía sirven para más doctrina y claridad de nuestro intento*[4] ». La doctrine mystique est toujours en clarification et formulation, la forme poétique ne saurait épuiser la doctrine, « *aunque de noche* », parce que la doctrine vient du Verbe (livre 2, chap. 22). Le livre 2 s'achève sur la définition des paroles substantielles et l'on se rappelle que Jean, dans le prologue de la *Subida del Monte Carmelo*, a défini sa doctrine comme « *sustancial y sólida* ». Les paroles substantielles, explique-t-il, produisent un « *efecto vivo y sustancial en el alma*[5] ». C'est la parole de Dieu elle-même, l'Écriture souveraine et toute puissante, qui produit substantiellement dans l'âme ce qu'elle signifie : « *El dicho de Dios y su palabra, como dice el Sabio, es llena de potestad (Eccl. 8, 4), y*

---

1   *ibid.*, II, 12, 8, p. 160.
2   *ibid.*, II, 14, 13-14, p. 168.
3   *ibid.*, II, 19, 5-6, p. 185-186.
4   *ibid.*, II, 22, 1, p. 199-200.
5   *ibid.*, II, 31, 1, p. 232.

así hace sustancialmente en el alma aquello que le dice[1] ». Et encore : « *Estas palabras sustanciales nunca se las dice Dios para que el alma las ponga por obra, sino para obrarlas en ella... son al alma vida y virtud y bien incomparable*[2] ». C'est là une magnifique définition des énigmatiques poèmes de Jean, la « *ciencia saborosa de Dios* ». L'âme est elle-même le poème.

Sans citer la suite des *canciones* de la *Noche oscura*, le Troisième Livre complète alors la *declaración* du Deuxième Livre : « *En que se trata de la purgación de la Noche activa de la memoria y voluntad. Dase doctrina cómo se ha de haber el alma acerca de las aprehensiones de estas dos potencias para venir a unirse con Dios según las dichas dos potencias en perfecta esperanza y caridad*[3] ». Jean traite ici longuement de la question des images, si polémique dans le contexte de la Contre Réforme, en reconnaissant que, ce qui importe, c'est de savoir laisser « *volar al alma de lo pintado a Dios vivo*[4] ».

L'ENSEIGNEMENT DE LA DOCTRINE : LE PARADOXAL TRAVAIL DE LA LANGUE

Au terme de ce profond et difficile traité mystique fondé sur un poème d'une raffinée pureté, le dernier chapitre conservé porte, de façon très significative, en un ultime paradoxe, sur la prédication et les prédicateurs de la doctrine. La théorie de la doctrine ne saurait passer sous silence le processus de transmission et le rôle des prédicateurs. Jean y déclare que, sans une vie sainte, la doctrine exposée n'est rien : « *Que comúnmente vemos que – cuanto acá podemos juzgar – cuanto el predicador es de mejor vida, mayor es el fruto que hace, por bajo que sea su estilo y poca su retórica y su doctrina común, porque del espíritu vivo se pega el calor*[5] ». Et il cite saint Paul, en ajoutant qu'il ne s'agit pas, pour l'Apôtre ni pour lui-même, de condamner l'esthétique – « *el buen estilo y retórica*

---

1 *ibid.*, II, 31, 1, p. 232.
2 *ibid.*, II, 31, 2, p. 232-233.
3 *ibid.*, III, 1, p. 236.
4 *ibid.*, III, 15, 2, p. 259.
5 *ibid.*, III, 45, 4, p. 315.

y buen término » – d'un discours, dans la mesure où cette esthétique peut être efficace : « *Esta doctrina da muy bien a entender san Pablo a los de Corinto (1a, 2, 1-4), diciendo* : Yo, hermanos, cuando vine a vosotros, no vine predicando a Cristo con alteza de doctrina y sabiduría, y mis palabras y mi predicación no eran retórica de humana sabiduría, sino en manifestación del espíritu y de la verdad ; *aunque la intención del Apóstol y la mía aquí no es condenar el buen estilo y retórica y buen término, porque antes hace mucho al caso al predicador, como también a todos los negocios ; pues el buen término y estilo aun las cosas caídas y estragadas levanta y reedifica, así como el mal término a las buenas estraga y pierde*[1] ». Si le Docteur mystique, poète, philosophe et théologien, a exprimé admirablement que le poème est en soi ce vers quoi tend l'âme, c'est-à-dire la vérité, la beauté et la bonté, il garde au terme de sa démonstration le souci de la simplicité et du naturel de l'expression, comme tous les hommes de la Renaissance, en prenant soin de souligner que sa perspective est paulinienne et s'inscrit donc dans la tradition de l'Église. Pour le critique Eugenio Pacho, dans les commentaires de Jean de la Croix, qui sont essentiellement liés à ses poèmes, le contenu même du message et l'efficacité de sa communication priment sur la création artistique[2]. C'est ainsi que le lecteur peut être amené à un espace intime, mystérieux, où son âme participe de l'expérience personnelle, poétique et doctrinale, de Jean de la Croix.

Or, l'efficace prédication de la doctrine, voilà ce qui est par excellence l'objet de l'attention et de la réflexion de l'Ordre du Carmel espagnol, dans la ligne de l'unification religieuse de l'empire espagnol, des recommandations du Concile de Trente et du développement de la Contre Réforme. La réformatrice du Carmel a elle-même témoigné à plusieurs reprises de son goût pour les sermons en une formule célèbre : « *Era aficionadísima a ellos* », à condition, bien sûr, que le prédicateur parlât

---

1   *ibid.*, III, 45, 5, p. 316. Le manuscrit de Alba de Tormes prend fin ici. Une main distincte a ajouté sur le même folio 409 : *no escrivio el sto de esta mata hasta aquí.* Si le manuscrit d'Alcaudete-Duruelo ajoute les chapitres 46 et 47, la majorité des manuscrits ne les contient pas. *La Subida del Monte Carmelo* reste en général considérée comme inachevée. Nous considérons que ce qui importe, c'est l'ensemble du texte, en tant que tel, tel qu'il a été transmis. Le fait qu'il s'achève sur la considération de la prédication nous paraît donc extrêmement important.

2   *Cf.* Eugenio Pacho, « Lenguaje y mensaje », *Experiencia y pensamiento en San Juan de la Cruz*, coord. Federico Ruíz, Madrid, Ed. Espiritualidad, 1990, p. 60-73.

« *con espíritu y bien*[1] ». Victor García de la Concha, dans son livre *El arte literario de santa Teresa*, estime que « *en muchos momentos la escritura teresiana se estructura en esquemas retóricos y cobra vuelos, ritmo y carga afectiva de predicación*[2] ».

Il faut rappeler ici que l'Ordre du Carmel, à partir de 1326, a obtenu du pape Jean XXII les mêmes privilèges que ceux qui avaient été donnés aux Ordres franciscain et dominicain. Il a des responsabilités de prédication aux religieux et religieuses de l'Ordre et aux laïcs, également d'enseignement et de direction de confréries. La prédication de la doctrine fait l'objet des recommandations des Constitutions. Par exemple, on peut lire dans les *Constituciones de los Descalzos* de Alcalá, en 1599 : « *No se dé licencia de aquí en adelante a ningún religiosa para predicar la doctrina si no huviere oído Artes y Teología tres años, o por lo menos dos, o si no fuese licenciado en Derecho Canónico, so pena que quede suspenso en el ejercicio de la predicación* ». Et dans le chapitre X des *Constituciones del P. General de toda la Orden*, à Rome, en 1625 :

> *Ningún religioso pretenda predicar antes de ser examinado rigurosamente por el P. General o el P. Provincial sobre vida, costumbres y ciencia. Una vez que haya obtenido de ellos la aprobación y licencia, deberá pedir personalmente la bendición del Reverendísimo Sr. Obispo para poder predicar en las iglesias de nuestra Orden ; para hacerlo en las otras, deberá no sólo pedir la bendición, sino también obtener licencia (según lo ordena el Decreto del sagrado Concilio de Trento)... Asimismo mandamos que los Superiores Provinciales en sus visitas a los conventos dispongan que a los hermanos que saben hablar en latín y son elocuentes y ya no van a ser promovidos a los estudios de la Orden, según su edad y condiciones, les insten a que se ejerciten en la predicación*[3]...*

La prédication de la doctrine requiert la sobriété des apparences, afin de permettre la concentration sur le contenu même des paroles du prédicateur, en langue latine, quand il s'agit de sermons adressés aux religieux, et en langue vernaculaire, quand il s'agit de sermons adressés au peuple : « *Por otra parte, queda prohibido, bajo pena de privación de voz y de lugar, que*

---

1   *Libro de la Vida*, 8, 12.
2   Victor García de la Concha, *El arte literario de Santa Teresa*, Barcelona, Ariel, 1978, p. 90. En particulier, lorsque Thérèse de Jésus traite du quatrième degré de l'oraison dans les chapitres 18 et 19 du *Libro de la vida*, elle adopte un discours, « *cuyo desarollo sigue la pauta de un sermón* » (p. 220-227).
3   Cité par Félix Herrero Salgado, *La oratoria sagrada en los siglos XVI y XVII*, t. IV : *Predícadores agustínos y carmelítas*, Madrid, Fundación Universitaria Española, 2004, p. 170-171.

los hermanos predicadores se dejen crecer la barba, o que lleven consigo estandartes o cualquier otra señal o distinción especial y extraña con la pretensión de que los sigan los pueblos[1] ». Une nouvelle esthétique, qui n'a plus rien à voir avec celle de l'époque médiévale et qui tend à se démarquer des usages des prédicateurs d'autres Ordres, est ici tout à fait manifeste, dans la ligne des recommandations de Thérèse d'Avila elle-même, concernant la simplicité et l'harmonieuse austérité des couvents et des Sœurs. Il est remarquable que le développement de la mystique carmélitaine, dont Ramón Menéndez Pelayo affirme qu'elle est un fruit tardif de la Renaissance espagnole, coïncide avec le développement de l'apprentissage de la lecture et de l'écriture en langues vernaculaires et avec le développement de la littérature dans ces mêmes langues. L'enseignement de la doctrine ne saurait se passer d'un travail sur la langue, la philologie, la grammaire et la rhétorique. C'est pourquoi la chute du subtil traité, à la fois doctrinal et poétique, qu'est *La Subida del Monte Carmelo*, est particulièrement digne de considération.

L'un des prédicateurs carmes les plus célèbres de la fin du XVIᵉ siècle et du XVIIᵉ siècle, est le Fray Agustín Núñez Delgadillo. Né en 1570 près de Cordoue, il meurt en 1631. Il est un parent éloigné de Thérèse d'Avila. Enfant, il étudie la grammaire et la rhétorique, puis l'ensemble des Arts à Grenade. Il fait profession à l'âge de 16 ans et étudie alors la théologie à Grenade, Séville et Osuna. Au Colegio de San Alberto de Sévilla, il a la chaire de Prima de théologie et enseigne plus de trente ans. Il se rend à Rome en 1609 et a de fréquents entretiens avec le cardinal Bellarmin et le savant jésuite Francisco Suárez ; dans le Colegio de la Sapiencia il obtient le titre de Maestro. De retour en Espagne, il devient prédicateur à la Cour de Philippe IV. Francisco Pacheco a laissé de lui un portrait très élogieux[2]. La prédication de la doctrine occupera fray Agustín Núñez Delgadillo tout au long de sa vie. En 1629, à Grenade, paraît ce qui est son recueil de sermons le plus célèbre : *Minas celestiales descubiertas en los Evangelios de Cuaresma distribuidas en sermones*.

Fr. Agustín Núñez Delgadillo, suivant très explicitement les recommandations de Jean de la Croix dans *La Subida del Monte Carmelo*, explique dans son prologue que la prédication de la *doctrina christiana* requiert avant

---

1 *La oratoria sagrada*, ouvr. cit., p. 171.
2 Francisco Pacheco, *Libro de descripción de verdaderos retratos de ilustres y memorables varones*, Sevilla, 1599, f. 45r-46v. Édition de Pedro M. Piñero Rámirez y Rogelio Reyes Cano, Sevilla, 1985, p. 191-197.

tout *verdad, autoridad, claridad y discurso* : « *He trabajado toda mi vida en la cátedra y en el púlpito en que mi doctrina sea verdadera, pareciéndome que lo dificultoso deste oficio consiste en predicar doctrina verdadera, provechosa, grave y no manoseada* ». Et il déplore que beaucoup de prédicateurs ne recherchent pas « *la exposición de la verdad, sino el aplauso y deleite del auditorio sembrando sus sermones de los conceptos que la agudeza de nuestros siglos llama picantes, que no son verdaderos sino hiperbóles falsos, que ofenden nuestra fe y desacreditan la autoridad del púlpito* ». Cet usage des « *picantes* » est si répandu qu'à la même époque le P. jésuite Joan Batista Escardó leur consacre, pour bien les récuser, un chapitre de sa *Retórica Christiana*, parue à Mallorca en 1647. La clarté est aussi la simplicité, et le carme ne souhaite pas que les sermons soient remplis de références savantes et compliquées.

Dans la ligne de Thérèse d'Avila et de Jean de la Croix, fray Agustín ose donner sa propre interprétation à tel passage de l'Écriture ou des Pères. C'est ainsi que, commentant la plainte de l'Épouse du *Cantar de los Cantares*, qui, partie en quête de l'Époux, ne l'a pas trouvé, il écrit : « *A mi corto juizio, fue enseñarle a la Esposa una verdad importante. Fue dezirle : Esposa, ¿vuestra casa tiene dos puertas ? Si, la del jardín y la principal. Pues volved a vuestra casa, que no ha salido della el Esposo, y vos le buscáis en la calle y plaças. Reparó la Esposa, bolvió a casa, y, comiença el cap. 6 : Mi Amado ha bajado a su huerto. Yo buscando a mi Esposo en la calle, y él, muy entretenido en mi jardín*[1] ». L'Écriture contient en effet des vérités cachées que le prédicateur doit éclairer par sa science. Le prédicateur franciscain Fr. Diego de la Vera écrit pour sa part en 1607 : « *Los predicadores, bien como árboles plantados en las corrientes de las aguas del Evangelio, devemos tener no sólo frutas sino también hojas : frutas de doctrina sólida y saludable, cual es la que en las Santas Letras deprendemos, y hojas de elocuencia y de ciencias humanas, cuales son las que con la lección de un Cicerón, Séneca y Plutarco y otros tales adquirimos, para deleitar los ánimos de nuestros oyentes, con las hojas, y con la fruta sustentarlos*[2] ».

Les prédicateurs carmes n'évoquent jamais dans leurs sermons les questions polémiques de l'illuminisme ou de l'érasmisme et, encore moins, les querelles qui déchirent leur Ordre relativement à Jean de la Croix ou à la réforme. Ainsi Fr. Agustín, tout en affirmant que les œuvres d'humilité,

---

1 *Minas celestiales descubiertas en los Evangelios de Cuaresma distribuidas en sermones*, ouvr. cit., f. 117 r-v.
2 Fr. Diego de la Vega, *Empleo y exercicio santo*, Madrid, 1607, f. 6.

mortification et louange de Dieu trouvent leur origine dans la pratique de l'oraison et sont accessibles à tous, religieux et laïcs, se garde bien de spécifier de quelle oraison il s'agit, vocale, mentale ou même contemplation. En revanche, les mêmes prédicateurs carmes n'hésitent pas à prêcher une *doctrina christiana* qui ressortit parfois à une doctrine politique. Fr. Agustín développe fréquemment le thème du bon gouvernement, et en particulier du bon prince. C'est ainsi que le sermon de la Feria 3 du deuxième dimanche de Carême est intitulé : « *Cuán perjudicial es a la República una elección de indignos* ». Il fait allusion ici aux mauvais conseillers du prince.

Il est évidemment significatif que l'oraison funèbre du célèbre Fr. Agustín, due au prédicateur du roi Philippe IV, le chanoine Plácido Mirto Frangipane, le 11 août 1631, reprenne très précisément les recommandations finales de Jean de la Croix dans son traité didactique : « *¿Qué pensáis dio alas de aclamación a su fama y resplandor de gloria a su predicación ? No el pensamiento agudo, no el dezir elocuente, no el pronunciar gracioso ; su vida tan religiosa, tan igual, tan recogida, tan exemplar, fundó su mayor aplauso y acreditó sus razones, dio peso a su palabra*[1]... ». En fin de compte, la vie exemplaire du maître de doctrine permet de souligner le caractère ineffable de la doctrine.

CONCLUSION : LA DOCTRINE BALBUTIÉE

Jean de la Croix a écrit un magnifique poème sur ce thème de l'ineffable au-delà de toute science :

Entréme donde no supe,
Y quedéme no sabiendo,
Toda ciencia trascendiendo.

Era cosa tan secreta,
Que me quedé balbuciendo,
Toda ciencia trascendiendo[2].

---

1   *Fama Póstuma del M.R.P. Fr. Agustín Núñez Delgadillo. Sermón que predicó el 11 de agosto de 1631*, Madrid, Juan González, 1631, f. 15v.
2   San Juan de la Cruz, *Cántico espiritual y poesía completa*, edición de Paola Elia y María Jesús Mancho, estudio preliminar de Domingo Ynduráin, Barcelona, Ed. Crítica, 2002, *Coplas*

Et, également, au-delà de toute esthétique :

Por toda la hermosura
Nunca yo me perderé,
Sino por un no sé qué
Que se alcanza por ventura[1].

« *Me quedé balbuciendo* »... « *un no sé qué* » : ainsi toute « science savoureuse de Dieu » renvoie-t-elle au balbutiement, au non savoir, qui est aussi cette docte ignorance des mystiques du Moyen Âge, à la suite de saint Augustin, ravi au jardin de Milan en entendant une comptine d'enfant : « *Tolle-lege, tolle-lege* », « *lle-lege* », « prends le livre et lis », qui évoque les balbutiements de la lecture.

Au début du XVIe siècle, en Espagne, fray Hernando de Talavera, premier archevêque de Grenade, préoccupé par la formation des premiers chrétiens d'origine maure, fait publier un petit traité de huit feuillets qui marque sa préoccupation essentielle : *Breve doctrina y enseñança que ha de saber y poner en obra todo christiano*[2]. C'est le début d'une série de publications de livrets espagnols de *Doctrina christiana* qui sont aussi des abécédaires. En 1583, Philippe II, voulant sans doute unifier la présentation et le contenu des livrets de lecture et de doctrine chrétienne, dans la ligne des recommandations du Concile de Trente de 1563, concède un privilège d'impression au chapitre de la cathédrale de Valladolid, valable pour trois ans, mais ultérieurement reconduit jusqu'au XIXe siècle[3]. L'art de la lecture est fondé sur une progression calculée qui va des lettres

---

del mismo, hechas sobre un éxtasis de harta contemplación, p. 210.

1 San Juan de la Cruz, *Cántico espiritual y poesía completa, Glosa a lo divino, del mismo autor*, ouvr. cit., p. 243.

2 Quelques exemplaires se trouvent à la Biblioteca Nacional de Madrid : I. 2489, I.6559-3, etc.

3 Le privilège accordé par Philippe II le 20 septembre 1583 sera reconduit jusqu'au XIXe siècle, donnant ainsi un monopole de fait au chapitre de Valladolid. Le texte du privilège indique que la seule *cartilla y doctrina christiana* qui pourra être utilisée dans les royaumes espagnols sera celle de Valladolid et que le prix en est fixé à quatre maravedis. C'est, de fait, ce qui est indiqué dans une *Cartilla y doctrina christiana* datée de 1614 et conservée à México, sur laquelle la Vierge apparaît dans une vignette au centre de la page de titre. Mais les chanoines de Valladolid se plaindront à plusieurs reprises des contrefaçons. En 1637, par exemple, une *Cartilla* est imprimée « *con privilegio del exmo Señor Virrey Marques de Cadereyta* » « *en México en la imprenta de Francisco Salbago impressor y mercader de libros, en la calle de San Francisco* ». Sur la page de titre, il n'y a plus que l'alphabet sous l'image presque pleine page d'un Christ vêtu comme un prêtre dans une mandorle rayonnante.

avec leur représentation graphique, et des sons simples en commençant par les voyelles jusqu'aux groupes consonantiques. La personne, enfant ou adulte, qui a balbutié ces premiers rudiments de lecture peut alors s'exercer à lire en castillan la *doctrina christiana*, suivant le schéma traditionnel : façon de se signer, Pater noster, Ave Maria, Credo, Salve Regina, commandements de Dieu et de l'Église, sacrements, confession, articles de la foi, œuvres de miséricorde, péchés mortels, ennemis de l'âme, puissances de l'âme, vertus théologales, service de la messe selon le Missel romain, etc. C'est ainsi que, durablement, à l'intention de tous, le balbutiement des lettres et des mots, ce « *no sé qué* », accompagne l'intime mémorisation de la doctrine, en contrepoint de la magnifique et subtile réflexion du Docteur mystique : « *Ba be bi bo bu... Ban ben bin bon bun... Bla ble bli blo blu... Bra bre bri bro bru... El persinar. Por la señal de la Cruz + de nuestros + enemigos, libranos Señor + Dios nuestro. En el nombre del Padre, y del Hijo + y del Espíritu Sancto. Amen*[1] ». Dans ce balbutiement original, comme dans l'obscurité poétique de la mystique *Noche oscura*, se marque l'accès à la Parole qui vivifie, au nom divin, doctrine chrétienne, âme du poème mystique, dans la perspective de l'union de l'âme à Dieu.

Dominique DE COURCELLES
Centre national de la recherche
scientifique – CERPHI

---

1   *Cartilla y doctrina christiana impressa a costa de la Santa Iglesia Cathedral de la Ciudad de Valladolid. Con privilegio del Rey nuestro Señor, y prohibición, que ninguna persona la pueda imprimir ni vender, sin licencia de la dicha santa Iglesia, so las penas contenidas en el privilegio. En la dicha ciudad de Valladolid por Ambrosio Perez impressor. Año 1614.* México, Biblioteca del Centro de Estudios de Historia de México-Condumex, 268 Anon.

VERDADEROS RETRATOS

La notion du « vrai » et le culte des images dans l'Espagne du XVIIe siècle

INTRODUCTION

Au XVIIe siècle, la notion de vrai dans le domaine religieux est ressentie de façon profondément dogmatique. L'argument du vrai dans le discours catholique s'appuie largement sur la tradition, et l'ancienneté du culte apparaît comme une des garanties de son authenticité. De fait, dans une démarche générale de réaffirmation du dogme face aux contestations, notamment lorsque celles-ci émanent des tenants de la Réforme, l'« authenticité », la « vérité » sont des termes que l'on retrouve fréquemment sous la plume des défenseurs de la foi catholique, termes qui appuient le caractère symboliquement prééminent des concepts et des faits reconnus comme vrais dans le dogme catholique. Ces valeurs font en outre partie intégrante du culte, se focalisant par exemple sur la « présence réelle » du Christ dans le sacrement de la communion. L'expérience mystique, ainsi que les différents courants de spiritualité hérités de la *devotio moderna*, ne sont pas non plus étrangers au concept de vrai, dans la mesure où ils intègrent l'imitation du Christ, la composition de lieu et, surtout, le fait de vivre par soi-même l'expérience directe du divin. La sensibilité de l'Espagne à ces courants reflète bien la relation intense au sacré qui caractérise alors les pratiques religieuses de ce pays, quel que soit le niveau social et intellectuel. En effet, la valeur du vrai et de l'authentique n'est pas réservée à l'expression du dogme par la théologie. Elle imprègne tous les niveaux d'expression de la foi, y compris ceux du quotidien des fidèles, entre autres par l'intermédiaire des *verdaderos retratos*, les « vrais portraits », représentations authentiques des images pieuses des églises, expression de la foi quotidienne des fidèles fortement ancrée dans leur paroisse.

LA FOI ET LES IMAGES

Le terme *imagen*, employé en espagnol au XVIIᵉ siècle et encore parfois de nos jours, ne désigne pas uniquement la matérialisation en deux dimensions d'une expression graphique, mais garde une acception très proche de celle du terme latin *imago* : l'image comme miroir de l'objet qu'elle représente. Dès lors une « re-présentation », au sens premier du terme, consiste à rendre présent, par l'intermédiaire d'un objet matériel, ce qui est absent[1]. Le divin, par essence intangible, se rend accessible par l'intermédiaire de l'image, qui se trouve investie de ce fait d'une sacralité particulière.

Le culte des images tel qu'il est défini depuis le Concile de Trente implique une relation à l'image qui s'appuie fortement sur ce rôle de représentation, propre aux expressions religieuses dans l'art, et qui les distingue du culte des reliques. L'image n'est pas investie d'un pouvoir sacré par l'intermédiaire d'un fait ou d'un personnage réel, mais c'est son propre rôle de re-présentation qui lui confère son caractère sacré parce qu'elle rend présent et tangible le divin aux yeux des fidèles.

Au XVIIᵉ siècle en Espagne, l'emploi du terme *imagen* est devenu très spécifique et se limite quasiment à une forme précise de représentation, celle des sculptures qui ornent les autels des églises. L'image représente un saint, le Christ, ou, dans de très nombreux cas, la Vierge, de préférence dans une attitude symbolique, plutôt que dans une scène de leur vie. L'histoire des dévotions aux images en Espagne, appuyée sur des légendes colportées par oral ou par écrit à travers les siècles, révèle que l'image, vénérée dans un lieu précis suite à la manifestation d'un personnage divin, reste fortement liée au lieu de son culte et à l'imaginaire du lieu, à travers des signes enregistrés par la légende : retour miraculeux de l'image à son emplacement d'origine, guérison de pèlerins, phénomène naturel comme la naissance d'une source... C'est par ces signes que le personnage divin manifeste sa volonté d'être vénéré par l'intermédiaire de l'image, en général sous un vocable particulier lié au lieu ou aux circonstances de la découverte[2]. Ces légendes permettent aux

---

1   Louis Marin, *Des pouvoirs de l'image*, Paris, Seuil, 1993.
2   William A. Christian, *Local religion in Sixteenth-Century Spain*, Princeton, University Press, s.d., p. 73 et ss.

images de s'ancrer dans une histoire locale avec sa puissante dimension symbolique : une ville, une église, une chapelle particulière peuvent ainsi rester dédiées à l'image de manière inchangée au cours des siècles et souvent jusqu'à nos jours.

La Vierge d'Atocha à Madrid est une de ces Vierges anciennes qui s'est chargée de sacré en se chargeant d'histoire. Les légendes fondatrices concernant cette image remontent à l'époque des apôtres et en particulier au fameux « portrait » de saint Luc[1]. Un célèbre miracle que l'on retrouve sous la plume de la plupart des poètes ayant traité de l'image, parmi lesquels Lope de Vega[2], fait ainsi intervenir un *alcalde* de la ville, Gracian Ramirez, au VIIIe siècle[3]. Ce type de légendes intègre l'image au patrimoine de la communauté, jusqu'à ce que se crée un lien identitaire fort avec les fidèles du lieu. Ce lien se concrétise ensuite par un pouvoir sacré de protection et d'intercession, attribué au personnage divin, à travers l'image. La relation réciproque s'exprime ainsi à la fois dans les manifestations miraculeuses ou divines de l'image envers la communauté de fidèles qu'elle protège, et dans le comportement des fidèles à l'égard de l'image à travers des rites spécifiques. L'image est vénérée en tant qu'elle représente un personnage divin, mais surtout en tant que projection divinisée du lieu de son culte.

L'image est donc chargée de pouvoir, à la fois par son origine légendaire issue de la volonté d'un personnage divin, par le caractère symbolique de sa représentation, et par l'existence d'une relation intense et réciproque avec les fidèles. De fait, elle tient un rôle symbolique fort dans la vie du lieu, à la fois sur le plan religieux et sur le plan social.

---

1   Francisco Arquero Soria, « La Virgen de Atocha », dans *Temas madrileños*, VIII. Madrid, Instituto de estudios madrileños, 1954, p. 20-23.

2   Lope de Vega, *Triunfos divinos, con otras rimas sacras… Por Lope de Vega Carpio.… [-La Virgen de la Almudena, poema histórico… Lope de Vega Carpio.]* En Madrid, por la Vda de A. Martín, 1625

3   Le contenu de cette légende miraculeuse est en résumé le suivant : Gracián Ramirez reçoit un jour une vision de la Vierge lui demandant de lui consacrer un temple. Attaqué par les Maures, qui ont pris cette entreprise pour une provocation, Gracián s'apprête à livrer contre eux un combat désespéré ; néanmoins, pour éviter que sa femme et sa fille ne tombent en esclavage, il leur fait lui-même trancher la tête avant la bataille. Cependant, protégé par la Vierge d'Atocha, il l'emporte contre toute attente contre les Maures, et trouve sa femme et sa fille ressuscitées à son retour.

S'intégrant puis s'imposant au cœur des pratiques religieuses locales, l'image en vient à acquérir une prépondérance sur les autres dévotions, ce qui illustre le caractère privilégié de sa relation avec les fidèles. Elle rythme le temps liturgique du lieu, elle assure l'intercession du personnage qu'elle représente dans les situations extraordinaires et elle est au cœur de la dévotion personnelle des fidèles[1].

Les processions, durant lesquelles les images sont sorties de l'église avec leurs plus beaux atours, couronnes, vêtements, et même le lourd trône ornemental, constituent un témoignage significatif du rôle des images dans la vie des fidèles. Des processions rythment le temps liturgique lors des fêtes annuelles : l'Assomption le 15 août, et la fête particulière du vocable suivant lequel la Vierge était vénérée, dont la date devient par extension celle de la fête patronale de la ville[2]. De semblables processions ont lieu pour demander à la protectrice de la ville son intercession. Au cours du XVIᵉ siècle, plusieurs de ces processions dites « rogatives » ont lieu à Tolède pour implorer l'intercession de la Vierge du Sagrario[3] : par exemple en 1566, lors de l'accouchement de la femme de Philippe II, et en 1588, pour la réussite des campagnes maritimes du roi contre l'Angleterre. En dehors de ces manifestations dont la portée est, sinon nationale, du moins largement étendue en Castille, les actes capitulaires de la cathédrale de Tolède[4] révèlent de nombreuses demandes, émanant des citadins organisés en confréries, pour sortir la Vierge du Sagrario en procession, notamment pour conjurer la sécheresse ou la maladie. Des processions peuvent célébrer un événement lié à l'image elle-même : en 1616, la plus somptueuse des processions du siècle à Tolède marque l'inauguration de la nouvelle chapelle du Sagrario[5]. A cette occasion, toute la ville est décorée

---

1   Voir l'exemple des feuillets de *goigs* en Catalogne : Dominique de Courcelles, *L'écriture dans la pensée de la mort : les goigs de Catalogne de la fin du Moyen Âge au début du* XVIIᵉ *siècle*, Paris, Éd. de l'Ecole Nationale des Chartes, coll. des Mémoires et Documents de l'École des Chartes, 1992.

2   A Tolède, la fête de l'Assomption était réputée comme la plus spectaculaire de l'année au milieu du XVIᵉ s. A Madrid, la fête de la Vierge de l'Almudena a encore lieu aujourd'hui le 9 novembre et peut être considérée comme la fête patronale de la ville.

3   Luis Moreno Nieto, *La reina de Toledo. Historia de la Virgen del Sagrario*, Tolède, 1995, p. 111.

4   Ces actes sont encore aujourd'hui conservés dans les archives capitulaires de la cathédrale de Tolède, où l'on peut les consulter.

5   Luis Moreno Nieto, *La reina de Toledo... op. cit.*, p. 113.

d'arcs de triomphe, de portraits peints de l'image qui sont les fameux *verdaderos retratos*, d'illuminations... Des feux d'artifices sont même tirés et les festivités durent 14 jours[1].

En dehors des processions, la visibilité du culte des images est principalement donnée par l'organisation de la chapelle ou de l'autel où se trouve exposée l'image.

Les vêtements jouent un rôle important dans cette scénographie, l'apparence de l'image étant adaptée elle aussi au temps liturgique. La Vierge du Sagrario de Tolède est ainsi habillée de différents manteaux, voiles et couronnes suivant l'importance de la procession. Le fait de vêtir l'image induit un effet de personnalisation, mais favorise également l'intégration sociale de l'image puisque les manteaux sont en général des cadeaux offerts à la Vierge par les grandes dames de la cour ou de la noblesse locale. Le premier manteau de la Vierge du Sagrario de Tolède lui est offert en 1503 par la marquise de Villena[2]. Quant à la Vierge d'Atocha, ce sont les reines qui ont coutume de lui offrir leurs habits de mariées[3].

La dévotion des fidèles à l'égard de l'image s'exprime aussi par les ex-voto qui participent à la mise en scène de l'autel : peintures, estampes, objets personnels, figurines de cire ou de métal représentant une partie du corps, sont disposés dans la chapelle et parfois sur l'image elle-même[4]. Ils rappellent visuellement le rôle d'intercession miraculeuse de l'image et sa place dans la pratique religieuse quotidienne.

Enfin les autorités, qu'elles soient religieuses ou civiles, tiennent à témoigner de leur dévotion envers l'image à travers des cadeaux somptueux, au nombre desquels on peut compter les riches aménagements des chapelles et des autels. Entre le début du XVIᵉ siècle et notre époque contemporaine, la Vierge du Sagrario de Tolède a reçu trois couronnes, travaillées par les orfèvres les plus célèbres de la ville. La première, héritée d'Isabelle la Catholique en 1504 par le cardinal Cisneros, est transformée en couronne impériale en 1574 par l'orfèvre Alonso de

---

1 *Relacion de las fiestas que hizo la imperial ciudad de Toledo, en la traslacion de la sacro Santa Imagen de Nuestra Señora del Sagrario*, Toledo : en casa de Bernardino de Guzman, 1616
2 Luis Moreno Nieto, *La reina de Toledo... op. cit.*, p. 77.
3 Francisco Arquero Soria, *La Virgen de Atocha... op. cit.*, p. 17.
4 Carlos Alvarez Santalo, Maria Buxo y Rey, Salvador Rodriguez Becerra, *La religiosidad popular*, t. III : *Hermandades, romerías y santuarios*, p. 353 et ss.

Villegas[1]. Une seconde couronne est fabriquée en 1651 pour s'accorder avec le nouveau trône alors en cours de réalisation sur la commande du cardinal Moscoso y Sandoval. La dernière couronne est offerte par souscription populaire en 1926, ce qui prouve que, si la réalité sociale change, les usages et les pratiques religieuses à l'égard des images ont une permanence forte dans le temps.

L'IMAGE VÉNÉRÉE PAR L'IMAGE :
LES COMPOSANTES DU VRAI PORTRAIT

Symbolique, mise en scène et personnalisation sont les conditions pour que l'image puisse à son tour être glorifiée par des représentations, des images de l'image. Réalisées sous forme de tableaux peints, de dessins, de gravures, ces nouvelles œuvres sont les portraits de l'image. Ces portraits se trouvent investis à leur tour d'un caractère divin, à une condition : celle de leur véracité.

Si l'on parle de *verdadero retrato*, c'est, en premier lieu, parce que ces représentations, en particulier celles qui sont gravées et imprimées, revendiquent explicitement cette condition de vérité et d'authenticité. Mais les nombreuses estampes représentant des images, qui sont gravées au XVIIe siècle, ont d'autres points communs que cette seule mention.

Tout d'abord, le vrai portrait se caractérise par le fait qu'il figure l'image elle-même et non pas le personnage sacré qu'elle représente. Dans une estampe qui représente la Vierge ou un saint, c'est la scène incluant éventuellement d'autres personnages, attributs ou éléments de décor qui permet de l'identifier. Au contraire, les vrais portraits représentent toujours l'image dans le contexte de la chapelle ou de l'autel où elle se trouve habituellement vénérée. Il peut, certes, arriver que les deux types de représentation se mélangent : par exemple dans les estampes où, pour représenter une scène de la vie du personnage sacré, on utilise les traits de l'image. Dans d'autres cas, l'image n'est pas représentée pour elle-même mais fait partie d'une scène dont elle est

---

1   Luis Moreno Nieto, *La reina de Toledo… op. cit.*, p. 62.

un protagoniste. Cependant, aucun de ces deux types de scènes ne peut être assimilé au vrai portrait. Le vrai portrait est porteur d'un message sacré qui ne s'accommode guère avec les représentations narratives telles que les scènes religieuses ou les scènes de la vie quotidienne ou politique. Le portrait figure donc un objet matériel qui, lui-même, figure un personnage sacré : cet effet de mise en abîme a pour conséquence de figer la scène dans une composition stéréotypée que l'on retrouve systématiquement dans toutes les estampes de ce type.

La figuration de la chapelle ou de l'autel sur lequel se trouve l'image apparaît comme une composante essentielle du vrai portrait. Cette figuration est parfois, dans les estampes les plus communes, réduite à sa plus simple expression : la présence de deux candélabres ou de deux draperies, de part et d'autre de l'image, comme seuls éléments figuratifs mais purement symboliques qui permettent de l'identifier comme telle. Ces éléments rappellent le décor de la chapelle ; ils rappellent aussi que c'est une image matérielle qui est représentée, et non un personnage vivant. Ils figent la composition dans une forte symétrie qui symbolise la présence architecturale de la chapelle. Dans des estampes plus riches, la figuration de la chapelle et de l'autel est parfois beaucoup plus détaillée et l'exactitude de la représentation du décor devient alors garante d'une partie de la véracité du portrait.

La question de l'authenticité du vrai portrait, appréciée à travers l'exactitude de la représentation, implique que le dessin des différents éléments qui constituent la mise en scène de l'image est un véritable défi pour les graveurs. Il leur faut très probablement avoir vu de leurs yeux la chapelle pour en faire une représentation « vraie », car une description ou des croquis peuvent difficilement restituer la complexité iconographique de ces ornements.

Pour les estampes de la Vierge du Sagrario de Tolède réalisées après les années 1650, cette dimension du vrai portrait est particulièrement sensible, par exemple à l'occasion de l'exécution d'un nouveau trône par l'orfèvre Virgilio Fanelli, entre 1655 et 1674, à la commande de Baltasar de Moscoso y Sandoval, alors cardinal et archevêque de Tolède[1]. Plusieurs

---

1   *Cf.* Matilde Revuelta Turbino, dir. *Inventario Artístico de Toledo.* Madrid : Ministero de Cultura, 1983-89, vol. 2, p. 263. L'image est encore aujourd'hui exposée sur ce trône, dans l'une des chapelles au Nord de la cathédrale, près du transept. Il se compose d'un important piédestal, orné de quatre angelots soutenant la Vierge et l'entablement du

estampes représentant la Vierge du Sagrario sont réalisées après 1655 par des graveurs français, probablement dans l'objectif de commémorer la réalisation de ce nouveau trône par un vrai portrait actualisé. Pourtant, quand on observe ces estampes, on peut déceler plusieurs inexactitudes dans la représentation du trône. Dans une estampe éditée par Moncornet[1] et datée de 1664, les compositions baroques qui ornent le trône et qui consistent en des angelots, la Trinité et des arcs rayonnants, sont effectuées de manière hâtive et très approximative. Dans l'estampe de l'éditeur Jacques Chéreau[2], datée de 1688, les colonnes sont torsadées au lieu d'être droites. Cette simplification de la représentation du trône s'explique non par une défaillance de l'artiste, mais par l'inévitable effet de la distance entre le sujet et le graveur, puisque l'estampe est réalisée à Paris.

Les vêtements et la couronne de l'image peuvent, en revanche, être représentés de manière diverse. La Vierge du Sagrario de Tolède est figurée tantôt avec l'Enfant dans les bras, tantôt avec les mains jointes, car la sculpture est équipée d'un système permettant de rendre amovibles les bras et la figure de l'Enfant, selon le temps liturgique. La Vierge d'Atocha possède de nombreux manteaux qu'on change selon les occasions.

Les images de la Vierge sont souvent des Vierges noires datant du Moyen-âge. Sculptées dans le bois, elles sont souvent représentées assises, avec l'enfant sur les genoux. A partir du XVIe siècle, pour actualiser ces œuvres, on les présente habillées, dissimulant presque entièrement la sculpture sous les riches manteaux déjà évoqués. Une fois qu'elles sont revêtues de leur habit, celui-ci étant tendu au bas et surmonté d'un voile, on peut avoir l'impression que ces Vierges se tiennent debout et non assises. La disproportion apparente, due à cette position assise, de certaines estampes espagnoles tardives, comme celle de Juan Antonio

---

piédestal, et d'une scène principale, dans un médaillon au centre, représentant la remise de la chasuble à San Ildefonso par la Vierge. De part et d'autre de ce médaillon se tiennent deux anges musiciens de plus grande taille. L'image est encadrée de part et d'autre par trois colonnes striées surmontées de chapiteaux corinthiens. Au-dessus de l'image, un grand arc rayonnant relie les deux blocs de quatre colonnes, et il est orné d'un grand nombre d'angelots. Au sommet de l'arc, une colombe entourée de rayons surmonte la tête de la Vierge, et au-dessus d'elle Dieu le père et le Christ maintiennent une sphère surmontée d'une croix dans un petit arc rayonnant.

1   BnF, estampes, Rc36d-n° 62915
2   Bibliothèque municipale de Lyon, collection des jésuites Des Fontaines, V24/14.

Salvador Carmona pour la Vierge du Sagrario qu'on peut dater du premier tiers du XVIIIe siècle[1], ne se retrouve pas dans les représentations plus interprétées dues aux graveurs français. De même, dans la plupart des estampes françaises que nous connaissons, les Vierges sont représentées avec la peau très claire, alors que dans les « vrais portraits » espagnols elles conservent une peau sombre.

En dehors des caractéristiques proprement iconographiques du vrai portrait, qui résident dans cette difficile recherche de la vérité du détail, un certain nombre d'éléments textuels figurant dans la lettre de l'estampe permettent de différencier le vrai portrait des autres représentations de Vierges et de saints.

Les termes employés pour caractériser la représentation font appel à la sémantique du vrai, de l'authentique, de l'exact. Le terme *verdadero*, associé tantôt à « portrait », tantôt à « représentation », reste néanmoins celui qui apparaît le plus souvent. Ce terme qui assène la vérité de la représentation est généralement associé à celui de « portrait », que nous avons retenu dans cette étude et qui est résolument le terme approprié pour définir la relation entre l'image et sa représentation gravée. Il y a une redondance dans l'expression de « vrai portrait », puisque par essence, le portrait est déjà en lui-même une représentation fidèle : l'expression reflète donc bien la recherche intense de la légitimation de la représentation par le vrai.

Le second et non moins essentiel élément de la lettre correspond à l'identification de l'image, par son nom, le vocable suivant lequel elle est vénérée, et le lieu particulier de cette dévotion : la ville au moins, parfois le nom de l'église ou de la chapelle. Cette façon d'identifier l'image réaffirme le fait que c'est bien l'image, et non le personnage sacré, qui est représentée ; la localisation, donc ce lien fort entre les fidèles du lieu et l'image, joue ici encore un rôle essentiel.

Le dernier élément de la lettre, qui ne revient pas sur toutes les estampes mais s'avère tout de même caractéristique du vrai portrait et de son usage, est la mention des indulgences. Depuis le dernier quart du XVIe siècle, les indulgences sont presque systématiquement associées aux images[2]. Les mentions les plus courtes se contentent d'énoncer le

---

1   BnF, estampes, Rc36d
2   William A. Christian, *Local religion… op. cit.*, p. 145.

nombre de jours d'indulgences accordés à celui qui prie devant l'image. Ainsi, dans l'estampe de Jacques Chéreau déjà mentionnée représentant la Vierge du Sagrario de Tolède, la mention des indulgences énonce simplement : « En disant la prière qu'elles veulent devant cette image, toutes les personnes qui prient ainsi gagnent cent jours d'indulgences[1] ». Dans les cas où la mention est plus développée, elle procure de précieuses indications sur le rôle de l'image, celui du vrai portrait, et les usages de ce dernier.

La mention des indulgences est souvent associée à celle de l'autorité religieuse qui les accorde, le plus souvent une référence localisée participant de l'identification de l'image au lieu où elle est vénérée. Les indulgences sont parfois associées à une prière particulière, alors précisée dans la lettre. Enfin, il arrive que la mention d'indulgences précise le statut du vrai portrait par rapport à l'image, en déclarant que la prière énoncée devant l'estampe a autant de valeur que celle qui est prononcée devant l'image elle-même. Ainsi, au bas d'une estampe représentant Nuestra Señora del Camino de la ville de León, éditée à Paris chez Chiquet[2], on peut lire :

> *El señor Don Juan de Aparicio Navarro Obispo de Leon concede quarenta dias de Indulgencia a todas las personas que trajeren consiga la Imagen de N. S. del Camino Sempro la tubieren en su casa con dezencia rezendo lo que fuese de su devocion y pregar Dios por la salud é itencion de su Saluto y extirpacion de las eregias.*

> « Le Seigneur Don Juan de Aparicio Navarro Evêque de Leon concède quarante jours d'indulgences à toutes les personnes qui transporteraient avec elles l'image de Notre Dame du Chemin, l'auraient toujours avec elles dans leur maison avec décence, priant ce que leur dicte leur dévotion et priant Dieu pour la santé et l'intention de son Salut, et l'extirpation des hérésies. »

Les indulgences sont concédées à celui qui prie devant l'estampe, ce qui est sous-entendu par le fait que la personne doit emporter l'image avec elle et l'avoir dans sa maison : *imagen* est entendu ici au sens large, et pas seulement pour désigner la sculpture qui fait l'objet de la dévotion. On peut également noter les deux usages évoqués de l'image : la transporter avec soi et l'afficher dans sa maison. Il s'agit bien d'une

---

1   « *Rezando lo que quisieren delante de esta imaien ganan cien dias de indulgencias a todas las personnas que lo reçaren.* »
2   Bibliothèque municipale de Lyon, collection Des Fontaines V24/24

dévotion du quotidien, profondément intériorisée par les fidèles, qui transportent l'estampe dans leur intérieur ou même l'emportent partout avec eux. L'estampe est un objet de prière, peut-être aussi de protection, qui permet d'avoir toujours l'image avec soi.

Ces différentes composantes du vrai portrait montrent bien comment les auteurs des estampes, ou plus vraisemblablement leurs commanditaires, utilisent la notion de vérité pour légitimer les représentations de l'image. Dans ce portrait qui se proclame lui-même comme « vrai » ou « véritable », l'exactitude iconographique joue un rôle essentiel, de même que les éléments symboliques qui permettent de reconnaître l'image et de l'associer au lieu où elle est vénérée. C'est la vérité iconographique qui permet alors à l'estampe de porter le message sacré qui est celui de l'image, et constitue une expression du lien spirituel et quotidien entre les fidèles et l'image qu'ils vénèrent.

LA PLACE DU VRAI DANS LE MESSAGE RELIGIEUX

Le message religieux porté par le vrai portrait est une réponse au rôle de l'image elle-même, dont nous avons parlé au début de cette étude. Lien primordial entre la communauté locale des fidèles et le sacré, l'image matérialise la présence divine dans un lieu et rythme les pratiques religieuses annuelles des fidèles. Le vrai portrait permet d'étendre ces fonctions, à la fois dans l'espace et dans le temps, en permettant la dissémination du pouvoir de l'image à travers ses représentations estimées comme véritables. Il faut souligner l'aspect localisé de ce processus, mais aussi le fait qu'il semble très caractéristique de la pratique religieuse espagnole. C'est en voyant comment les artistes, graveurs et éditeurs d'estampes français interprètent la représentation des images, s'éloignant le plus souvent de la représentation véridique, que l'on comprend la place essentielle du vrai dans le portrait religieux pour que celui-ci puisse exprimer pleinement son message sacré.

Dans deux estampes françaises représentant la Vierge du Sagrario de Tolède, réalisées après 1655 puisque c'est déjà le nouveau trône qui y figure, on voit au pied de l'image, sur le piédestal, à la place de la scène de la remise de la chasuble à San Ildefonso qui devrait y figurer, le portrait d'un personnage masculin[1]. Le personnage représenté est difficile à identifier, mais plusieurs éléments conduisent à le rapprocher de la royauté : l'habit noir, la golille, une collerette qui était portée à la cour espagnole à cette époque, et même un lourd collier que l'on devine être celui de la Toison d'Or, porté par les rois espagnols depuis Charles Quint. C'est cependant la forte ressemblance de ce portrait avec plusieurs portraits peints de Philippe II par Rubens et par Velazquez[2] qui semble devoir emporter l'idée que c'est bien le roi d'Espagne qui est représenté sur le piédestal de la Vierge du Sagrario. Une telle représentation, réalisée à Paris, en pleine période de guerre franco-espagnole, soulève bien des interrogations.

L'image jouait un rôle social de cohésion de la communauté[3] qui s'exprimait en faisant le lien entre les plus humbles et les plus puissants, devenant par là même un rôle politique. L'association de la monarchie à l'image dans les représentations est peut-être, dans cette image ainsi que dans une autre estampe signée de Nicolas de Mathonière et représentant un couple royal agenouillé devant la Vierge d'Atocha[4], une expression de ce rôle politique. Pourtant, la cohabitation du vrai portrait avec l'image de la monarchie, telle qu'elle est véhiculée dans l'estampe française, ne semble pas relever d'un processus évident. L'une des deux estampes est sans aucun doute une copie de l'autre, ce qui implique qu'elle peut avoir perdu une partie de sa signification d'origine. Dans celle qui est signée par Moncornet, un éditeur qui s'était rendu célèbre dans le domaine du portrait gravé, deux mains différentes semblent être intervenues et le portrait est réalisé avec plus de soin que l'image elle-même. On pourrait en déduire qu'il s'agit à l'origine d'une commande et d'un hommage au personnage représenté, l'image de la Vierge du Sagrario étant secondaire par rapport à ce portrait. Même si nous ignorons la source et l'objectif de cette représentation, nous pouvons affirmer que dans ce cas, le message religieux fait l'objet d'une instrumentalisation politique. On observe que l'image de la

---

1 Ces deux estampes sont éditées l'une par Moncornet (BnF estampes Rc36d-62915) et l'autre par Mariette (Rc36d-62916).
2 Cf Yves Bottineau, *Velazquez*. Paris, Mazenod, 1998
3 William A. Christian, *op. cit.*, p. 82
4 BnF, estampes, ed11a R145576

Vierge du Sagrario s'appuie sur l'association à la figure royale pour faire valoir sa protection sur la foi catholique réaffirmée ; selon une autre hypothèse, le personnage représenté exprime sa dévotion et sa protection sur l'image, donnant une portée religieuse et sacrée à son rôle politique. Dans un cas comme dans l'autre, le message religieux traditionnel du vrai portrait, message de foi intérieure et de dévotion quotidienne, est mis au second plan par rapport au rôle politique et social de l'image.

Une autre estampe, plus tardive, éditée par Jacques Chéreau et représentant la Vierge du Sagrario[1], est un bon exemple de la déviance esthétisante que les artistes français pouvaient faire subir au vrai portrait. L'estampe porte la date de 1688 et représente l'image sur son nouveau trône, ainsi que le mentionne la lettre. Sur le pourtour de la figure de l'image, l'artiste a ajouté des éléments décoratifs : angelots assis sur des dauphins, pots et guirlandes de fleurs... Les colonnes du trône sont torsadées, les angelots de l'arc rayonnant brandissent des rameaux fleuris. Dans cette estampe, l'artiste a moins soigné la représentation de la Vierge et de son trône que celle de l'encadrement décoratif.

Il est particulièrement intéressant de confronter cette estampe chargée de décorations avec une autre estampe plus tardive, portant la date de 1723, représentant toujours la Vierge du Sagrario, mais éditée par Antoine Spé[2]. Elle est finement représentée et réaliste, sobre, presque austère dans son trône à trois colonnes alignées où celles-ci ont perdu jusqu'à leur chapiteau corinthien. On est bien loin de la sensibilité espagnole de Juan Antonio Salvador Carmona, qui travaille seulement quelques années plus tard. C'est une pièce qui étonne par son esprit et par sa réalisation. Son caractère statique trahit le style baroque très expansif du trône tolédan. Et malgré l'appellation de *verdadero retrato* qui figure sur cette estampe, elle est bien loin d'une représentation fidèle obéissant aux caractéristiques du vrai portrait telles que nous les avons définies. Ici, le message religieux inhérent au vrai portrait a été traité de manière secondaire par rapport à la composition esthétique de l'estampe. Celle-ci ne saurait être considérée comme innocente : le refus dans l'estampe d'Antoine Spé de l'iconographie baroque, remplacée par un style austère,

---

1 Bibliothèque municipale de Lyon, collection Des Fontaines V24/14
2 *ibid.*, V24/152

reflète également des sensibilités religieuses diamétralement opposées dans les deux pays au début du XVIIIᵉ siècle.

Politiques ou décoratives, ces gravures représentant des images sans respecter la véracité iconographique nous rappellent qu'une estampe, même s'il s'agit d'un « vrai portrait », ne peut être réduite au message religieux qu'elle est censée porter. Les éléments iconographiques en apparence les plus anodins, le traitement plus soigné d'une partie de la gravure au détriment d'une autre, l'ajout ou le retrait des ornements caractéristiques de l'image sont le reflet des mentalités qui déterminent la commande et la réalisation de l'estampe, avant son usage.

Le fait que ces estampes étaient souvent copiées, sur le marché parisien même, mais aussi entre la France et l'Espagne[1], révèle l'existence d'un marché qui dépassait probablement la commande ponctuelle initiale. Or l'estampe, comme objet commercial, devait aussi se vendre, et donc répondre à la demande de son public. Que la production française, même quand elle traite des sujets profondément espagnols, le fasse avec l'esthétique ou les préoccupations politiques parisiennes du temps, ne doit pas nous surprendre. Il faut vraisemblablement en déduire que le public visé par ces estampes était moins sensible au message religieux porté par ces estampes, donc au « vrai » et à l'exactitude de la représentation, qu'à leur signification sociale, politique, et à leur inscription dans l'espace et dans le temps d'une dévotion elle-même porteuse de sens. Le message de l'estampe, n'étant plus soumis au sacré, n'était donc plus soumis à l'exigence de vérité.

Emmanuelle BERMÈS
Bibliothèque nationale de France

---

1   Nous avons pu retrouver deux estampes ayant une iconographie très proche celle de Chéreau, quoiqu'il soit difficile de dire quelle sorte de lien établir entre ces estampes (Biblioteca nacional de España, inv 13947 et inv 51745).

LA « DOCTRINE » CHEZ LES HISTORIENS DE LA PHILOSOPHIE AUX XVIIᵉ ET XVIIIᵉ SIÈCLES

La philosophie de l'éclectisme a contribué, aux XVIIᵉ et XVIIIᵉ siècles, à l'émergence d'une conception critique de l'histoire de la philosophie, déconstruisant les systèmes philosophiques pour en faire l'analyse, et établissant un nouvel ordre des *propositions* comme registre majeur de l'énonciation philosophique. La préparation de *propositions* a conduit des historiens de la philosophie comme Gérard Johann Vossius ou Johann Jakob Brucker à problématiser le dogmatisme en philosophie et tous les éléments *doctrinaux*. C'est l'éclectisme en philosophie qui nous a donné, en 1657, avec Vossius, la première version idéelle d'un récit de l'histoire de la philosophie dépassant la succession des sectes ; il nous a également donné, en 1742, avec Brucker, la première histoire vraiment « critique » de la philosophie.

Dans l'exposé qui suit je voudrais d'abord esquisser l'idée de l'éclectisme, comme il s'est manifesté autour de 1700, en soulignant sa forte critique des dogmes, des *doctrines*, et des systèmes en philosophie. Dans un deuxième temps j'indiquerais l'usage que font quelques historiens de la philosophie du concept de la *doctrine*.

LA PHILOSOPHIE ÉCLECTIQUE ET SON RAPPORT À L'HISTOIRE DE LA PHILOSOPHIE

Ce n'est qu'au XVIIᵉ siècle que l'érudit hollandais Vossius modifie de façon radicale la représentation traditionnelle de l'éclectisme, qui ne se fondait jusqu'alors que sur une remarque à la fin de la préface de Diogène Laërce où celui-ci parle d'une certaine secte éclectique qui ne serait apparue que récemment (c'est-à-dire à la fin du IIIᵉ siècle). Or Vossius termine

son ouvrage sur « les sectes philosophiques » – publication posthume
de 1657 – par un chapitre sur la « *secta electiva* », c'est-à-dire la « secte
éclectique » – ce qui revient à inventer l'éclectisme. La place accordée
par Vossius à la secte éclectique est la place (inconnue par Diogène) à la
fin de l'histoire, dont l'éclectisme est supposé représenter la conséquence
en même temps que le contre-sens. Par Vossius, l'éclectisme se trouve
ainsi inscrit dans l'histoire à côté des autres sectes, mais contrairement
à l'usage qu'en faisaient, peu de temps avant, les historiens de la philosophie Thomas Stanley ou Georg Horn, l'éclectisme chez Vossius placé
à la fin de l'histoire des sectes, marque en quelque sorte la sortie du
cours inévitable de l'histoire des sectes.

Pour Vossius, cette position priviligiée à la fin de l'histoire signifie
le lieu même de la compréhension de l'histoire. Ce n'est que par cette
position que les sectes, s'opposant l'une à l'autre, deviennent objet
pour l'historien, qui, désormais, peut les reformuler d'une façon qui
lui permette de surmonter les alternatives. L'invention érudite de la
« secte éclectique » en tant que fait historique n'est donc rien d'autre
que la découverte du lieu où le savoir historique s'articule. Dans et par
l'éclectisme, l'histoire de la philosophie, conçue comme l'histoire des
opinions, atteint sa raison propre et devient transparente à elle-même.

C'est le privilège de cette position accordée à l'éclectisme par Vossius
qui a déclenché, trente ans plus tard, un véritable débat parmi les
intellectuels allemands, en majorité professeurs d'université. Ils avaient
tous pour but commun la propagation, par des voies différentes, de
la liberté de jugement, de la juste rationalité et de l'indépendance de
l'esprit individuel. Pour Johann Christian Sturm, professeur de philosophie naturelle à l'université d'Altdorf, l'éclectisme fournit le moyen
de défendre sa recherche expérimentale. Pour Christian Thomasius,
qui critiquait les préjugés de précipitation et d'autorité (*praeiudicia
praecipitantiae ac autoritatis*), se réclamer de l'éclectisme, était également
tout naturel. Ce n'est pourtant pas la fascination érudite qui émanait
de la position historique de l'éclectisme, qui a influencé de même les
intellectuels allemands – c'est plutôt le contraire, à savoir la rélféxion
historique qui s'est ouverte par l'idée de cette philosophie tournée vers le
passé. Il s'agit de développer, à l'intérieur même de la philosophie, une
relation interprétative avec le passé de la philosophie. Lorsque Gottfried
Olearius traduit l'historien de l'anglais en latin, en ajoutant un essai

sur la philosophie éclectique, il dépasse largement l'espace d'un simple complément. Pour lui aussi, l'éclectisme a une signification supérieure à celle d'une indication historique (d'ailleurs toujours imprécise) : c'est plutôt la philosophie du présent tout court.

La philosophie éclectique approuvée par Sturm, Thomasius et Wesenfeld – pour ne citer que les auteurs des écrits les plus importants sur ce sujet – entend échapper à la finitude historique, en libérant l'esprit de la « servitude » intellectuelle. Un éclectique veut éviter de « tomber » dans l'histoire, parce qu'il en a préalablement étudié les dangers et les risques qui s'y présentent. Etudier l'histoire est pour lui le moyen de prendre ses distances. C'est la raison pour laquelle le problème du sectarisme et du dogmatisme philosophique se trouve au cœur de ce débat sur la philosophie éclectique. Ce débat pourrait être considéré comme problématisation profonde du caractère historique de la philosophie. C'est probablement la première fois dans l'histoire intellectuelle de l'Europe qu'une telle problématisation se lie à la définition de la philosophie même.

L'éclectique conçoit l'historicité de la philosophie d'abord comme le « fait » qu'existent différents systèmes de pensée. La position de l'éclectique est celle du respect pour la tradition, tradition qu'il utilise aussi comme argument dans le présent. Le problème du caractère inévitablement historique de toute philosophie – et donc aussi de la philosophie scientifique et moderne – est donc inhérent à l'éclectisme. Pour l'éclectique, il s'agit cependant bien moins de critiquer l'« ambition » comme origine du sectarisme – de l'aristotélisme aussi bien que du cartésianisme – que de sauvegarder la raison au milieu de la diversité de ses propres formulations. A l'intérieur de l'éclectisme, nous avons donc une volonté d'interprétation qui est sa motivation première. Définir l'éclectisme comme philosophie du choix réfléchi signifie en somme qu'il s'agit d'une sélection qui implique nécessairement l'interprétation – ce sur quoi la critique de l'éclectisme se méprend souvent, en reprochant à ce dernier de procéder en fixant son choix sur des donnés. Ce qui, en effet, serait chose facile. Or, l'éclectisme surmonte le sectarisme précisément parce qu'il lit avant d'élire.

L'éclectisme se situant á ses propres yeux étant l'occupation de la position à la fin de l'histoire, il se privilègie lui-même, pour ainsi dire, tout en révoquant l'intention constructrice de la philosophie. « Nous

vivons dans une époque comparable à l'époque de l'empire romain »,
écrit Arnold Wesenfeld en 1694. C'est l'époque de la reconstruction et
non pas de la construction, du résumé et non pas de l'invention, de la
médiation et non pas de l'affirmation thétique – bref, c'est l'époque de
l'éclectisme et non pas du dogmatisme. L'herméneutique qui établit
le privilége de ce présent le rend inaccessible par rapport aux autres
époques : c'est là, pleinement déployé, le sens de ce que Vossius voulait
dire en plaçant la secte éclectique à la fin de l'histoire sectaire. En inter-
prétant la position historique de la secte comme position philosophique,
l'éclectique semble revendiquer l'esprit de méthode, de recherche et de
l'étude, en rejetant la faible pensée sectaire qui n'est pas capable de se
dynamiser.

Pourtant, la philosophie éclectique ne revendique pas, en fin de
compte, le privilège du présent comme droit exclusif ou comme monopole de l'interprétation. L'éclectisme reconnaît plutôt qu'il a, lui aussi,
une tradition. L'esprit d'éclectisme existait déjà dans le passé. Voilà la
différence profonde entre le « présentisme » des philosophes modernes
comme Descartes ou Francis Bacon et l'éclectisme qui ne peut pas
rejeter entièrement la philosophie passée – justement en vertu de
l'éclectisme implicite de toute philosophie. Dans la deuxième édition
augmentée du livre de Vossius, publiée en 1690, on peut lire « que
l'on trouve l'éclectisme partout dans l'histoire de la philosophie, et
chez tous les plus grands penseurs ». Cette conviction est généralement
partagée à l'époque et jusqu'à Diderot : Pythagore et Socrate, Platon
et Aristote, Cicéron et Clément d'Alexandrie, voire Descartes sont
considérés comme éclectiques – dans la mesure où ils ont montré une
attention particulière pour les philosophies précédentes. L'invention de
la philosophie éclectique va donc plus loin encore que celle de la secte
éclectique, puisqu'elle reconnaît aussi l'éclectisme là où il n'est jamais
formulé. Cette universalité présupposée de l'éclectisme représente ainsi
la première conséquence du souci herméneutique, dont la critique
du sectarisme n'en est que la deuxième, à savoir la reconnaissance de
la distance historique comme phénomène de second ordre, comme
mutilation après coup. Car la philosophie éclectique, et dans ce sens
la philosophie tout court, ne peut être trouvée qu'au moment précis
où elle n'a pas encore fondé d'école, où elle est librement définie par
rapport à d'autres pensées.

Pour l'éclectique, l'histoire de la philosophie devient au fond une histoire des *hérésies* comme Christoph August Heumann écrit dans ses *Acta Philosophorum* en 1715. Autrement dit, l'histoire de la philosophie est une histoire des intellectuels révolutionnaires, ou alors une histoire des révisions philosophiques. L'idée que tout dogmatisme peut être abattu et surmonté à chaque moment, pourvu qu'il y ait quelqu'un qui ose le faire, est une idée si chère aux penseurs allemands de l'époque qu'ils sont prêts à faire de Luther lui-même un *penseur éclectique*.

Si l'éclectisme en philosophie se résume essentiellement, comme le dit Wesenfeld, par la tradition ou plutôt par la recommandation d'une méthode, toute tradition dogmatique n'a son lieu qu'à la surface de l'histoire. L'enjeu du véritable philosophe (éclectique) serait d'interrompre la tradition dogmatique et d'en faire un nouvel usage, de la réorganiser selon ce que j'appellerai un ordre de « présence » philosophique. Le moment de l'interruption et de la réorganisation est appellé *méditation* (Budde), *examination* (Thomasius) où encore *doute méthodique* (Feuerlin). En tous cas, c'est le moment où le philosophe apparaît comme quelqu'un, selon l'expression de Thomasius, « qui voit plutôt par ses propres yeux qu'avec ceux des autres ». Cela veut dire aussi que l'indépendance intellectuelle qu'exige l'éclectique dans le présent et qu'il découvre dans le passé, ne peut pas avoir une tradition propre – si ce n'est la tradition dont elle essaie de s'émanciper, à savoir la tradition dogmatique de la philosophie. C'est ainsi que l'éclectisme est mené par l'examen critique de la tradition (superficielle), à la découverte d'une tradition (à proprement parler non-traduisible et profonde) de la philosophie comme examen critique.

L'éclectisme révoque ainsi le jugement porté par la philosophie moderne sur la sagesse de l'antiquité. Quand Wesenfeld cite Bacon – et il le cite à maintes reprises – il prend toujours soin d'omettre la condamnation sévère des « anciens ». Lorsque Bacon parle de la « pauvreté de l'esprit ancien », Wesenfeld remplace la phrase par une autre de Bacon, où celui-ci parle de la « pauvreté des sujets recherchés par l'esprit ancien ». Quand Bacon termine son analyse de la médiocre connaissance scientifique des anciens par l'expression célèbre que « la vérité est la fille du temps », Wesenfeld arrête la citation avant la conclusion, qu'il remplace par sa propre conviction éclectique, selon laquelle « le temps ne détérmine point la vérité ». Voici le programme de l'éclectisme : chercher la vérité partout, chez les anciens aussi bien que chez les modernes. Ce programme est avant tout un programme de lecture, une herméneutique de la philosophie.

L'INTERPRÉTATION ÉCLECTIQUE
DE L'HISTOIRE DE LA PHILOSOPHIE

Grâce à la définition méthodique de la philosophie, l'éclectique ne s'étonne jamais de l'apparente inconciliabilité des philosophies : il ne voit dans toute opposition radicale qu'un effet du sectarisme, qu'un signe de la dogmatisation de la pensée. Or, la présence (supposée) de la philosophie à l'intérieur de tous les systèmes philosophiques n'est jamais évidente. Il faut la reconstruire. Il faut, en d'autres mots, re-trouver la vérité. C'est ce qu'entend Budde par la « méditation, qui, pour lui, n'est rien d'autre que la direction précise et soucieuse de la pensée selon des lois, afin de trouver la vérité ». Johann Georg Walch, professeur de théologie à l'université de Iéna, nous fournit une définition semblable. *L'examen par la raison*, que Teller appelle, avec Cicéron, *l'examen par le jugement libre*, soumet toute philosophie à la juridiction de la vérité. Pour Sturm, l'exigence méthodique nécessite la collaboration de tous les scientifiques, *purifiés et libres dans leur jugement*, qui sont à la recherche *de la vérité*. Wesenfeld tire la somme de l'ensemble de toutes ces définitions en disant que l'éclectique cherche la vérité soit dans l'observation de la nature, soit dans la tradition.

Il est clair que dans l'éclectisme la volonté d'interprétation n'est pas détaillée. Comparé avec les traités de logique de la même époque, l'éclectisme ne fournit à l'égard de la pratique exégétique que des règles de conduite, des *cautelae*. On n'esquisse que des maximes d'interprétation, ou plutôt la maxime principale, à savoir l'intérêt qu'on a de trouver la vérité. Ce que veut dire « choisir » ou « élire » n'est pas vraiment rendu explicite, si ce n'est par la formule souvent citée, et elle-même négative, d'Horace : « *nullius addictus jurare in verba magistri* ». Le choix raisonnable de l'éclectique dépend, en tout cas, de la connaissance des choses entre lesquelles on choisit. Quand Wesenfeld dit qu'il faut *savoir* « choisir raisonnablement », il souligne ainsi que le problème de l'éclectisme est au fond le problème de la bonne méthode : « il faut comprendre la pensée et le travail de l'autre non pas comme le terme de la connaissance, mais plutôt comme un instrument d'un futur perfectionnement. »

La crainte de l'éclectisme du dogmatisme lui rend attentif aux manières d'exprimer la philosophie. Wesenfeld explique que les éclectiques croient « que la liberté de la pensée doit être liée au respect envers les écrits et les dogmes des autres ». Nul doute que ce programme est difficile à réaliser, déjà à l'égard de la quantité des lieux où la vérité doit être cherchée. C'est également un problème de méthode : tandis qu'un sectaire peut rester satisfait avec la vérité qu'il a trouvé une fois pour toutes, l'éclectique se trouve seul face à l'éternelle lutte des opinions.

Tout cela est d'autant plus vrai pour un philosophe éclectique qui se veut aussi historien de la philosophie, comme c'est le cas de Johann Jakob Brucker. Lorsqu'il achève la première édition de son *Historia Critica Philosophiae* en 1744, avec le cinquième volume, il avance une définition du philosophe éclectique à la manière de Thomasius, de Heumann et de Budde. En même temps, cette définition délimite le travail de l'historien :

> Est pour moi philosophe éclectique seulement celui qui abandonne tout préjugé d'autorité, de vénération, de l'antiquité et de secte (ou pareil), qui ne suit que la direction de la raison innée, et qui ne raisonne [...] qu'avec des principes claires et évidents. [...] Il s'ensuit que sa lecture des raisonnements des autres philosophes et son examen des doctrines ne respecte rien qui ne soit pas bien fondé et strictement prouvé.

Le travail de l'éclectique se résume donc dans l'examen critique des *doctrines* des autres philosophes. L'histoire de la philosophie change ainsi de but : non plus l'archive de l'*historia literaria*, la collection de tout ce qui était dit et écrit, mais une intérprétation continue. C'est en ce sens que Brucker interrompt de temps en temps son récit pour caractériser ce qu'il appelle la *doctrine* d'un philosophe, ou son système. Pour désigner une pensée plus en détail, il a tout un vocabulaire. Parfois ce sont des noms de disciplines comme *physica, logica, metaphysica, philosophia moralis*, etc., ou encore des notions plus générales comme *conspectus, delineatio, fundamenta*, etc. Mais le plus souvent Brucker emploie des termes comme *placita, dogmata, principia, philosophemata, meditationes, observationes, cogitationes, cogitata, theses, sententia* – et aussi : *doctrina*. Cette méthode de réconstruction interne des systèmes philosophiques mène Brucker régulièrement à établir des listes avec les propositions caractéristiques du penseur en question. Pour un philosophe éclectique, ce travail de fragmentation est constitutif car il produit les éléments primitifs de son choix : telle proposition de Platon, telle autre de Leibniz etc. Pour l'historien de la philosophie, ce travail est également constitutif car il lui fait comparer et juger des systèmes diverses.

On comprend pourquoi les historiens de la philosophie influencés par l'éclectisme préfèrent ne pas baser leur analyse sur des notions comme système ou doctrine : leurs but est de présenter la philosophie du passé comme construction complexe à partir d'unités plus élémentaires. Brucker n'aime pas opposer les systèmes philosophiques, il les compare et les concilie entr'eux, si possible. En effet, la *conciliation* est un concept clef de l'éclectisme. Les éclectiques allemands acceptent tous le titre de *conciliatores*, car, pour eux, la connaissance des éléments communs est le but même du travail herméneutique. Contre l'état de guerre parmi les philosophes Sturm en appelle à la paix. Thomasius affirme que l'éclectisme « n'est pas partisan, mais montre la même sympathie pour tous » ; et Olearius ajoute que, en général, tous méritent d'être écoutés (*omnes audiantur*).

La conciliation éclectique qui s'opère par l'historien de la philosophie va dans le même sens : elle ne vise pas à ignorer les différences, au contraire : comme médiation elle présuppose la reconnaissance de la diversité absolue de philosophies. Toutefois, la vérité n'est pas dispersée, pour l'éclectique, pas plus qu'il ne faut la composer. En principe, souligne Wesenfeld, l'éclectisme ne connaît pas la vérité, mais plutôt un examen continu. L'éclectisme ne formule pas un programme de construction, mais un travail de reconstruction. Brucker en est l'exemple par excellence, car non seulement il voit l'éclectisme comme la philosophie essentiellement moderne, voire identique à la pensée libre tout court, mais il utilise de plus des maximes éclectiques pour justifier le travail de l'historien. Parcourant « le monde philosophique » (*orbis philosophicus*) ou « le champ de toute la philosophie » (*campus universae philosophiae*), Brucker trouve de l'or partout. Il écrit : « Dans l'histoire de la philosophie on entend les pensées des hommes les plus intelligentes, et on rencontre plusieurs vérités de premier ordre, ce qui nous instruit dans la philosophie même ». Cependant, cette instruction n'est pas directe, par voie doctrinale, mais indirecte, par voie critique. Le but de la philosophie éclectique consiste à voir avec ses propres yeux et non avec ceux des autres, avait dit Thomasius, en conséquence, Brucker s'efforce de minimiser l'effet immédiat de tout enseignement tiré directement de l'histoire de la philosophie. Il pense plutôt comme Heuman qui écrit que « l'odeur des penseurs autonomes sera transporté dans nos propres vêtements ». Lorsque Brucker dit que la vérité est une et les erreurs multiples, il ne veut pas dire qu'un système philosophique peut tomber entier de l'un ou de l'autre côté. Il veut dire plutôt que la relation entre vérité et erreur n'a pas de forme fixe, que toutes doctrines philosophiques ont besoin d'être examinées pour savoir dans quelle mesure elles participent à l'une ou à l'autre.

Pour l'historien de la philosophie, la *doctrine* est d'abord le système, le tout d'une pensée, qu'il faut examiner, déconstruire, analyser et interpréter. C'est dans ce sens que le mot apparaît chez Brucker et d'autres historiens des XVIIe et XVIIIe siècles, dont l'histoire – l'histoire donc de l'histoire de la philosophie – a été faite par Lucien Braun en 1973, en un seul volume, et par l'équipe italienne autour de Giovanni Santinello en sept volumes (La *Storia delle storie generali della filosofia*, commencé en 1979, vient de se terminer récemment avec un volume sur le XIXe siècle.).

CONCLUSION

En conclusion, j'ajouterai quelques remarques sur le caractère ambigu du terme de *doctrine* dans l'historiographie en philosophie. Lorsque Descartes désigne le type de pensée avec lequel il veut rompre, il parle de la « *doctrina* », par exemple dans la règle 2 de ses *Regulae ad directionem ingenii*. Cependant, dans la règle 4, il appelle son propre discours, sa philosophie à lui, cette « doctrine ». Le terme *doctrine* désigne donc une certaine extériorité de la pensée philosophique, par laquelle on peut la saisir et exposer. C'est la même ambiguïté qui se retrouve chez Francis Bacon qui, dans la première partie de son *Novum Organum*, parle aussi bien des doctrines des autres que de sa propre doctrine. Pour les philosophes non-éclectiques la doctrine n'est pas uniquement un phénomène du passé.

Les philosophes éclectiques peuvent aussi parler de la doctrine au sens actuel, mais alors ce sens est de nature formelle, car, pour Thomasius par exemple, c'est seulement la vérité qui a une doctrine au présent, non pas une quelconque philosophie. Il n'empêche que, pour un historien de la philosophie, cet emploi au singulier normatif – « la doctrine », « notre doctrine », etc. – est déconseillé ou marginal. Brucker parle historiquement des doctrines – de la *doctrine exotérique* de Pythagore, ou de la *doctrine morale* de St. Thomas – mais il le fait selon l'herméneutique de l'éclectisme, c'est-à-dire sans identifier les philosophes avec des doctrines. Une philosophie, cela se construit à partir de propositions, *d'argumenta*, d'hypothèses – qui certes peuvent déboucher dans une doctrine, mais qui seront toujours plus vraies que celle-ci.

L'association originelle de la philosophie éclectique et du travail de reconstruction en histoire de la philosophie s'explique ainsi par l'impossibilité ou l'interdiction de dogmatiser la philosophie. L'éclectisme n'a pas, par définition, de « contenu » propre, c'est-à-dire de dogmes formulés indépendamment du travail de l'interprétation. Les éclectiques allemands affirment tous que l'éclectisme ne peut pas être enseigné. Thomasius distingue strictement la philosophie « de l'école » de la philosophie « de la cours », réservant l'éclectisme à cette dernière seule. Heumann, grand avocat de l'éclectisme, le déconseille pour l'école. Budde fait de même. Les avocats du libre jugement se sont ainsi tous montrés réservés quant à l'usage doctrinal de l'éclectisme. Ce ne serait pas un usage immédiat, ni universel.

Cette indétermination (ou bien ouverture) de la philosophie éclectique est apparue, depuis toujours, comme une faiblesse systématique ; elle est, de l'autre côté, une vertu de l'interprétation. L'esprit de sa méthode oblige l'éclectique pas moins que l'historien de la philosophie à critiquer toute dogmatisation, même celle de son propre travail. C'est avec cette radicalité méthodique subversive que Wesenfeld peut écrire qu'il n'existe pas un terme à la pensée (*terminus cognitionis*). Et Thomasius affirme avec non moins de radicalité que la philosophie ne peut jamais rester la même, ni même une. Impossible donc d'arriver à une doctrine.

Ulrich Johannes SCHNEIDER
Herzog August Bibliothek
Wolfenbüttel-Université de Leipzig

INDEX DES NOMS

TABLE DES MATIÈRES

QUATRIÈME PARTIE
DOCTRINE

IMPRIM'VERT®

Achevé d'imprimer par Corlet Numérique,
à Condé-sur-Noireau (Calvados), en juillet 2013
N° d'impression : 99842 – Dépôt légal : juillet 2013
Imprimé en France